Benoît R. SOREL

L'ÉPHÉXIS AU JARDIN

Nouvelle édition de
Quand la nuit vient au jardin : Émotions déplaisantes et ephexis du jardinage agroécologique, BoD, 2017

– BoD –

DU MÊME AUTEUR

Savoir-faire

    L'élevage professionnel d'insectes

    La gestion des insectes en agriculture naturelle

    L'agroécologie : cours théorique

    L'agroécologie : cours technique

    Les cinq pratiques du jardinage agroécologique

Essais

    NAGESI. Nature, société et spiritualité. *Recueil de textes*

    Réflexions politiques

    À la recherche de la morale française

    L'agroécologie c'est super cool !

    Sens de la vie et pseudo-sciences

    Pensées cristallisées. *Recueil de textes*

    Le bonheur au jardin

    La méditation intellectuelle pour tous

Nouvelles

    L'esprit de la nuit

    Les secrets de Montfort

    Fulgurance

    La jeune fille sur le chemin bleu

    Saint-Lô Futur

    Le don

http:\\jardindesfrenes.com

© 2019, Benoît R. Sorel

Edition : Books on Demand,
12/14 rond-Point des Champs-Elysées, 75008 Paris
Impression : BoD - Books on Demand, Norderstedt, Allemagne
ISBN : 9782322186587
Dépôt légal : octobre 2019

SOMMAIRE

INTRODUCTION

Ce qu'est l'agroécologie — *1*
Un tabou doublement stratégique — *4*
Éviter qu'une histoire d'amour ne finisse mal — *7*

AU DÉBUT DU CHEMIN

Dans mon jardin, rien ne m'appartient — *13*
La solitude — *17*
Rien que pour mes yeux — *22*

JOURNAL D'UN OBLIGÉ DE LA TERRE — 25

SYNTHÈSE

L'essentiel — *155*
Jardinier versus citadin — *159*
L'honnêteté ne fait pas vendre — *162*
De la genèse de ce livre — *163*
Demandez la suite ! — *166*

PENSÉES SANS CONTRAINTE

Une question de temps — *169*
Le silence — *172*
Respiration agricole — *174*
Explications sur la conscience de soi — *174*
Libre est mieux que soumis — *175*

L'alpha et l'oméga	*176*
Agressions modernes	*179*
De la contingence	*183*
Parfois, ne pas nommer	*186*
La traversée du désert	*187*
Votre corps est de la terre	*189*

EN QUÊTE DE REPÈRES

Marcel Conche : Présence de la Nature	*193*
Teilhard de Chardin : La place de l'Homme dans la Nature	*199*
De l'utilité de la philosophie	*207*
Hicham-Stéphane Afeissa : Éthique de l'environnement	*208*
Arnaud Desjardins : Premiers pas vers la sagesse	*211*
Et le chamanisme des peuples premiers ?	*215*

CONCLUSION   217

ANNEXES

Les voies de l'innovation pour remédier à un problème de culture	*223*
La question du sens de la vie	*232*
Protéger la Nature, ça veut dire quoi ?	*238*

SOURCES   257

Explorer et construire

Réunir ce qui est épars

INTRODUCTION

Ce qu'est l'agroécologie

Dans mes précédents ouvrages, j'ai délimité et détaillé les différents aspects du jardinage agroécologique : aspects techniques, scientifiques, historiques, sociétaux, et même spirituels, pour celles et ceux qui souhaitent faire de l'agroécologie une étape, ou un versant, dans leur quête et dans leur réalisation du sens de la vie.

Connaître et maîtriser tous ces aspects fait du jardinage agroécologique, on peut le dire, une activité artisanale au sens le plus noble. Elle exige tout ensemble de la pratique, de la théorie, de la sensibilité, de la créativité. Elle exige de faire le lien entre la tradition et la modernité. Il en résulte un savoir-faire original et innovant, que le jardinier ne doit pas manquer de vanter encore et encore pour relativiser le discours omniprésent de l'agro-industrie. Dans mes ouvrages, j'ai détaillé ce savoir-faire : comment le jardinier agroécologique, moderne, post-chimique, prend soin de la terre, la nourrit, la protège, la fait se régénérer sans cesse. Comment il laisse les cultures croître à leur rythme, comment il respecte les saisons pour éviter à ses plantes maladies et ravageurs. Le jardinier agroécologique bichonne sa prairie, qui est associée au jardin, pour qu'elle fournisse année après année du foin et de la tonte sans jamais s'épuiser. Foin et tonte qui servent à « nourrir » le sol laborieux du jardin, pour que celui-ci jamais ne s'appauvrisse et nous offre, pour le plus grand plaisir de nos yeux, de notre palais et de notre santé, des légumes beaux, goûtus et nourrissants.

Explications et éloges donc de la joie du jardinier de vivre au grand air, de s'enivrer du vent et du soleil, d'apprécier les interludes des joyeuses pluies et des après-midis caniculaires, de voir la terre grouiller de vie et les plantes faire, lentement mais sûrement, de beaux fruits. Les chants des oiseaux, la caresse du vent, le respect de la Nature quand le jardinier s'occupe sans s'en occuper des « zones tampons » (ces espaces où on laisse quasiment libre cours à la Nature sauvage). Le travail intellectuel du choix et de la planification des cultures, en hiver, se poursuit et se concrétise par le travail manuel varié du printemps à l'automne : force pour faucher, précision du geste pour semer et arroser, souplesse pour pailler et récolter, endurance pour vendre sur les marchés les jours de mauvais temps. La maxime « un esprit sain dans un corps sain » trouve dans le jardinage agroécologique une démonstration idéale.

Le jardinier planifie un an à l'avance, pour autant il vit toujours dans l' « ici et maintenant », présent fièrement chaque jour sur son lopin de terre, se rassurant que les semis sont à l'abri du gel, que les plantes poussent sans entrave, que le terreau est disponible en quantité suffisante, que les limaces trop nombreuses sont récoltées (pour nourrir quelques poules pondeuses par exemple). Matin, midi et soir, sous la pluie battante comme sous le soleil cuisant, des premières heures du printemps aux dernières de l'automne, le jardinier agroécologiste vit dans son jardin ; si un arbuste douillet poussait en forme de lit, il y dormirait certainement.

Respect de la Nature, respect de l'Homme : le jardinage agroécologique est un art, en tout cas une agriculture artisanale – un oxymore auquel je veux croire. Par cette agriculture, l'Homme et la plante s'épanouissent tous les deux. L'harmonie avec la Nature semble se réaliser. C'en est presque mystérieux, comme une alchimie secrète...

Voilà comment faire, avec prose, la promotion de cet art agricole qui respecte les lois naturelles. C'est une promotion *romantique*, j'en conviens tout à fait[1] : le sentiment emporte et transporte, la compréhension intellectuellement subtile rejoint le cœur gonflé de tendresse et de sérénité, l'œil est humide et la lèvre semble formuler un invisible merci en direction de la Nature. En agroécologie, la finesse du sentiment va de pair avec la logique des idées. Pour certains jardiniers, l'art agroécologique permet d'aller encore plus loin, d'aller au-delà même du mot et du sentiment. Il permet, après suffisamment de pratique, d'atteindre la béatitude, la révélation, l'illumination : le sens de la vie se dévoile. L'art agroécologique se fait spiritualité. En option.

Avec ou sans spiritualité, pour le citadin habitué à l'air pollué de la ville, à sa voiture, au noir de l'asphalte, au gris de son bureau, aux changements des saisons qui ne sont perceptibles que par les changements des devantures des magasins, la découverte de l'agroécologie peut provoquer un véritable coup de foudre. Dans cet amour, parfois sensé parfois insensé, le citadin y voit le secret espoir d'atteindre la Vérité, grande,

---

1 Le style romantique est comme la cerise sur le gâteau : pas indispensable, mais elle vient parfaire la création ... pour autant qu'il y ait un gâteau en dessous, cf. plus bas ! Le lecteur qui aura lu mes précédents ouvrages sait que je suis un cartésien. Je cherche toujours à mettre en lumière la logique sous-jacente des choses. Et donc, maintenant, après tant de logique je me permets d'écrire dans un style un peu romantique, du moins plus littéraire que mes ouvrages précédents. Le sujet du présent livre – les émotions – et sa forme autobiographique s'y prêtent tout à fait. Rassurez-vous ami lecteur, amie lectrice, vous retrouverez dans cet ouvrage mon souci des agencements logiques, des hypothèses et des déductions, avec comme point de départ mon vécu dans le jardin. Avec un style que je souhaite fluide, imagé et emportant, pour vous faire partager ce que j'ai vécu sur le plan émotionnel.
Certains auteurs, qui écrivent sur l'agroécologie dans un style bien plus littéraire que moi, voire dans un style poétique, ne s'encombrent pas de passer par la case jardin et expérimentation par soi-même. Ils justifient tout de go l'agroécologie, ou la permaculture, de par leur compatibilité évidente avec la « poésie intérieure de l'Homme ». C'est la cerise sans le gâteau ! Ces auteurs se reposent sur leur seule « intuition » pour affirmer cela. Intuition qui certes leur permet d'écrire de gros livres publiés par des éditeurs renommés, mais je doute que ces livres puissent servir à planifier une année de culture... Je suis convaincu qu'une bonne prose sur l'agroécologie procède nécessairement d'une pratique éprouvée. Dit autrement, c'est la réalité qui fixe le point de départ et l'angle d'ouverture pour l'intuition. L'intuition seule ne sert à rien, même enrobée de la plus belle prose.

simple, belle, universelle, lumineuse. C'est une spiritualité qui ne s'avoue pas ou, à tout le moins, un point de départ pour renouer avec les besoins fondamentaux de la vie, pour quitter le superflu urbain et mondain. C'est le très moderne et écologique engouement pour le « retour à la terre ». Noirceur des villes et du travail industriel versus lumières des champs et des villages.

Un tabou doublement stratégique

Avec le présent ouvrage, je vais vous montrer que dans le jardinage agroécologique, l'ombre peut succéder à la lumière initiale. *La nuit vient au jardin*, tôt ou tard. Ne disons pas que c'est impossible, ne fermons pas les yeux, ne l'ignorons pas : quand on se lance dans un projet d'agriculture au naturel, on vit de beaux moments, d'abord, puis on découvre et on traverse des moments déconcertants. Je vous l'affirme et je vais vous l'expliquer. L'art agroécologique engendre des émotions plaisantes et déplaisantes : la force tranquille et l'enthousiasme vont petit à petit être entrecoupés d'égoïsme, de solitude, de nihilisme, colère...[2]

Les difficultés techniques de l'agroécologie sont facilement abordées, expliquées et dénouées. Chaque jardinier-écrivain s'y attelle dans ses livres. Par contre, les difficultés d'ordre psychologique me semblent assez peu abordées. Celle qui est

---

2 Je dois ici expliquer ma nomenclature : pour des raisons de simplification, et parce que je suis d'abord quelqu'un d'intellectuel, qui en général ne s'étend pas sur ses émotions, qui verse très très rarement une larme, dans cet ouvrage je nomme « émotion » tout ce qui a trait à la vie intérieure et qui n'a pas besoin d'être formulé avec des mots pour être ressenti. Attitude, état d'âme, humeur, sentiment, impression, ressenti, émotion : je regroupe sciemment tous ces termes dans celui d'émotion. J'ai aussi choisi sciemment de ne pas écrire émotions *négatives*, car pour moi les émotions ne sont ni positives ni négatives. Ce sont leurs conséquences qui peuvent être nommées ainsi. Les émotions, elles, sont plaisantes, neutres ou déplaisantes. Une émotion plaisante peut conforter des habitudes négatives ; au contraire une émotion déplaisante peut engendrer une remise en question positive.

la plus couramment évoquée est liée à la non-reconnaissance sociale de l'agriculture biologique : le maraîcher ou le jardinier doit parvenir à composer avec l'indifférence, sinon le mépris, d'une grande partie de la population envers toute forme d'agriculture qui ne s'inscrit pas dans le dogme du productivisme moderne. Il s'agit là de psychologie vis-à-vis de la société, de psychologie sociale. La valeur que le jardinier attribue à son existence est fortement influencée par les coutumes et les lois en vigueur. Mais il existe une autre catégorie de difficultés, que je vais traiter dans cet ouvrage : c'est cette catégorie de difficultés psychologiques qui émergent *via le contact quotidien avec la Nature.* Pour ces difficultés, lorsqu'elles sont abordées, on reste généralement au niveau des banalités. On lit ou on entend des phrases de ce genre : « la météo est imprévisible, c'est le métier », « il y a toujours une part d'imprévisible en agriculture », « il y a toujours des pertes dues aux ravageurs », « une année ne fait pas l'autre », « il y a une part d'abnégation », etc.

Parmi ces difficultés, il y en a une qui est une évidence. On la lit dans le premier livre venu sur l'agriculture biologique. Elle est facile à comprendre. Mais il m'a fallu trois années d'immersion dans mon jardin pour la ressentir : vouloir cultiver dans le plus grand respect de la Nature revient à prendre le contre-pied de notre société moderne. J'ai commencé à ressentir que je ne fais plus vraiment partie de « notre » société. J'y reste inséré par la force des choses et en même temps je m'en suis exclu. Bien sûr, je ne regrette pas cette mise au ban volontaire – et si vous lisez ce livre, c'est que vous pensez dans la même direction que moi et que vous venez de franchir le pas, ou que vous envisagez de le faire. Ou que vous voulez juste cerner une des frontières de la modernité. Félicitations ! Vous êtes curieux et courageux.

C'est une stratégie politique volontaire, sinon commerciale, de ne pas évoquer ces effets psychologiques résultants du contact quotidien avec la Nature : en ce moment on met tellement l'accent sur la nécessité de développer les agricultures naturelles face à l'agriculture industrielle, qu'on les dépouille de ce qui prête flanc à la critique. La vie émotionnelle du jardinier agroécologiste ? Une sensiblerie qu'il vaut mieux taire, car cela ne fait pas sérieux et rappelle le milieu d'origine de l'agriculture biologique (AB) : la mouvance hippie, New-age, baba-cool. L'agriculture biologique a longtemps souffert d'une réputation fantaisiste à cause de cette origine, à cause des gens qui mettaient en avant les émotions, l'amour, la paix – et la morale – pour justifier une agriculture sans biocides. C'est triste à dire mais c'est la vérité : les Français des années 1970-80 n'ont pas été sensibles à cet appel pour cultiver autrement. Donc pour se promouvoir, et enfin arriver sur le devant de la scène dans les années 2000, l'agriculture biologique a mis en avant sa rationalité. Bonne stratégie. Maintenant que l'objectif est atteint, que la ménagère est convaincue du bien-fondé de l'AB, on peut à nouveau évoquer le couple {Nature-émotions} sans risquer qu'on nous fasse les gros yeux. Sans renier aucunement l'aspect pragmatique, concret et scientifique de l'AB[3] !

Les personnes averties le savent bien : les fondements scientifiques des ABA, agricultures biologiques alternatives (agroécologie, permaculture, agriculture naturelle), n'expulsent pas les considérations émotionnelles ou l'idée que se lancer dans un projet d'ABA soit une forme d'aventure que l'on espère riche d'émotions. S'il n'y avait que la rationalité, que les strictes considérations écologiques, pour nous pousser à cultiver en respectant la Nature, Pierre Rabhi et Philippe Desbrosses seraient aujourd'hui des inconnus. Or ce n'est pas le cas, heureusement. Qu'est-ce donc qui nous motive ? Étymologiquement, ce sont les émotions : littéralement elles nous « mettent en mouvement ». La matière n'est jamais une raison

---

3 Cf. note 1.

suffisante. Les considérations matérialistes sont nécessaires mais elles ne suffisent pas. J'aime dire que le réaliste part du bon pied, mais que pour autant cela ne l'oblige pas à exclure toute considération émotionnelle. Osons donc parler des émotions ! Après avoir parlé technique et chiffre d'affaires, osons parler de ce que nous ressentons. Osons même inviter l'agriculteur industriel, qui vend sa production en passant par les places financières, à parler de ses émotions au contact de la Terre-Mère... Mais ne rions pas d'une fierté superficielle, du silence ou des injures que l'on pourrait nous renvoyer. Soyons responsables. En fait, le tabou des émotions pour l'AB et les ABA arrange aussi l'agriculture industrielle. Ce qui constitue une seconde raison pour parler des émotions au jardin et au champ plutôt que de les taire. C'est toute la société qui en tirera profit.

Les agricultures biologiques alternatives sont des aventures émotionnelles. Et il n'y a pas d'aventure sans obstacle : courir après la lumière, après le soleil, c'est accepter de traverser la nuit. Parlons de la nuit. Sondons sa profondeur et son étendue.

Éviter qu'une histoire d'amour ne finisse mal

Revenons à l'adjectif « romantique » que j'ai utilisé plus haut. On l'utilise en général pour parler d'amour. On peut tomber amoureux d'une terre comme on tombe amoureux d'une personne : quand on fait les premières récoltes, c'est une vie à deux qui démarre, une vie nouvelle. Plusieurs centres de formation pour l'agroécologie ou la permaculture utilisent ce désir romantique d'une nouvelle vie pour faire leur publicité : l'agroécologie, la permaculture, c'est coloré, c'est beau, c'est la liberté ! Même les livres sur les ABA sont particulièrement colorés et innovants dans leur mise en page. Jardin et jardinier formeront un couple coloré, joyeux et travailleur, nous promet-on.

Dans cette façon de promouvoir les ABA, il y a une grande part de vérité. Quand on renoue avec la Nature après des années de travail et de vie « hors-sol », selon l'expression de Pierre Rabhi, on traverse une phase très appréciable d'ouverture au monde. Les mois au cours desquels on découvre les ABA sont le début d'un renouveau émotionnel, qui culmine avec le démarrage du projet agricole. Si on suit une formation, on découvre les pionniers des ABA, avec leur souci conjugué du bien-être humain et du respect de la Nature. Dans les années 1960, leur mouvement était une véritable effronterie face au culte du progrès mécanique ; pour autant, malgré la montée en puissance de l'agriculture industrielle, ce mouvement a perduré et progressé. En formation, on découvre aussi la *vie* du sol, on découvre la santé par l'alimentation saine, on (re)découvre les couleurs et les rythmes d'un jardin où les plantes ne sont pas forcées. Ensuite, une fois en possession d'un espace adéquat pour cultiver, on démarre son projet, on se lance, on trace allées et planches pour cultiver, on fait les premiers semis, les premiers paillages, les premières récoltes. Tout est bel et bien, dans le meilleur des mondes.

Mais un jour… comme en amour, se peut-il que de la chaleur des deux cœurs réunis émerge rancœur, insatisfaction, tristesse, méchanceté ? Que l'idylle devienne drame ? Que la motivation devienne abandon ? Peut-on, *en théorie*, avoir le jardinage brisé tout comme un jour on a le cœur brisé ? Voilà la situation qu'il faut éviter au sortir de la nuit.

L'Amour avec un grand A peut bel et bien s'éteindre, quand les difficultés ne sont pas surmontées – ou que l'inadéquation des partenaires est irrémédiable. Étant donné que j'aime tout à fait jardiner, se pourrait-il qu'un jour ce jardinage me fasse également souffrir et que je doive l'abandonner ? Parce que certaines difficultés émotionnelles n'auraient pas été vues, comprises et surmontées... Ne soyons pas dupes : se lancer dans une activité nouvelle et dire que l'on ne rencontre pas de difficulté, que l'on n'est jamais déconcerté, ce n'est pas réaliste ! Cela signifierait qu'on ne se remet pas en question, car on n'en a pas besoin, car on ne rencontre aucun obstacle. Alors pourquoi dire qu'on a changé de vie, si on n'a pas eu besoin de changer ses habitudes émotionnelles ? Il y a une erreur quelque part.

Poussons encore un peu l'analogie. On sait en effet qu'il existe plusieurs formes d'amour : l'amour passionnel des jeunes couples, l'amour raisonné des couples mâtures et aussi l'amour inconditionnel ou compassion, qui est un sentiment de gratitude, de don et de respect envers tous les êtres humains[4]. Les « émotions agroécologiques » évoluent-elles de la même façon ? À quel moment survient le passage de l'amour passionnel à l'amour raisonnable ? Et quand la vie amoureuse commence-t-elle à décliner ? Sont-ce là des questions absurdes quand appliquées à un métier-passion ? Quand on se lance dans le jardinage agroécologique pour en tirer des revenus, jusqu'où est-on prêt à en faire une aventure émotionnelle ? L'aventure émotionnelle du contact avec la Nature est-elle la même quand on jardine pour le loisir ou quand on jardine pour vendre des produits ? Pour le jardinier du dimanche, rien n'oblige à se confronter aux émotions déplaisantes, à les interpréter et à les faire fructifier : il n'y a pas d'enjeu. On se dit « tant pis, cette culture ne me réussit pas ! » ou « il y en a qui ont les doigts verts, moi je fais ce que je peux ». Pour le jardinier professionnel, il y a un enjeu et il est littéralement vital.

Importante charge de travail, faibles revenus, conditions de travail pénibles : certains maraîchers bio arrêtent leur projet, c'est un fait. Les grandes causes (retour à la terre, écologie, aventure émotionnelle) qui au départ les ont poussés à cultiver

---

4 Je ne prétends pas donner là une définition savante de ces distinctions. De nombreux philosophes ont planché sur la différence entre éros et agape.

en respectant la Nature, n'ont pas suffi à soutenir durablement leur motivation. Ces maraîchers sont courageux, d'abord d'exprimer leurs difficultés alors qu'ils avaient des rêves plein la tête. Ensuite ils ont le courage de passer à l'acte, c'est-à-dire de déposer le bilan. Ce sont des décisions particulièrement difficiles. Quand on met toute sa passion, son énergie physique et intellectuelle ainsi que son argent dans un projet, ces dépôts de bilan, qui existent mais dont on parle peu, sont pour moi la preuve qu'il est raisonnable de prévenir la pire situation qui puisse arriver : le « plus envie de ».

Je pense que ce *dépit* arrive un jour ou l'autre si on ne vit pas bien son contact avec la Nature. Ce n'est pas un aspect trivial de la profession. Et il concerne autant les hommes que les femmes. Si on se lance dans des tâches de travail déplaisantes sans qu'une fin soit en vue – et la Nature peut vous rendre la tâche très déplaisante, comme je vais vous le montrer dans le corps de cet ouvrage – alors qu'on est censés être maîtres de notre nouvelle vie, c'est que quelque chose ne va pas. Se dire maître de son travail tout en y ressentant de la soumission n'est pas un bon signe ! On arrive à ce stade si ne s'écoute pas assez soi-même. Si on n'est pas assez attentifs à nos réactions quand le contact avec la nature, par moments, nous déconcerte et nous pousse aux émotions déplaisantes[5]. Il faut donc s'écouter et réagir.

En règle générale, on essaie tous de saisir les opportunités lorsqu'elles se présentent. Ici il va falloir *transformer ces émotions déplaisantes en opportunités pour se questionner* : questionner nos habitudes, nos motivations, notre vision de la Nature, notre besoin d'argent aussi. D'autant qu'au-delà de ces

---

5 Ce genre d'attention n'est pas inné. Cela s'acquière, se développe et se raffine petit à petit, via les lectures, via les rencontres. Attention au déni ! Ce n'est pas en se répétant que tout va bien que tout ira mieux. Il faut prendre le taureau par les cornes. Personne ne le fera pour vous. Même si à l'issue de la nuit vous deviez admettre que le jardinage agroécologique n'est pas pour vous, vous devez au moins savoir clairement pourquoi, afin de repartir du bon pied dans une nouvelle aventure.

émotions désagréables, il y a quelque chose de positif. Je vous affirme que cela vaut le coup d'abandonner quelques certitudes et quelques habitudes, même s'il faut en passer par admettre que, par moments, on ne se sent pas bien au jardin – ce qui est briser un tabou –, et qu'il faut accepter d'aller vers l'inconnu. Apprendre, c'est entre autre parvenir à se confronter à ce que l'on tient pour évident, pour banal. Si banal qu'on ne le voyait plus, qu'on ne le questionnait plus. Quand une difficulté psychologique va nous inciter à questionner l'évident – ce qui n'est pas agréable – en même temps cela va nous ouvrir de nouveaux horizons.

Si pour vous l'agroécologie est juste un *bon filon* pour gagner de l'argent, si c'est juste pour être à la mode, pour « faire bien », soyez certains que cette activité ne vous sera pas agréable longtemps. La Nature ignore tout de l'argent, de la mode et des mondanités.

Si vous êtes vraiment décidés à ce que votre jardin devienne une partie de vous-même et vous de lui, alors faire toute la lumière sur le plan émotionnel quand les émotions déplaisantes s'accumulent, revient à entamer une nouvelle étape de l'aventure. C'est passer à un *grade supérieur*. L'**apprenti jardinier agroécologique** est dans le mode de la découverte initiale. Tout lui est nouveau, tout lui paraît beau. Devenir **compagnon jardinier**, c'est commencer à reconnaître en quoi les objectifs que nous nous sommes fixés (cultiver en respectant la Nature et s'épanouir personnellement) impliquent d'évoluer soi-même. Honnêteté avec soi-même, questionnement des évidences, abandon de certaines habitudes. Sinon à quoi bon vouloir changer de vie ? Le compagnon jardinier découvre l'ephexis, commence à s'y familiariser. L'ephexis est telle une étoile lumineuse dans la nuit, qui aide à la traverser en confirmant le bon chemin. Le grade suivant serait celui de **maître jardinier** : le maître jardinier est devenu familier de l'ephexis et il est initié aux autres lumières du jardinage agroécologique. Je vous présenterai toutes ces lumières progressivement au cours de l'ouvrage.

Je vous souhaite une bonne lecture, mais n'attendez aucune révélation : je ne vous apprendrai pas grand-chose. Eh oui, comme l'expliquait Krishnamurti, hormis pour la transmission de certaines connaissances et savoir-faire tout à fait objectifs, on n'apprend pas vraiment dans les livres. C'est dans *l'expérience vécue* qu'on apprend, qu'on entre en contact avec la nouveauté et que celle-ci devient une partie de nous. Les livres ne nous servent qu'a posteriori, pour expliquer l'expérience vécue, pour la positionner dans notre vie, pour en mieux voir les tenants et les aboutissants (de possibles voies futures à essayer). Ce qui vous en apprendra sur vous-même et sur la Nature, c'est d'abord de passer du temps dans votre jardin et d'être honnête avec les émotions que vous y ressentez. Alors je souhaite avant tout un bon jardinage.

PS :
Si vous démarrez dans le jardinage ou dans un projet d'agriculture biologique, si vous découvrez l'existence des ABA en lisant ces lignes d'introduction, il se peut que le contenu de ce livre vous semble trop abstrait. Ce que vous avez besoin de savoir à propos des émotions au contact de la Nature, à votre niveau, est présenté dans mon livre d'ouverture, *Les cinq pratiques du jardinage agroécologique*. Et je vous recommande de lire ensuite mon livre central, *Agroécologie : cours théorique*. Un pas après l'autre ! L'agroécologie est un « vrai » métier, qui demande du temps pour être compris. Le culte du « tout, tout de suite » de notre société moderne ne vaut pas un sou une fois que vous êtes dans un jardin.

Benoît R. SOREL
novembre 2016

AU DÉBUT DU CHEMIN

Dans ce chapitre, il sera question des émotions déplaisantes qui ont marqué ma deuxième et troisième année de jardinage – la première année étant consacrée presque exclusivement à la mise en forme du jardin et aux premiers semis d'engrais verts, je n'avais donc aucun objectif de production et aucun stress. Tout allait pour le mieux dans le meilleur des mondes !

Dans mon jardin, rien ne m'appartient

Durant ma formation en agriculture biologique à ferme de Sainte-Marthe, en 2012, on m'a appris qu'il faut accepter la « part de la Nature » : il s'agit là du pourcentage de la récolte qui est perdu du fait des maladies et des ravageurs. On estime cette part à 20 %. On est donc prévenu.

La première année dans mon jardin, je fais entre autres des essais de culture, dont des fèves. Les gousses grossissent bien, je les récolte à la mi-juin. Hélas, elles sont quasiment toutes piquées par des insectes (un petit hyménoptère et une bruche). Seuls quatre kilos sont comestibles et je dois en jeter quarante. Je les immerge dans l'eau une semaine durant, pour tuer toutes les larves, sans quoi ces ravageurs pulluleraient l'année suivante ! La déception est grande.

La deuxième année, je fais des carottes, céleris raves, betteraves, panais, poireaux. Tout lève, tout pousse, et alors que le jour de la récolte se rapproche, les légumes commencent à disparaître ! Un midi la betterave est bien portante, à 14 heures elle est complètement fanée. Vous avez deviné le coupable : le campagnol. Je sonde la terre et je sens des galeries partout. Avec un outil adapté je remue alors la terre pour casser les galeries, et je piège. J'attrape jusqu'à quatre campagnols en vingt-quatre heures au même trou de galerie ! Mais je m'y suis pris trop tard, à partir d'août, et je ne sauverai aucune carotte, aucun panais, aucun céleri rave. Des soixante-dix mètres linéaires cultivés, je ne savourerai qu'une dizaine de poireaux et autant de betteraves !

La troisième année, je fais des semis de salade à tour de bras. Les petits plants mis en terre fanent en l'espace d'une semaine. Je trouve les coupables après avoir perdu quinze mètres linéaires : des larves blanches qui s'agitent frénétiquement, équipées de puissantes mandibules. Cette année-là, je fais aussi cent-cinquante choux-raves et autant de choux cabus. Quelle consternation ! Je dois chasser quotidiennement, avec un filet à papillons, une vingtaine de piérides qui essaient de pondre sur ces crucifères. Vous voyez où je veux en venir : l'omniprésence des ravageurs, et leurs dégâts de l'ordre de 100 % plutôt que 20 %.

Pour clore cette première liste de déceptions, sachez que pour protéger quatre-vingt-dix plants de tournesol, j'ai éliminé manuellement environ six-cent limaces. Et que j'ai dû mettre du filet sur les fraisiers, les mûriers et les cassissiers sinon les oiseaux faisaient un repas continuel. Mais ces filets ne gênent pas les campagnols, bien sûr. Ces gredins poilus ont boulotté une fraise sur dix. Consternant.

Bref, malgré l'effort que je mets dans mon jardin, d'*autres* que moi, petites bêtes à poils, à carapace ou à plumes, sont plus rapides pour faire la récolte. Je les suspecte de faire des rondes pour vérifier toutes les heures le bon avancement de la maturation des fruits et légumes, avec un petit coup de dent ou de bec par-ci par-là en guise d'apéritif ! Dès le fruit ou le légume mûr, quand je dors, ils le boulottent sans attendre et sans remords... Tant pis pour celui qui a permis à ce bon légume d'exister, tant pis pour moi.

J'ai donc petit à petit compris que malgré l'apparence de calme et de quiétude qui règne au jardin, c'est une course contre la montre qui se joue en permanence. Pas de pitié pour les retardataires : si ce ne sont pas les ravageurs qui s'en nourrissent, les légumes qui ne sont pas cueillis à temps pourrissent, durcissent, fibrent, noircissent... Petit à petit, dans ma tête, la première leçon de la Nature se pare des mots adéquats : je n'ai aucun *droit* sur la récolte. Je reçois ce que la Nature veut bien me laisser, et elle peut ne rien me laisser du tout. Autre cas : je repense à cette plaque à semis de salades, quatre-vingt-quatre pieds. À peine levés, en une seule nuit ils disparaissent tous. Une limace, une seule, était rentrée dans la chambre à semis et avait simplement mangé. Tout simplement mangé. La Nature est d'une simplicité déconcertante, radicale.

La *part* de la Nature : expression claire, mais expression impropre. Ne serait-ce pas plutôt le *tout* de la Nature ? Tout est Nature, à moi de lui voler ma part qui, sinon, retourne à elle inexorablement.

C'est dans ces moments-là, quand on constate les dégâts, que l'émotion déplaisante monte en nous, et que l'apprentissage se fait. Et l'apprentissage se renouvelle, s'étoffe, s'approfondit, à chaque nouveau cas. Suite de la leçon : autant on peut travailler avec passion dans le jardin, autant le jardin ne nous doit rien et autant nous n'avons aucun droit sur lui. Nous le créons, nous le faisons exister, et pourtant nous lui demeurons subordonnés. Le premier insecte venu, le premier oiseau venu, et imaginons le premier gibier venu, se servira avant nous de « nos » fruits et légumes. D'où cette expression qui me vint à l'esprit : *dans ton jardin rien ne t'appartient*.

En tant qu' « Homme moderne », je possède comme tout un chacun les pensées réflexes de la *propriété individuelle* et de la *causalité*. Si ces pensées réflexes ont une réalité et une importance dans des activités de production artisanale ou industrielle, dans le jardinage (et dans l'agriculture en général) il me semble maintenant qu'elles n'ont aucune raison d'être. Ce sont des lubies. Quelle que soit la fierté que l'on peut avoir parce qu'on utilise une technique de culture particulièrement sophistiquée, ou quel que soit le sentiment de supériorité que nous pensons en tirer par rapport à la Nature, ces pensées réflexes de propriété (« c'est à moi ») et de causalité (« si je fais ceci, alors le résultat sera cela ») ne comptent pas ; elles ne nous procurent aucun droit sur la nature. Elles ne valent pas mieux que des illusions. Toute notre civilisation moderne n'attend que la dent d'un campagnol pour être rongée à la racine même. Le drame de l'humanité se déroule au jardin : un jour nous sommes des géants contrôleurs, un autre jour une limace nous réduit à néant.

Autre pensée réflexe mise à mal : notre supériorité biologique. Nous sommes habitués au mythe de la modernité, qui fait de nous le couronnement de l'évolution de la vie sur Terre. Nous sommes certains que nous n'avons plus à subir les affres de la pression naturelle[6]. Erreur ! Dans le jardin, le campagnol, le mulot, la piéride, la bruche, le taupin, le merle, la grive, le lièvre sont nos concurrents biologiques. Ils convoitent le même légume, le même fruit, que le jardinier. Quoi qu'en pensent les bonnes âmes, il s'agit d'être plus rapide, plus rusé sinon plus agressif qu'eux, autrement ils vont se nourrir du jardin avant nous. Alors on comprend : notre société moderne aime se sentir au-delà de la pression de sélection naturelle. C'est que nous sommes majoritairement des citadins, et nous ne voyons pas, donc nous oublions, que l'agriculteur, lui, est toujours exposé à la pression naturelle. Que survienne une rupture d'une seule année dans la production mondiale de fruits, légumes et céréales, et ce sera la famine dans les villes. Et dans les cam-

---

6 Pression naturelle : j'entends par là l'ensemble des actions des diverses espèces et de l'environnement physico-chimique qui s'exercent sur une espèce en question. Les individus de cette espèce qui ne résistent pas à l'ensemble de ces actions sont voués à la mort sinon à un faible de taux de reproduction. Les individus qui résistent sont dits « sélectionnés » : parvenant à se protéger et à se nourrir convenablement, ils auront une descendance importante.

pagnes, nous errerons à la recherche de la moindre chose comestible, et nous serons jaloux des campagnols, des mulots et des insectes qui eux seront toujours en mesure de se nourrir.

Bref, le contact avec la nature invite sérieusement à l'humilité. En même temps, l'honneur de la profession est rendu là explicite : l'agriculteur et le jardinier sont les interfaces entre la nature et la société. Leur tâche est de *combiner le meilleur des deux mondes*.

Ces désillusions, comprises petit à petit sur deux années, me laissaient entrevoir qu'une autre pensée réflexe allait être mise à mal par le fait de côtoyer chaque jour la nature : l'habitude des jugements de valeurs. « Ceci est néfaste, ceci est bon ».

Que de réflexes mis à mal ! Que de repères sûrs et certains de la modernité me faudrait-il encore abandonner ?

La solitude

En faisant ces constats, je ressentais la profondeur du fossé qui sépare l'Homme de la Nature. Un fossé creusé lentement mais sûrement au fur et à mesure de l'avènement de notre culture occidentale moderne – c'est notre civilisation dirait Michel Onfray. Dans le jardin, la Nature est à priori très proche de nous, à portée de main, tenue même dans le creux de la main quand elle est graine. Nous contrôlons ses formes et ses rythmes, en la respectant autant que possible, pour qu'elle nous donne fruits et légumes. Pour autant nous lui demeurons étrangers. Ses lois ne sont pas nos lois, jamais. Il y a entre mon jardin et moi une différence évidente, qu'il me faut bien accepter. Différence, séparation, donc sentiment de solitude... Voilà ce que j'ai ressenti, particulièrement en ce mois de mars 2016.

Ressentir de la solitude dans mon jardin, à cela je ne m'attendais pas du tout. De la solitude vis-à-vis de la société, à cela j'étais préparé. Mais pas vis-à-vis de la Nature. Le constat est que je n'ai aucun droit sur mon jardin (de même qu'aimer une personne ne vous donne aucun droit sur elle), je demeure étranger à mon jardin, car il est *différent*, donc je suis seul dans mon jardin. Quand bien même je suis entouré de plein de vie...

Il faut avoir ressenti cette solitude ; le comprendre n'enseigne rien. Ce n'est pas agréable. Cependant, j'ai l'intuition que c'est là une indication. « Derrière » cette solitude, il y a peut-être la véritable définition de l'Homme. À voir...

Cette émotion déplaisante ne correspond pas du tout à ce que les beaux livres d'agriculture biologique nous promettent : la promesse de renouer avec notre véritable identité parce que nous renouons avec la Nature. Nous sommes censés retrouver notre vie d'être humain authentique à partir du moment où nous sommes entourés de la vie de la Nature respectée. Il n'était donc pas prévu de passer par des émotions déplaisantes !

En vivant ces instants de solitude dans mon jardin, j'ai compris que ce n'est pas dans la Nature que nous trouverons une sérénité complète. La Nature ne nous donnera jamais entière satisfaction, tout comme avec la révolution verte nous n'avons pas été satisfaits de pouvoir la dominer. Je crois que cela est impossible.

En écrivant ces lignes sur la solitude, j'ai conscience de commencer à écorcher un mythe écologiste. Notez bien ma position : je crois que l'identité humaine ne se résume ni à la technique ni à la Nature. Je ne suis ni contre la vie *dans* la Nature ni contre la technique. C'est une position nuancée, qui peut paraître trop compliquée aux yeux du grand public tout juste acquis à la cause de l'AB[7]. Ma subtilité peut donc nuire à

---

[7] Il existe un discours consumériste-libéral simpliste de promotion de l'AB, qui vise le consommateur *et* le producteur. Ce dernier est incité à faire de l'AB comme on

la clarté de la cause, j'en conviens. Donc que ceux qui m'ont compris gardent cela pour eux. Ce sera donc notre petit secret. Notre société actuelle, racornie du ciboulot, n'entend que les messages simples du genre « le bio c'est tout beau ». Elle n'entend que ce qu'elle veut entendre.

Considérons notre passé : même nos ancêtres ne se satisfaisaient jamais de la Nature. Leur environnement naturel était en bien meilleur « état » que le nôtre. Pourtant ils ont cherché des divinités dans un au-delà du monde. Ce que je vis dans ces instants de solitude, c'est en fait la solitude substantielle de notre espèce. La solitude est partie de notre identité[8].

---

fait de l'agriculture conventionnelle, avec de super rendements et avec une introduction progressive en bourse (c'est la ligne de l'AB industrielle). Et cela soumet l'AB à l'administration, via les aides de la PAC. Voyez, en ce printemps 2017, les agriculteurs bio manifester parce que les aides promises n'arrivent pas, ce qui compromet leurs plans de développement. Mais quand on demande de l'argent au diable, il ne faut pas ensuite se plaindre qu'il nous a menti ! Je le dis et le redis : une agriculture qui respecte le sol et les plantes n'est pas industrialisable. On ne peut pas importer une pensée industrielle qui est valable pour la production de boulons et de machines, dans la production de végétaux et d'animaux. Quand on le fait, ça donne les fruits et légumes conventionnels que l'on sait, sans goût, sans valeur nutritive, polluants nos sols et notre sang avec les pesticides. C'est rentable, certes. À l'opposé, la ligne des ABA, c'est la vie, c'est la durabilité. Mais ce n'est pas rentable dans une société industrielle, sauf à pratiquer des prix élevés, donc à nourrir exclusivement les riches. Pour l'instant, je n'ai pas d'issue positive au défi de l'agroécologie : produire des fruits et légumes de qualité, via un sol durablement fertile, avec des prix accessibles à la majorité de la population.

8 Alors que je fais la relecture et les corrections, deux mois après avoir tapé le « tapuscrit », je constate que le rythme avec lequel je vous présente successivement les émotions déplaisantes et leur interprétation, est bien trop rapide par rapport à la réalité vécue. En fait, l'interprétation de chaque émotion a maturé pendant plusieurs jours au minimum, en moyenne plusieurs mois. Parfois j'ai concrétisé une maturation de plusieurs mois en une seule petite phrase. Et cette petite phrase est importante pour moi : c'est comme un trophée ! C'est l'ordre qui émerge du chaos. De mon chaos émotionnel. Et chacune de ces phrases est un épanouissement personnel, comme une sorte de récolte, qui avant n'existait pas. Ce que je ne puis pas vous communiquer via ce livre, car c'est incommunicable, c'est d'une part l'émotion déplaisante et d'autre part, surtout, c'est cette phase de maturation. Elle est comme une lente agrégation de mots avec le liant émotionnel, certains mots « collant » de suite, d'autres rebondissant, d'autre passant à côté. Je vous renvoie à ce que disait Krishnamurti, page 12.

Le lecteur pense peut-être qu'il n'y a là rien d'inattendu dans ces expériences. « Le jardinage est ainsi », « il faut bien accepter des pertes », « il faut faire avec ». Mais le lecteur voit-il à quel point ces expressions communes sont abstraites ? Elles sont intellectuelles, elles ne remplacent pas les émotions *vécues*. À ces pertes, l'homme de la rue associe comme émotion, au mieux, la *fatalité*. C'est la fatalité du jardinage et de l'agriculture que de devoir accepter les pertes dues aux ravageurs, aux maladies, à la météo... dit-on du Nord au Sud de la France. Certes c'est vrai. Mais d'une part il faut vivre cela, le dire est bien peu. Pour faire une analogie, c'est comme si un menuisier, en mettant la pièce de bois dans sa machine, ne pouvait être certain de la forme qu'elle aurait en ressortant ... ou même si seulement elle allait ressortir ! Voilà ce qu'on ressent quand on sème des carottes et qu'on doit bien *accepter* de ne pas savoir si elles seront ou non mangées par les campagnols ou rongées par les larves de la mouche de la carotte. S'il y avait autant d'incertitude en menuiserie qu'en agriculture, cette profession aurait été abandonnée depuis longtemps. Bien peu de gens sont prêts à fonder leur vie sur une activité qui est un perpétuel pari. Autre analogie : qui accepterait d'acheter une plaquette de beurre s'il y avait 30 % de probabilité qu'elle soit immangeable, ou déjà partiellement mangée ou même vide ? Notre société refuse cette vie de probabilité. La modernité, c'est le 100 % tout le temps. D'autre part, recourir au terme de fatalité sert bien souvent, en fait, à couper court à la discussion. Car la fatalité fait partie des tabous modernes. La fatalité, c'est la pauvreté, c'est la misère, c'est la maladie. Et ça, mon bon monsieur, on n'en veut pas. Pas de ça chez nous, dans l'Europe du XXIe siècle ! Surtout dans le monde agricole, qui a connu sa révolution verte. La fatalité, ça appartient au passé. À la rigueur, on veut bien en entendre parler quand c'est un argument pour les ONG humanitaires, pour aider les pauvres des autres pays. Mais pas en Europe, car ça signifierait qu'on ne s'est pas vraiment extirpé de l'état de dépendance vis-à-vis de la Nature. Que le passé collerait plus fort qu'on ne pense à nos baskets. On ne veut pas vraiment voire cette réalité, donc on n'en parle pas. On dit le mot, comme pour conjurer le sort, et ça s'arrête là. Et la fatalité, ça ne mange pas de pain : chacun peut l'interpréter comme il le veut. C'est vague, c'est flou, donc c'est un prétexte tacite pour couper court à la discussion. La pureté du mythe de la modernité puissante et émancipée doit être préservé...

Revenons à la solitude. La solitude a des conséquences pratiques d'une part : comment prévenir les ravages des cultures et comment capturer les ravageurs si nécessaire. Et elle a des conséquences existentielles d'autre part : la compréhension que notre espèce n'a aucun droit vis-à-vis de la Nature. La solitude se ressent d'autant plus que l'on jardine bio. Elle tranche avec le discours plein de vie, de chaleur et de compassion que l'on aura reçu dans une formation bio ou à partir des livres sur le bio. Solitude et fatalité sont déplaisantes, les promoteurs de la bio ne vont donc pas les mettre en lumière. La solitude se ressent aussi différemment selon notre vécu personnel. Dans mon cas, j'ai quitté le monde thanatophile de l'industrie pour aller vers l'agriculture bio, parce que c'est une activité où la vie est mise à l'honneur. Pour préparer mon jardin j'ai entendu et lu plein de belles choses sur la vie au jardin. Mais maintenant que j'ai un jardin, je constate que je ne suis pas intégré dans cette vie du jardin, qu'elle me sera toujours étrangère et parfois même hostile. Avec le recul, maintenant je pense que j'étais un peu trop naïf et idéaliste quant à l'AB et aux ABA. J'ai cédé à une vision romantique de la nature cultivée, du genre « les abeilles et les coccinelles sont tes amis, les mulots, il en faut un peu, mais ils sont tout gentils ». Alors que cette vision romantique, idéalisée, pour le dire plus scientifiquement : symbiotique, n'est qu'une vision. La réalité est que la Nature n'a pas besoin de nous.

Solitude déplaisante, dont je tire des interprétations rudes. Mais cela m'a poussé à innover dans mes pratiques culturales et à innover dans ma conception de l'être humain. Notamment cela m'a amené à découvrir l'ephexis, et à penser qu'il y a peut-être quelque chose au-delà de l'ephexis. Mais patience ! Je vous expliquerai tout cela progressivement. Car c'est un chemin d'épanouissement personnel que j'ai fait progressivement.

Rien que pour mes yeux

J'entame en cette année 2016 ma quatrième année de jardinage professionnel. Je suis très content de l'apparence du jardin : l'herbe dense est comme un tapis moelleux dans les allées, l'herbe élancée de la prairie est comme des cheveux qui flottent au vent, les zones tampons sont telles des brosses jaunes, les grandes allées se croisent et les petites allées les rejoignent comme pour les irriguer. En particulier après avoir tondu les allées, le jardin me semble « porter un beau vêtement ». De cette apparence agréable, qui n'entrave pas la productivité, je suis fier.

Je passe bien sûr beaucoup de temps au jardin pour les tâches qui ne sont pas directement agricoles. Les haies requièrent des coupes, et les fossés, même si on ne les discerne pas de prime abord et qu'ils sont absents de l'image globale du jardin, requièrent un travail physique considérable de fauchage et de curage. Les zones tampon doivent être débarrassées des chardons et *Rhumex* envahissants. La tonte des allées, bi-hebdomadaire, dure entre 2 et 3 heures. Je tonds également trois zones dédiées à la production de tonte (tonte qui sert à mulcher les cultures de légumes racine). Et mon terrain dispose d'une cour d'entrée, dont j'essaie de soigner l'apparence avec notamment des frênes qui donnent leur nom au jardin.

Hormis la famille, je reçois très peu de visiteurs. D'avril à octobre je passe donc dans mon jardin de nombreuses heures en solitaire. En ce printemps 2016, nouvelle émotion déplaisante : je me suis senti *égoïste*. Tout ce beau jardin, dont la vue ne profite qu'à moi seul ! Je profite seul de marcher dans les allées vertes et moelleuses, de sentir le foin fraîchement coupé, d'entendre les oiseaux dans les haies, de voir les ondulations de l'herbe haute de la prairie durant les jours de vent, de contempler une cigogne qui survole le jardin à juste une petite dizaine de mètres de hauteur, de ressentir dans la main la texture légère du compost mûr, d'apprécier la couleur de la terre sous le paillage. Il y a tant de misère dans le monde, et moi, après avoir travaillé pour l'industrie des pesticides – travail qui m'a permis de faire des économies qui ont servi à acquérir ce jardin – moi je profite de ce grand et beau jardin à moi tout seul, quand la majorité de la population doit vivre toute la journée enfermée dans un bureau ou dans une usine. Que je suis égoïste ! Et nanti ! Quand j'étais un citadin à Hanovre, je me réjouissais de mon grand logement de 50 m^2 – une surface que peu de parisiens peuvent se payer ! Maintenant, 50 m^2 sont pour moi tout juste deux planches de culture. Deux-cents choux. Les parisiens paient chaque mois mille euros pour 50 m^2, soit douze-mille euros par an pour deux-cents choux, soit soixante euros le chou. Quand on vit dans les grandes villes, on perd le sens des réalités... Entre les pauvres qui ne possèdent aucun logement ni aucune terre et entre les riches qui paient une fortune pour quelques mètres carrés, j'ai conscience que ma situation est privilégiée.

Égoïsme de posséder un tel jardin, égoïsme d'être quasiment le seul à en profiter : n'y a-t-il pas là également du narcissisme ? Je me réjouis grandement de la vue de mon beau jardin ! C'est mon droit, c'est mon plaisir solitaire. Si j'avais femme et enfant, je ne serais pas seul à profiter de cette beauté. La beauté a-t-elle vraiment une utilité si on est seul à pouvoir en profiter ? Peut-on encore seulement appeler cela de la beauté ? Imaginez une recette que vous avez créée et qui vous permet de réaliser un succulent gâteau. Ne désirez-vous pas un jour partager ce gâteau avec quelqu'un ? Ou le garderez-vous toujours pour vous tout seul, n'en parlant à personne ? Si l'on dispose de quelque chose de magnifique, on a envie de le partager. Or dans la solitude, on tend à tout ramener à soi-même... Dois-je donc me méfier, à long terme, d'une solitude excessive ? C'est une question raisonnable.

Pour le moment, je demeure au stade du constat de ce que je ressens : égoïsme déplaisant et petite tristesse narcissique. Le jardin est une paradoxale création du jardinier. C'est un lieu de beauté et de très haute valeur écologique et éthique, dont le jardinier est pourtant le seul à profiter. Même mes clients, qui consomment les fruits et légumes du jardin, n'y ont pas accès. J'ai l'intuition qu'avec ce jardin, que je considère être un lieu d'exception, il serait possible de faire plus que de la vente de fruits et légumes. Mais quoi ? À réfléchir... En tout cas, la leçon se confirme : il faut s'écouter soi-même, il faut mettre en lumière la moindre gêne émotionnelle. Ces petits quelque choses qu'on déterre de notre vie émotionnelle, même s'ils ne sont pas très beaux, peuvent être à l'origine de créations positives. Qui ne tente rien n'a rien ! Acceptons le déplaisant.

(PS : à l'automne suivant, je prendrai la décision de faire de la vente sur place en 2017. Ainsi les clients pourront visiter le jardin. Une autre façon de partager la beauté agroécologique.)

JOURNAL D'UN OBLIGÉ DE LA TERRE

Émotions déplaisantes de la quatrième année de jardinage (2016)

Le plus simple est de vous relater chronologiquement mon vécu à la façon d'un journal. Je suis un obligé de la terre, car je n'ai pas le choix : il me *faut* surmonter les émotions déplaisantes auxquelles mon jardin me confronte pour ... pour quoi au juste ? En partie, prosaïquement, pour m'apprendre le métier, pour que je devienne plus efficace. Car je vends les produits de mon jardin : c'est mon métier à mi-temps[9]. Je dois assurer un revenu. Sur le plan psychologique, je sens que cette aventure émotionnelle participe de me faire quitter complètement ma vie antérieure (vie citadine de technicien de laboratoire puis d'enseignant). Sur le plan philosophique, je sens que cette aventure est un des aspects de la grande question de la place de l'Homme dans la Nature[10].

Je rappelle qu'en voulant évoquer expressément les difficultés, il ne s'agit pas pour autant de s'effondrer dans le pessimisme et dans la perte de repères. Il s'agit de prendre

---

9 Le jardinier amateur n'aura pas cette obligation d'aller au bout de ses émotions, à moins que pour des raisons financières il doive absolument faire un jardin productif. Beaucoup de personnes sont fascinées par le savoir-faire des jardiniers et maraîchers professionnels : pour elles qui ont déjà du mal à faire des semis, décider des successions de culture, du soin du sol, organiser la régularité des récoltes relèvent presque d'un « art secret », d'une « main verte » fois cent. Ces amateurs sont trop gentils : c'est simplement que dans toute activité professionnelle, la nécessité enfante la ténacité et la méthode, ce qui transmute l'improbabilité du geste amateur en quasi-certitude du rendement professionnel.

10 En ce début de XXIe siècle, notre société aborde cette question prioritairement sous l'angle de l'intellect et de la technique : c'est l'objectif du développement durable. Ne nous y trompons pas. Cette question comporte le désir de (re)trouver l'harmonie avec la matrice naturelle. On ne peut pas avancer dans ce genre de quête si on laisse de côté les émotions. Les seules réponses intellectuelles et techniques nous laisseront sur notre faim.

conscience, de nommer et d'expliquer les aspects émotionnellement pénibles et déroutants du jardinage, pour in fine aller de l'avant. Plongeons dans la nuit, avec la volonté de ressortir sereinement à la lumière !

Mardi 15 mars

Ravage surprise

J'ai semé une soixantaine de fèves au début du mois, dans le petit tunnel. Il y a deux jours elles levaient toutes. Ce soir, il n'en reste que trois ! Les germes ont été coupés, je les ai retrouvés sur la terre. La graine a été enlevée de terre, par au-dessus : une bestiole, ou plusieurs vraisemblablement, ont creusé pour les atteindre et les ont ou consommées sur place, ou emmenées dans leur repaire je suppose. C'est certainement l'œuvre des campagnols. J'ai donc passé le croc pour casser leurs galeries souterraines. C'est ce que j'avais fait avant le semis, mais cela n'aura servi à rien. J'aurai dû repasser le croc il y a deux jours au début de la levée... Deux jours seulement, ce n'est pas loin, mais on ne peut pas revenir en arrière ! Tout est à refaire. La récolte aura au moins trois semaines de retard.

Jeudi 7 avril

Des trois fèves qui avaient survécu et atteignaient hier presque dix centimètres, il n'en reste que deux. Le ravageur a encore sévi, avec le même mode opératoire. Il ou ils sont donc encore en vie, bien que j'ai laissé le tunnel ouvert pour permettre à mon chat d'exercer ses talents de chasseur.

Quelle impuissance ! Le vulgaire rongeur me domine. Bien sûr je ne suis pas content ! En plus cela m'inquiète. Car ces attaques, avec la pullulation de souris que j'ai dû endiguer dans mes bâtiments cet hiver, sont peut-être les signes annonciateurs d'une année de pullulation des rongeurs. Cela me rappelle le ravage quasi-total par les campagnols des carottes, panais, poireaux, céleri, betteraves, en 2014. Le tiers de mon chiffre d'affaires est-il dès maintenant menacé ? Impuissance encore : si seulement je pouvais observer sous terre l'ampleur réelle de la menace, qui peut-être grossit en ce moment même. Mais c'est impossible.

M'énerver, mais à quoi bon ? Cela n'y changerait rien. Je ne peux que rester aux aguets, passer le croc préventivement dans les planches où je cultiverai les légumes racine, et piéger dès les premières attaques.

C'est curieux comme la Nature nous est indifférente. La colère de perdre la récolte ou la joie de l'avoir toute entière ne sont jamais que nos émotions, à nous êtres humains. La Nature ne nous veut ni mal, ni bien. Le campagnol ne fait que vivre sa vie. Les plantes aussi. Le vent et la pluie aussi. Ils n'ont pas la volonté de nous faire souffrir. Et ils n'ont pas non plus la volonté de nous faire du bien. Cela me fait penser aux pseudo-théories de *l'humeur du jardinier* : son humeur influencerait la vigueur des plantes et l'équilibre ravageur-prédateur du jardin. Soyez heureux, cela rendra vos plantes plus fortes, vos fruits et légumes plus bons. Non, décidément, je ne peux pas croire à de telles théories. Si vous y croyez, alors vous devez vous abstenir d'aller dans votre jardin quand vous êtes de mauvaise humeur. Vous allez faire tomber les fleurs et rendre amers les fruits et les légumes ! C'est rassurant de croire que notre jardin, ce jardin dont on s'occupe si bien, auquel on consacre tant de temps, pour lequel on brave souvent le vent et la pluie, ce jardin d'amour va bien nous le rendre. Or il n'a aucun compte à nous rendre. Il ne nous veut rien, il n'exige rien de nous, il ne nous garantit rien. Maintenez votre terre fertile et vivante, ayez de belles haies, la récolte peut quand même, au dernier instant, être ravagée par un prédateur insoupçonné. Jardinier ou agriculteur, le lot est le même. Finalement, on se dit qu'il ne faut compter que sur soi-même. Mais cette pensée-là est de nouveau une pensée fausse. Le mieux est encore de ne rien penser du tout. C'est l'*ephexis*, la suspension du jugement[11]. Éprouvez de la joie en semant, en plantant, en arrosant. En récoltant si cela est possible. Ce sera votre joie *à vous*. Choisissez d'éprouver de la joie dans ces moments-là, et dans les autres moments, choisissez de ne pas éprouver de la peine ou de la haine. Voilà la force de caractère qu'il faut développer quand on travaille avec la Nature. Il faut parvenir à comprendre que *nos émotions sont notre choix*. Se reposer sur la Nature pour mener sa vie émotionnelle, la faire vibrer, ce n'est pas … le destin de l'Homme me semble-t-il. Nous valons mieux que ça.

> **L'EPHEXIS**
> **C'est la suspension du jugement ; la Nature n'est ni mauvaise ni bonne ; ne pas se morfondre dans le regrettable ; ne pas se glorifier dans le bien. On a toujours le choix de ses émotions.**

Des deux plants rescapés, encore un fut ravagé. Et quelques jours plus tard ce fût au tour du dernier. Tel un processus inéluctable ! Et, paradoxalement, en même temps que mon dépit laissait place à l'ephexis, je ressentais la vigueur de la nature sauvage. Quelle vigueur que ces campagnols qui survivent à l'hiver, quelle vigueur que ces adventices qui poussent dès les premiers rayons du soleil de mars, quelle vigueur que ces oiseaux qui chantent dès le mois de février pour préparer la future génération ! Au contraire, quelle faiblesse que nos semis faits à partir du mois de mars. La moindre limace en détruirait cinquante en une seule nuit. Dans le tunnel, seuls les

---

11 Il s'agit bien ici du jugement qu'il faut suspendre, et non de ses émotions. C'est une erreur de penser que l'éphéxis implique de ne plus éprouver d'émotions au contact de la Nature. Il ne faut en aucun cas devenir indifférent.

radis, piquants, sont épargnés par ces ravageurs baveux. Tomates, salades et navets doivent être protégés par des ronds de sciure et par des pièges à bière au ras de sol dans lesquels les limaces se noient. Par exemple, dans la serre : il y a une semaine, la terre semblait bien sèche, et j'y plantais de très jeunes plants de tomate sans mettre autour un rond de sciure. Hélas, la première nuit deux pieds sur neuf sont détruits par les limaces. La sécheresse de la terre était une garantie contre les limaces... en théorie seulement ! Ma fainéantise de ne pas mettre de sciure ou de piège à bière a été immédiatement sanctionnée. Impuissance. Causalité implacable[12]. Mais impuissance prévue, à moitié attendue. Car je sais depuis 2013 qu'avant la mi-mai, toute plantation est vouée à tomber sous la radula des limaces. De mars à juin elles pullulent. Le seul avantage de leur grand nombre est que je peux facilement en ramasser une pleine poignée quotidiennement pour les donner à mes poules.

Oui, en ce début de printemps je me sens bien faible dans mon jardin, même si j'essaie d'en voir les aspects positifs. On n'échappe pas à la loi centrale de la nature : la loi du plus fort. Sans technique (pour conserver les légumes d'hiver jusqu'aux premiers légumes de mi-printemps), notre espèce aurait disparu depuis longtemps, vaincue par les campagnols et les limaces ! L'intelligence est l'apanage des faibles.

---

12 Je vous présenterai plus loin d'autres exemples de la causalité implacable des ravageurs quand on les sait présents mais qu'on ne prend pas de mesures préventives. L'important ici est de juste prendre conscience de *causalité* de la nature, car je vous montrerai par la suite qu'elle possède également la qualité opposée. Comment peut-on être une chose et son contraire me demanderez-vous ? Oui, c'est déconcertant, les repères vont être ébranlés, vous êtes avertis. On ne change pas de vie sans abandonner ses vieux vêtements, sans « faire mourir le vieil homme » comme on dit de façon très imagée en alchimie.

Dimanche 10 avril

Mars, mois de l'affrontement entre l'hiver et le printemps, est enfin passé. Pourtant les nuits restent froides. Ce matin encore les flaques d'eau étaient gelées. Et le soleil demeure en ce moment même voilé. Avant-hier l'astre a daigné réchauffer la terre ; il monte haut dans le ciel désormais, et ses rayons sont plus francs et plus puissants.

Mais les éléments n'en font qu'à leur tête, et on doit attendre qu'ils s'adoucissent d'eux-mêmes. L'an dernier à la même date, les orties faisaient déjà presque un mètre de haut ! Une année ne fait pas l'autre. Faut-il voir dans ce froid prolongé une explication à la vigueur printanière des rongeurs et des limaces ?

Les premiers semis sont faits. Même en serre ils grandissent lentement. Il faut bien de la patience, de la tempérance, ces jours-ci. On ronge son frein ; le printemps devrait déjà être là. J'ai lu ces mots d'Alain, qui tombent juste, dans une réflexion sur la patience[13] :

> Assurément il est bon d'avoir du sang dans les veines ; mais les animaux qui ont triomphé sur cette terre ne sont pas les plus colériques ; ce sont les raisonnables, ceux qui gardent leur passion pour le juste moment. Ainsi le terrible escrimeur, ce n'est pas celui qui frappe du pied la planche et qui part avant de savoir où il va ; c'est ce flegmatique qui attend que le passage soit ouvert et qui y passe soudainement comme une hirondelle. De même, vous qui apprenez à agir, ne poussez pas votre wagon, puisqu'il marche sans vous. Ne poussez pas le majestueux et imperturbable temps, qui conduit tous les univers ensemble d'un instant à un autre instant.

---

[13] ALAIN, *Propos sur le bonheur*, Folio, 2006

Les soulignages sont de moi. Ce qu'Alain fait valoir pour l'escrime vaut aussi pour le jardinage : il faut agir juste à temps, ni trop tôt ni trop tard, comme l'hirondelle. Les événements s'enchaînent et se succèdent quoi que nous fassions. On ne peut ni en arrêter le cours, ni en forcer le rythme.

Extrapolons de ces propos un second enseignement : pour agir en société comme pour agir avec la nature, notre ennemi n'est ni la société ni la nature, mais notre incompréhension de leurs règles. Des règles qui régissent un monde dont nous ne sommes pas le centre, c'est certain : notre ego en prend un coup ! C'est le rappel que le jardinier doit toujours rester humble. C'est paradoxal, aussi. Car on met le jardinage au centre de sa vie (on en fait son travail, on y est tôt le matin et tard le soir, on y est les dimanches et les jours fériés), mais les règles qui régissent le jardinage ne dépendront jamais de nous. On a donc mis l'alter dans l'ego. La Nature est devenue une partie de nous-même, mais nous ne la comprenons pas complètement. Elle nous repousse parfois à la périphérie du jardin, comme si nous n'y étions qu'un simple observateur alors que nous y travaillons tant. On voudrait que... mais parfois la décision ne nous revient pas. Il faut se conformer aux règles, encore et toujours.

Bien des livres et bien des associations promettent de « renouer avec soi-même » en quittant un métier citadin pour exercer un métier à la campagne – le fameux retour à la terre. Il y a une part de vérité dans cela : effectivement dans ce nouveau métier lié aux plantes ou aux animaux on peut donner plus libre cours à nos envies et à nos idées que dans le précédent. En pouvant s'exprimer mieux et plus souvent, on construit sa personnalité, on s'étoffe. On réalise son potentiel, quand dans le métier précédent on avait le sentiment qu'on ne pouvait pas faire ceci ou cela, qu'on passait son temps à refaire toujours les mêmes tâches, à supporter les lubies des uns et des autres, à faire ce qu'on nous disait de faire. Dans ce nouveau métier, on renoue avec soi-même (on reprend le fil de notre vie qu'on avait peut-être abandonné *à l'entrée dans la vie adulte*) et on renoue avec la Nature. On se sent donc rempli, doublement. Mais, paradoxalement, la Nature nous remplit de « choses » qui nous dépassent et que nous ne pouvons pas contrôler. Elle introduit en nous une part d'inconnu, d'imprévisible et d'incontrôlable, en même temps qu'elle nous a permis d' « agrandir » notre personne (nos compétences, notre personnalité, notre motivation, notre temple intérieur diraient certains). Ce qui m'amène à penser que l'on ne pourrait se construire une identité authentique que si on laisse volontairement en nous une place pour l'inconnu et l'incontrôlé[14]. La Nature nous montrerait donc, en nous invitant (parfois rudement) à accepter ses aspects inconnus, imprévisibles, incontrôlables, un chemin vers nous-même ?

---

14 Voici une réflexion analogue : l'enfant – l'adulte – le fou sage. Enfant, nous pensons et agissons comme on nous le dit. Du moins on conçoit que des règles venant de l'extérieur veulent s'imposer à nous. Adulte, on « ouvre les yeux » : on reconnaît l'importance de développer son esprit critique et on décide de vivre enfin selon nos règles à nous, et non plus toujours selon ce que la société (la mode, les collègues, la famille) attend de nous. On « désapprend » les codes culturels – c'est l'enseignement central de Krishnamurti. Vieux, ou sage, on comprend que même les règles que l'on se fixe soi-même sont artificielles. Que remplacer une règle par une autre ne sert à rien si on ne peut pas être spontané, être curieux, aller vers l'inconnu, être inventif. On comprend que si l'on se fixe un « programme de vie » rationnel (faire telles lectures, faire telles expériences, agir ainsi et puis ainsi), cela est certes utile mais cela ne peut pas nous amener à découvrir toute la diversité du monde. Il n'existe pas *une* méthode qui puisse tout expliquer. Et même toutes les méthodes réunies ne sauraient mener à une explication totale du monde. On peut alors choisir volontairement de s'abstraire de toutes règles, ce que j'appelle ici la folie sage. On ne peut pas vouloir comprendre le monde en s'abstenant de tâter les deux extrêmes de la raison et de la déraison. C'est un dilemme classique : comment aborder l'inconnu ? En gardant un pied dans la limite des connaissances établies et en étendant l'autre dans l'inconnu ? Ou en sautant pieds joints dans l'inconnu ? Il faut relire Maupassant et sa folie liée à l'eau, pour comprendre ce dont la barque est le symbole. Hé oui, tout cela est un peu déroutant.

Samedi 16 avril

Je parlais aujourd'hui avec une cliente des déboires que me causent les mulots dans mon petit tunnel. Petites bêtes au poil marron et au ventre blanc, sympathiques d'apparence mais égoïstement voraces. J'en ai attrapé une, avec une tapette et un petit morceau de betterave crue. Je constate la mort ; le petit cadavre rigide a les yeux exorbités. Un « clac ! » pour éviter un « croc ! » des fèves : un mal pour un bien ? Maintenant mes fèves poussent ; mais une soixantaine auront été boulottées sans considération aucune pour mon effort. C'était lui ou moi, aurait dit Darwin.

J'explique à ma cliente la différence entre le mulot et le campagnol : ce dernier, à la queue très courte et au museau rondouillard, n'aime pas sortir de ses galeries. C'est ce caractère timide, pour ne pas dire poltron, qui permet justement de facilement repérer, dans la prairie et dans les allées, les sorties de galerie. Juste autour, le rongeur mange petit à petit l'herbe, d'où l'apparition d'un disque d'herbe rase, de plus en plus grand, donc de plus en plus facilement repérable.

Après ces explications, je retournais chez moi et remontais les allées jusqu'à mes poules.

> **LA NATURE REMPLISSANTE**
> C'est ressentir que le jardin, ses plantes, ses animaux, font partie de nous-même. Ils occupent une place dans notre cœur, et plus seulement dans nos pensées.

Herbe tondue là, herbe vigoureuse ici dont la date de fauchage se rapproche. Le soleil va et vient, le ciel fait penser à un plateau d'échec quadrillé de blanc et de bleu. À ce moment-là, je constate que je me sens tout à fait *bien*. J'ai parlé avec enthousiasme des petites bêtes de la campagne, l'herbe pousse pour moi (à mon profit) : bref, je ressens que mon jardin est bel et bien aussi *en* moi. Du fond des fossés jusqu'à la fleur de rhubarbe, du campagnol jusqu'au bourdon, je suis là sur lui et il est là en moi. Cette émotion je l'appelle émotion de la Nature remplissante.

Je suis désormais capable de me mettre au niveau du campagnol et du mulot, au niveau de l'herbe et du ver de terre. La petitesse, on peut en faire l'éloge avec de grandes phrases et de grands mots ; mais il faut la vivre, l'accueillir en soi. Est-on moins humain si nos pensées et nos émotions sont influencées par des rongeurs ou des pissenlits ? Ces petites bêtes que notre culture occidentale moderne nous apprend à ignorer, ces petites plantes que l'on nous apprend à considérer comme insignifiantes. Et le temps qui passe, que l'on nous apprend à interdire s'il n'est pas un outil pour servir quelque objectif mercantile. Je sens comment le jardin, quand bien même j'en suis le maître, peut m'aspirer, me vider de mes préoccupations mondaines, pour me remplir de lui. Et voilà que je me plais à parler de la couleur du ventre des mulots ! Et que je me réjouis de constater que l'herbe pousse, tout simplement. On dit bien qu'il n'y a pas de petit plaisir, ou encore qu'il n'y a que l'enfant et le simple d'esprit pour se réjouir de ces triviales satisfactions sensorielles.

Joies simples donc. Faut-il les renier pour autant, en comparaison des joies plus « hautes » que procureront le succès de l'entreprise agricole et la vente des livres ? Non, évidemment. L'humain authentique est celui qui saura vivre ces joies simples, directes, *ainsi* que les joies plus sophistiquées du monde des pensées et de la vie en société. Les émotions les plus sophistiquées ne sont saines que si l'on est en mesure d'éprouver les émotions les plus simples. Et la hauteur de nos pensées ne vaut que par l'assise de nos expériences. Demandez à un grand chef cuisinier comment évaluer un pair. Il vous répondra que c'est en lui faisant réaliser une recette des plus simples et des plus connues. Il faut commencer par le commencement.

Mais rien n'est jamais tout noir ou tout blanc avec la Nature. Rien n'est jamais total. Une petite peur pointe dans cette joie de se trouver rempli du jardin : se voir rempli d'autre chose, d'autre chose qui peut-être possède sa volonté propre et qui pourrait nous entraîner malgré nous vers des destinations obscures. Bref, la peur de ne plus être moi-même et de perdre le contrôle, si je me laisse trop « habiter » par le jardin.

Sans doute faut-il s'habituer à ce sentiment de ne plus être tout à fait soi-même dans ces moments de presque-symbiose avec le jardin. Sinon on n'a pas le droit de parler ou d'écrire à propos de la symbiose entre l'être humain et la Nature. Cette symbiose est un objectif plutôt qu'un fait. Réunification est un terme peut-être mieux adapté, moins prétentieux, pour décrire cette alliance très ancienne entre l'Homme et la Nature. Mais la pondération n'est jamais un bon argument commercial, et encore moins politique. Dîtes dans une assemblée pro-AB que la symbiose est un mythe, et on vous traitera de matérialiste, de productiviste, de suppôt de l'industrie. Ne ternissons pas la belle image de la bio !

Voyez comme les pensées, les mots, les explications, les extrapolations, nous emmènent très vite très loin de l'émotion, très loin de cette expérience de réunification ! Comme un joueur de tennis qui sortirait du cours pour disserter de la trajectoire de son bras et de sa balle avec les spectateurs après chaque frappe de balle ! Pour bien comprendre, il ne faut pas trop disserter.

Ne plus être soi-même, c'est tout à fait envahissant. Tout devient beau : un pied de plantain, un bourgeon, une abeille noire et orange, un crotte de chat sur laquelle un champignon blanc s'est développé. C'en est trop : une heure par jour de cette réunification me semble suffisant. Je pense que les vrais mystiques vont au bout de cette réunification : ils se laissent remplir totalement, tout le temps. C'est peut-être cela que vivait Marie-Madeleine Davy. D'abord toucher du doigt l'éternité, puis y rentrer.

Je n'ose pas, ce serait quitter trop de choses... Ce n'est pas que je fasse la fine bouche : ce n'est pas mon chemin que de m'abandonner là totalement – un jour peut-être. Pour l'instant, c'est cette tension qui est stimulante : d'un côté rester dans la Société, en écrivant mes livres et en vendant mes légumes, de l'autre embrasser la Nature que désormais je vois de mieux en mieux telle qu'elle est. Telle un animal sauvage, elle n'a plus peur de moi, car j'ai laissé tombé mes pics et mes échardes que la culture occidentale anti-nature m'avait fait endosser.

La vérité n'est pas dans la Société ; elle n'est pas non plus dans la Nature ; où faut-il donc la chercher ? Je pense que c'est en prenant le meilleur des deux mondes, en vivant dans l'un et l'autre à la fois, qu'on se rapproche d'une vérité[15].

Cette situation duale pourrait-elle se retourner contre moi ? C'est que je lis en ce moment *Ainsi parlait Zarathoustra* de Nietzsche. Pour ce sage, un danger permanent vient des Hommes et de la société. Mais cette menace constante nous permet, paradoxalement, de nous construire. C'est un mal nécessaire ; Zarathoustra parle d'aimer ses ennemis. Quant à la Nature, je trouve que ce sage parle assez peu de ce qu'elle lui enseigne. Au mieux fait-il parler les animaux qui vivent à proximité de sa grotte. C'est que si le philosophe Nietzsche consacrait tout son temps à penser et à écrire, quel temps lui restait-il pour vivre avec la Nature ? Pour l'observer ? Pour agir avec elle ? On ne peut écrire et vivre en même temps. Zarathoustra enseigne tout le mal que les Hommes se font entre eux. C'est un enseignement philosophique par la néga-

---

15 Vivre entre deux mondes : en fait je n'ai jamais fait rien d'autre de toute ma vie, en la France et l'étranger, entre la science et la philosophie, entre le commerce et l'enseignement.

tive. Il me semble donc qu'il manque à cette œuvre du philosophe une œuvre jumelle : comment la Nature nous permet de nous construire, quand, à l'image des Hommes, elle nous déçoit et nous trompe. La Nature comme *miroir de l'humanité* est un thème que j'ai abordé dans mon ouvrage NAGESI, dont j'ai reproduit le texte Protéger la Nature, ça veut dire quoi ? en annexe.

Certainement que des penseurs et des écrivains se sont déjà attelés à la tâche, mais je n'ai pas assez que le temps de ma vie pour les rechercher et les lire tous. Et comme dit le sage, il faut à un moment se poser la question de savoir si l'on doit tout lire et tout garder en tête, pour que soient disponibles à tout instant nos opinions sur toutes les choses de ce monde ? Doit-on se rappeler de toutes les lectures qu'on a faites depuis la naissance ? Bien sûr que non, mais les us de la vie en société ne l'autorisent pas : qui irait dialoguer avec celui qui se déclare ignare sur un thème, car il en a oublié ses opinions et ne se soucie guère de cet oubli ? Cet individu qui se réjouirait d'oublier ne serait guère mieux vu qu'un fou. Celui qui invoquerait son droit d'oublier ne serait plus considéré comme un humain entier par la société. Mais la Nature, elle, continuerait de l'accueillir. Elle continuerait d'envelopper et de remplir son humanité, même s'il oublie l'explication scientifique de pourquoi certaines plantes ont des feuilles non pas vertes mais rouges ou pourquoi le cycle lunaire est tel qu'il est.

Petit à petit, je comprenais aussi que cette émotion – la Nature remplissante – n'est pas l'affaire de quelques secondes de vie. Elle résulte de mon immersion *au quotidien* dans le jardin. Je ne vis pas éloigné de la civilisation ; la station service la plus proche est à moins d'un kilomètre du jardin. Je n'entreprends pas non plus une excursion dans une profonde forêt amazonienne, qui est l'archétype de la Nature sauvage et totale. C'est l'inverse qui se produit : le jardin rentre en moi et, sous sa forme domestiquée, j'y pressens la Nature sauvage et totale.

Quels peuvent être les effets d'une telle immersion/incursion quotidienne année après année ? Les anciens passaient toute leur vie à la campagne, les occasions de se réunir n'étaient même pas hebdomadaires, hormis la messe. Particulièrement à l'Ouest de la France, au contraire du bassin parisien et de l'Est, les ruraux vivaient éparpillés sur le territoire et non regroupés dans le centre d'un village avec son église et ses commerces (comme le constatait Gaston Roupnel[16]). Roupnel expliquait cette différence de répartition en utilisant une supposée différence de « type », les peuples dolichocéphales et brachycéphales, qui est sans doute une dérive eugéniste critiquable à raison. Mais quand il écrit que les paysans de l'Ouest sont des gens à l'âme de solitaires, qui se plaisent dans le bocage où le voisin n'est pas visible, je crois qu'il touche là quelque vérité. Jean-Pierre Darré[17], dans ses études sur l'innovation technique en agriculture, retrouve cette même disparité : les régions agricoles les plus innovantes sont celles où les agriculteurs ont le plus d'occasions de se rencontrer, et la Normandie n'en fait pas partie. Il n'y a pas assez de contacts entre les agriculteurs. Je suis donc tenté de dire que les habitants du grand Ouest, dans la mesure où ils vivent éparpillés à travers toute la campagne, vivent en plus grande proximité avec la Nature que les habitants plus grégaires de l'Est. Les Normands et les Bretons sont donc peut-être plus ouverts au silence remplissant de la Nature. Du moins ce silence remplissant serait une expérience qu'ils partagent et qui fonde leur identité culturelle. Une expérience évidente, commune à tous, et donc à propos de laquelle il n'est nul besoin de parler, encore moins de philosopher. Mais ce n'est là qu'une hypothèse.

---

16 Gaston ROUPNEL, *Histoire de la campagne française*, 1ère édition Grasset 1932, Plon, 1974.
17 Jean-Pierre DARRÉ, *L'invention des pratiques dans l'agriculture*, Karthala, 1996

Je crois que plus on est ouvert à la Nature, plus on souhaite vivre de façon autonome. La Nature prend dans le cœur de l'Homme cette place qui sinon est remplie par la vie sociale. Le sempiternel bavardage à propos des faits divers de société et de politique paraît lointain et inutile en comparaison de la présence *ici et maintenant* de la Nature. Pour l'Homme de la ville, au contraire, tous ces bavardages constituent la réalité. Dans le pire des cas, quand on ne connaît que les immeubles, les routes et les commerces, les mots sont confondus avec la réalité. Ainsi doit-on comprendre *Les mots* de Sartre, le philosophe qui a découvert le monde via les livres. Pour le campagnard empli de nature, le monde est tout le contraire du rythme des mots : c'est le temps de Virgile, comme l'explique Michel Onfray[18]. Virgile, c'est l'homme qui n'a pas besoin de philosophie, car sa vie est une philosophie de la nature qui est actée, qui est un vécu et non un discours ou une réflexion. Dans le même ouvrage, Onfray critique vigoureusement Rudolf Steiner pour la même raison qu'il aurait pu critiquer Sartre : pour professer une philosophie qui n'est pas ancrée dans la vie quotidienne. Certes, Steiner, mystériosophe, a écrit bien des inepties et a parlé d'agriculture sans jamais cultiver lui-même. Curieusement, il a pourtant enseigné l'importance de cette philosophie actée[19]. Masanobu Fukuoka, dans les années 1960-80, et plus près de nous Pierre Rabhi, évoquent aussi cette philosophie actée. *La Nature remplissante, ou dit autrement la philosophie actée de la Nature, semble être, de tous temps, un pan de la vie de ceux qui travaillent quotidiennement avec la Nature.* Par ces aspects déconcertants, par les émotions déplaisantes qu'elle engendre en nous, la Nature nous invite à nous questionner : c'est une démarche philosophique ancrée dans le concret, une démarche dont les constituant sont le

---

18 In *Cosmos*, Flammarion, 2014.
19 Dans son *Cours aux agriculteurs*, 1924.

temps long, le contact quotidien, la persévérance, l'humilité, l'observation, l'action juste au bon moment au bon endroit.

Vendredi 22 avril

En quelques mots

Quels sont les tenants et les aboutissants de cette philosophie actée de la Nature ? La fusion avec le jardin, avec les champs, les bois et les rivières, c'est aussi, inévitablement, la naissance de l'Homme. Voyons et écoutons ce pauvre homme, agriculteur dans la force de l'âge, interrogé dans le documentaire *Farrebique* de Georges Rouquier, en 1946. On le voit au bord des larmes, face à la modernisation de l'agriculture et à la fatalité (déjà !) de l'endettement. Il dit au cameraman, très simplement, que les dettes sont un poids supplémentaire mortel, car « nous on sort de la terre ». Le paysan *sort de la terre* : quelle sagesse derrière ces mots ! Le citadin y verra la preuve du péquenot arriéré encroûté dans de vieilles légendes. Le philosophe qui ne sait que lire et écrire y verra aussi le manque d'éducation. Mais ni l'un ni l'autre ne comprennent que ces quelques mots sont un terrible effort pour traduire et transmettre d'un coup tout un vécu millénaire. Cette traduction est à destination des citadins ignares, des banquiers, qui ont coupé les liens avec la Nature. Ces quelques mots, ils sont d'abord un vécu. Un vécu que l'administration et les marchands de machine et d'engrais veulent remplacer par des dettes. Les billets de banque ne sont jamais que du papier et des mots, un artifice en comparaison de la Nature remplissante ! Nous pouvons nous passer des premiers, pas de la seconde.

Cheminement spirituel

Quand on se dit être quelqu'un de « spirituel », quand on se dit avancer sur un chemin spirituel, on a en général un programme : faire telles ou telles expériences, pour accéder à tel ou tel état de conscience et obtenir telle ou telle aptitude mentale ou émotionnelle. N'ayons pas honte de reconnaître cela : notre culture occidentale nous inculque que toute action doit avoir un objectif. Catéchisme, communion, confirmation, ordination ; stage, séminaire, retraite ; apprenti, compagnon, maître : dans le catholicisme, dans le bouddhisme, en franc-maçonnerie, on définit des niveaux, que l'on enchaîne après avoir passé avec succès certaines épreuves. À chaque niveau, on est censé être un peu plus libéré des « chaînes » qui entravent notre être véritable. Plus on est libéré, plus on a d'aptitudes.

Et arrive un moment, ou plusieurs moments, où il faut même se libérer ... des mots. Et oui : comment pourrions-nous accéder au sens de la vie, si nous écrivons nous-même ce qu'est le sens de la vie ? Tant que nous utilisons des mots pour essayer d'atteindre ce sens de la vie, il me semble que nous sommes comme le baron de Münchhausen en train de se noyer, qui essaie de se sortir des eaux en se tirant lui-même par les cheveux !

La Nature remplissante, ou encore fusion avec la Nature, ou encore philosophie actée de la Nature, semble être un apex présent dans toutes les formes de cheminement spirituel. Être ici et maintenant, et ressentir qu'il n'y a plus de frontière entre soi et ce qui n'est pas soi. Nos cinq sens qui sont à la fois notre corps et la Nature, indissociables. Bienheureux celui qui vit cela et qui a conscience de la rareté de ces moments, dans notre monde moderne.

Mais est-ce là le bout du chemin ? Certains mystiques s'y abandonnent totalement. Cependant, comme tout un chacun ils continuent à devoir manger, devoir dormir, devoir uriner et déféquer, devoir s'habiller... Leur condition humaine demeure inchangée. Il paraît qu'ils acquièrent des super-pouvoirs : vision lointaine, télékinésie, guérison des blessures et des maladies, nourriture de pure énergie, très longue vie voire non-mort... Autant de prochaines étapes sur le chemin spirituel ? Illustrons. La Nature remplissante est comme un phare, qui éclaire en direction de la mer et des bateaux. Quand on l'atteint, faut-il rester pour toujours dans sa lumière ? Car ce phare n'est-il pas le précurseur de terres inconnues, endormies dans l'obscurité, qui n'attendent que d'être explorées ?

Je ne peux pas répondre à une telle question. Aucun humain ne le peut, me semble-t-il. Je lis maintenant le quatrième livre de Zarathoustra. Et je crains qu'il ne se conclue par des banalités, car Nietzsche ne voit le salut de l'Homme que via le renoncement à la société. Il ne voit pas les enseignements de la Nature, il ne voit pas ces terres endormies.

Mercredi 27 avril

Continuons notre journal, que j'avais initialement nommé journal du mal-être au jardin. « Mal-être au jardin », en voilà une combinaison de mots originale ! Que le lecteur s'assure d'avoir le cœur bien accroché avant de poursuivre la lecture.

Cette nuit encore il a gelé, et les averses de grêle s'enchaînent. Avril ressemble tellement à mars... Les plants de navets végètent sous le tunnel. Les radis peinent à grossir, les limaces par contre apprécient ces mets chétifs. L'herbe peine aussi, si bien que les géraniums sauvages, eux, peuvent pousser. Dommage qu'ils ne soient pas comestibles ! En plus, ces géraniums sont un indicateur des mauvaises terres agricoles. Bref, mon humeur est comme le ciel : elle oscille entre le noir des nuages verseurs et le bleu prometteur.

Heureusement que je suis célibataire. Si j'avais une famille à charge, il me faudrait avoir de bien plus grands tunnels pour y faire des semis en hiver et vendre dès mars. Et je pâtirais terriblement des dégâts causés par le froid et par les limaces. L'enclume des bouches à nourrir d'un côté, l'enclume de la Nature de l'autre. Célibataire, je peux me permettre le luxe de cultiver en respectant les saisons.

Dans ces moments, mon jardin agroécologique me semble être une vaste expérience : je sème, je plante, sans garantie de résultat. Alors qu'il devrait être telle une entreprise, où chaque action génère du résultat, engrange du profit. La légèreté du célibat me permet de suivre la Nature au plus près, mais j'y perds en certitudes. Un maraîcher qui doit produire et vendre toute l'année aura bien moins de doutes que moi : il aura la moitié de ses surfaces sous serre et il ne paillera pas, car le paillage, nécessairement manuel, prend trop de temps. Il sèmera avec une machine, il plantera avec une machine, il récoltera avec une machine. Et il sera rentable, il paiera sa cotisation d'exploitant agricole à 4000 € par an. Alors que moi je dois rester à la CMU. La tentation surgit : l'an prochain je pourrais faire plus de tunnels, les doubler même à l'intérieur avec du voile de forçage, voire faire des « couches chaudes » avec du fumier. Et abandonner ma prairie pour la remplacer par une serre. C'est la tentation de contrôler la Nature, c'est la contrainte du « il faut bien ». Pour l'instant, pas question d'y céder.

Quel est le contraire du contrôle ? C'est la *confiance*. Dans l'industrie on aime à utiliser le dicton « faire confiance c'est bien, contrôler c'est mieux ». Dans la société, on fait tous le vœu pieux de la confiance plutôt que du contrôle. Mais quand l'agent du fisc vous dit qu'il y a ces deux mille lois et ces cinq-cent pages de code du commerce à respecter, lois et textes trop compliqués pour les comprendre à l'aune de la devise nationale, on ne fait rien d'autre que de vous contrôler. C'est-à-dire vous obliger à faire des choses qui seraient bonnes non pour vous, mais bonnes pour ... pour qui ou quoi, on ne sait pas au juste. En France les administrations n'hésitent pas à vous extorquer votre argent sous forme de cotisations et d'impôts, même s'il ne vous en reste plus assez après pour vous nourrir. Comme le radis qu'on met en serre pour qu'il pousse en plein hiver, vous aussi on vous fait travailler dans la douleur. La société n'est pas dirigée par de bonnes âmes, ne soyons pas naïfs. Il s'agit d'exercer une pression constante de contrôle sur la population. « Tu dois payer pour le modèle social français » te dit le fonctionnaire – ou l'assureur ou le banquier – même s'il ne te reste plus d'argent après pour te faire un salaire. Le message est clair : le système d'abord. « Ce système français qui vous soigne et qui assure votre sécurité, vous devez travailler pour le financer. Si vous n'y contribuez pas, alors vous ne faites qu'en profiter. Vous êtes un parasite rétrograde. Voyez tous les autres entrepreneurs qui triment pour y arriver. Vous ne voulez pas trimer comme eux ? » Je suis donc un objecteur de conscience moderne, car je veux placer certaines valeurs avant l'argent. Avant le système. Le rapport individuel à la Nature notamment.

Revenons à la confiance. Renversons la réflexion. La confiance est de fait impossible dans la société. Pour ceux qui en douteraient encore, n'a-t-on pas créé des « labels confiance » (label rouge, AB, AOC ...) pour lesquels on paie, très paradoxalement ? On *paie* pour s'assurer la *confiance* ! C'est un comble. Paie-t-on pour avoir des amis ? Notre société marche sur la tête. Et tout le monde trouve ça normal. Passons... Si avec les autres individus la confiance est impossible, est-elle au moins possible avec le jardin ? Peut-on avoir confiance en notre jardin, et lui en nous ? Si l'on a fait tout ce qu'il faut pour que la terre soit nourrie et protégée, si l'on a semé quand il faut et correctement ? Certes, les températures trop basses de ce printemps brident le jardin. La météo est hors de notre portée, elle est au-delà du contrôle et de la confiance. Le jardin et moi lui sommes soumis ; j'ai perdu tous mes semis de pois mange-tout, dévorés dès la levée par les limaces ; la prochaine averse de grêle peut détruire toutes les fleurs des cassis. Certes, cela relève de la philosophie du mandala bouddhiste : on réalise avec une infinie patience un grand dessin compliqué de sable, presque grain de sable par grain de sable, et quand il est terminé on le détruit sans regret d'un coup de balai. Ici c'est la météo qui donne le coup de balai. Mon intuition ne me dit qu'une chose : *d'avoir toujours confiance dans les principes agroécologiques* (principes présentés dans mon cours théorique). Le résultat ne sera pas parfait, car la météo et les autres aspects imprévisibles de la Nature entrent en jeu tôt ou tard. Mais faudrait-il renoncer à cette confiance sous prétexte qu'elle ne permet pas d'atteindre la perfection ? Comme on le fait dans la société, parce qu'on sacrifie, bien volontiers, au culte du 100 %. Or le jardin n'est pas une usine où l'on assemble des éléments purifiés dans une atmosphère aseptisée. Vouloir le contrôle total est logiquement irréalisable. Ne reste que la confiance. La confiance est la voie raisonnable (confiance dans les principes agroécologiques qui sont scientifiquement fondés, je rappelle).

Que retenir de ces considérations ? Que la perfection et le contrôle total sont des pensées réflexes dont il faut se départir. Et je vous assure que cela est plus facile à dire qu'à faire : quand on a été éduqué dans la rationalité, quand on a travaillé dans l'industrie, on a l'impression de trahir toute la société. Nourrir les gens est une activité tout à fait essentielle, et je voudrais pour elle abdiquer les objectifs de contrôle total et de perfection ? C'est prendre des risques graves, disent certains. Ce n'est pas sérieux, disent d'autres. Je ne pense pas : l'incertitude de la production dans *un* jardin s'estomperait si l'on remplaçait les quelques milliers d'agriculteurs industriels par quelques millions de jardiniers agroécologistes (cf. mon scénario de société basée sur l'agroécologie dans le cours théorique). Mais restons sur l'aspect émotionnel. Ces deux pensées réflexes de l'objectif de perfection et du contrôle total étaient des repères inébranlables dans ma vie antérieure. J'ai travaillé dans un laboratoire à la renommée internationale. Au jardin, il m'a fallu les relativiser. Cela m'a demandé une certaine force de volonté.

Il m'a aussi fallu abandonner le très usuel couple dominant / dominé. Le rapport entre un jardin et un jardinier n'est pas de ce type-là.

Et pourrait-on penser, en toute logique et rien qu'en logique, que le jardin a confiance dans le jardinier ? C'est un espoir vain : le jardin n'attend rien du jardinier. La Nature seule est son maître éternel. Victor Hugo a écrit que l'être humain est tel un œil dans un univers aveugle[20]. Imitons le maître : le jardinier est tel une main dans un jardin sans corps. On peut voir, on peut toucher. Mais notre présence n'attire aucun œil ni aucune main. Le jardin n'attend rien de nous. Il n'est ni notre supérieur hiérarchique, ni notre contrôleur qualité pas plus que notre chef. Et les gloussements de mes poules, me direz-vous ? Mes poules attendent quelque chose de moi. Elles savent bien que je suis là et elles se réjouissent de ma présence. Mais illusion que cela ! Elles n'en ont que pour leur gosier. Une fois le grain donné, elles m'ignorent superbement.

Ces réflexions quotidiennes sont encore quelques claques supplémentaires que me donne mon bon jardin, mon joli jardin, et qui s'ajoutent aux précédentes. En ce printemps maussade, je croirais presque qu'il y prend plaisir. Alors je gonfle mon poitrail, je respire à fond, et je me dis de ne pas y penser

---

20 In Jean-Claude BARREAU, *Y a-t-il un dieu ?*, Le club, 2006

plus. À quoi bon ? J'ai voulu devenir jardinier, j'assume les mauvais côtés du métier ! Le gel et la grêle n'embêtent que moi. Jamais mes poules ne se plaignent qu'il fasse trop froid ou trop humide. Mes mots vous convainquent peut-être ; mais il faut vivre cela, il faut vivre cette fatalité simple de la météo. Je m'efforce de voir le bon côté des choses : mieux vaut cela que pas de jardin du tout. Aujourd'hui je suis mieux dans un jardin pluvieux et froid que dans un laboratoire. Par le passé j'étais content et fier d'être dans un laboratoire. Rien ne dure : les amours et les centres d'intérêt vont et viennent.

Je préfère vous donner, cher lecteur, ces quelques réflexions à mâcher, plutôt que de me morfondre sur les radis et les navets que je n'ai pas encore et que je ne peux donner à personne ! D'ailleurs, le lecteur devrait apprécier ces réflexions à leur juste valeur : elles sont un luxe que quasiment aucun agriculteur bio avec une famille ne peut se permettre. Il n'a ni le temps ni l'énergie pour les coucher sur papier. S'ils me lisent, j'espère qu'ils se reconnaîtront dans mes écrits. Notre société n'encourage pas les personnes à double compétence comme moi. Elle veut des spécialistes.

Suite à toutes ces expériences déconcertantes, serais-je volontaire pour renouer avec ma vie d'avant ? Je réponds non, sans hésitation. En avant toute, même si mon jardin a tout de l'expérience plutôt que de la certitude ! Certaines personnes sous-entendent que c'est parce que ma famille me soutient que je persiste dans cette voie. Que sans ma famille j'aurais depuis longtemps une exploitation agricole rentable plutôt qu'un jardin aux allées enherbées. Ou que je serais resté au laboratoire. Mais jusqu'à présent, je ne fais ni perdre ni gagner d'argent à ma famille, donc quel mal y a-t-il à mon projet ?

Suis-je un dilettante parce que je ne veux pas m'échiner à produire des légumes en hiver ? Est dilettante celui qui travaille pour son seul plaisir, en amateur. Non je n'ai pas, je n'ai plus ce genre de scrupule, de culpabilité. On ne me fera pas endosser ainsi une mauvaise conscience ! Auparavant, j'ai gagné ma vie par ma seule volonté, parce que j'ai fait l'effort de quitter la France, d'apprendre une autre langue, de m'adapter, de me hisser jusqu'aux plus exigeants critères de travail scientifique et industriel. Ces six années d'efforts intenses sont mes racines, fortes, larges, profondes. Ce que je vis maintenant ne peut pas être vécu par ceux qui n'ont pas fait de tels efforts et ont préféré rester en France avec un petit boulot plutôt que de partir. Ceux qui ont préféré avoir femme et enfants plutôt que de rester seuls ne peuvent avoir ma vie. Moi j'ai renoncé à avoir une vie comme la leur. Je vis avec peu d'argent, je roule avec une voiture qui a dix-huit ans, je n'ai pas de vêtement de marque. Mais j'ai du temps pour faire ce qui me plaît. Pour agir comme il me plaît et lire et écrire comme il me plaît afin de me construire une opinion personnelle. C'est un choix de vie. La jalousie n'a pas de fondement.

Quant au fait de ne pas produire de légumes en hiver sous serre ou sous tunnel, on ne peut pas qualifier cela de dilettantisme. En hiver, les consommateurs doivent s'habituer à manger des légumes de conservation et des légumes d'hiver, c'est tout. Me reprocher de ne pas cultiver en hiver, c'est sous-entendre que je devrais produire, à un coût abordable, des légumes d'été avec forces serres et tunnels et voiles de forçage. Ne soyons pas aveugles : la société moderne est une société d'enfants gâtés, riches comme pauvres, qui veut de tout tout le temps. Notre société engendre ce genre de lubie, car c'est une société qui ne vit que pour le loisir, pour l'automobile à la mode, pour les grands écrans plats de télévision, pour les finales de coupe du monde, pour la satisfaction immédiate. La moindre publicité sous-entend la jouissance de la vie à chaque instant, par exemple même lorsqu'on fait changer son pare-brise ou qu'on change de marque de slip ! « Si vous saviez comme changer de marque de slip peut vous rendre heureux mon bon monsieur ! » « Changer de pare-brise avec bar-plass, c'est monter au septième ciel ». Les académiciens devraient tirer leurs sabres pour éventrer les gourous du marketing et faire stopper ces purulences verbales.

Progressivement, je réalise que lorsque je peste contre mon jardin, j'en viens souvent juste après à pester contre la société. Et à travers la société, c'est aussi contre moi-même que je peste. C'est l'effet miroir de la nature domestiquée : mon jardin me montre qui je suis. Il y a des conflits entre moi et mon jardin, car comme lui une partie de moi est sous contrôle. Mais une partie de lui est naturelle, sauvage, libre. Tandis qu'en moi, je sens le *germe* du sauvage, mais je continue à le garder emprisonné, pour plusieurs raisons : pour garder ma logique, pour garder un minimum de conformité sociale, pour réagir face aux débilités de la société et pour m'en protéger. Donc je ne parviens pas à être en phase avec la partie sauvage de mon jardin. Comme je l'ai expliqué dans *NAGESI*, garder son humanité quand tout autour de soi la Nature est sauvage, est une épreuve de taille. Que jardiner est une activité paradoxale !

Mardi 3 mai

Attendre

De la mi-mars à la mi-mai, je trépigne, car le jardin trépigne. Je fais les semis dans des plaques à trou, et une fois les plantes levées et avec quatre ou six feuilles, je les mets en terre. Je n'ai pas d'autre choix que de semer en plaques : avant la mi-mai les limaces dévorent tous les semis faits en pleine terre, hormis les fèves et les pommes de terre. Je commence donc à planter à partir de la mi-mai.

Avant cette date fatidique de la mi-mai, en gros, je ne fais que tondre les allées et faire les semis : cela m'occupe une journée sur trois. Je ne peux pas faire plus, il faut *attendre* que les graines germent et que les plants aient au moins quatre feuilles, afin de résister aux grignotages des limaces une fois plantés en terre. Certes, ces gourmandes sont moins présentes à partir de la mi-mai, mais jusqu'à la mi-juin, elles vont quand même grignoter de-ci, de-là.

Patience, donc. D'où la question : peut-on acquérir cette grande vertu qu'est la patience si l'on ne nous *impose* pas d'attendre ? Hier, j'écoutais la radio, une station commerciale. Inévitablement, j'acceptais de me faire salir les oreilles par de la publicité entre deux émissions. On a déjà tout dit à propos des publicités. Même Pierre Rabhi a écrit qu'il ne supportait plus que les publicités prennent les gens pour des abrutis ! En général, une publicité vante un produit qui permet « d'aller plus vite » : voiture, four, nettoyant pour toilettes... Le « toujours plus vite » est un leitmotiv puissant de notre société. Mais, surprise, la publicité que j'écoutais prônait au contraire l'attente : attendre, quel plaisir, fanfaronnait l'acteur. Où sont les salles d'attente ? demandait-il en rentrant dans un hôtel, un aéroport, un garage... « Que j'aime ces lieux ... pour utiliser mon bidule-gadget-truc cool-machin électronique ! » Bien sûr, le publicitaire n'avait pas un instant oublié l'abruti qui écoute la radio. En fait de vanter l'attente authentique, ce moment où l'on peut jouir de ne rien faire, il s'agissait de nous familiariser avec un comportement de demeuré, à savoir celui du neu-neu qui recherche une salle d'attente pour se réjouir du temps qu'il va passer en appuyant sur son machin bidule électronique ! Et pas un enfant, un adulte je précise...

Moi qui croyais naïvement qu'attendre, c'est nécessairement ne rien faire. Voilà que par la magie du langage et de la cupidité, le publicitaire transforme l'attente en un moment utile et bien rempli. Retour au leitmotiv, effacement même du paradoxe ultime : attendre sans perdre de temps ! Être pressé d'attendre... pour bien remplir son attente ! Michel Onfray parle de la décadence de notre civilisation : pour ce qui est du contact avec les clients (ce qu'est la publicité), je lui donne entièrement raison.

Ne rien entendre

Dans un article du figaro daté du 2 mai 2013, l'historien André-Palluel Guillard faisait l'éloge du silence. Il expliquait que notre société avait une phobie du silence. Phobie du silence qui semble donc aller de pair avec la phobie de l'attente, rajouté-je. Qui dit attente dit temps perdu dit argent perdu. Qui dit silence dit pas de communication donc pas de publicité donc pas de vente donc argent perdu. Silence et attente : des déserts pécuniaires.

Ces *absences*, ces bruits qui ne sont pas et ces actions qui ne se réalisent pas, vont bien ensemble, n'est-ce pas ? Pour en avoir (du temps à perdre ou du silence), dans notre société moderne il faut être soit riche, soit vivre en marge de la société. On paie pour des absences, un comble ! Ce n'est qu'au prix d'intenses efforts dans l'agitation urbaine qu'on s'en paie enfin une tranche durant les congés payés. C'est bosser pour rien, littéralement. On se fait tous avoir, je vous le dis. Enfin, moi, je ne me fais plus avoir !

Le riche paie le silence, quand le jardinier philosophe en fait une trame de son existence. Quant à l'attente, seul le jardinier philosophe peut la vivre sereinement. À tout seigneur, tout honneur.

J'apprécie de pouvoir cultiver en utilisant au minimum le motoculteur. En ce moment, les rugissements de ces petites machines, dans tous les jardins environnants, couvrent les chants des oiseaux. Il est de tradition de travailler, profondément et finement, la terre au printemps, après qu'elle se fut ressuyée : le motoculteur remplace le pénible bêchage. Quant à moi, jardinier agroécologiste, je préfère égrainer la terre avec un outil genre griffe de loup, quand je n'ai qu'une portion de planche (environ 5 m^2) à préparer. Encore du dilettantisme me direz-vous. Non, ce travail manuel est possible parce que tout au long de l'année je protège et je nourris la terre de mon jardin, ainsi elle demeure souple. Ce travail que je n'ai pas à faire – et peut-être que je passe pour un fainéant si je ne fais pas rugir mon motoculteur – ne me prive pas du bruit que font les autres jardiniers, hélas. La campagne n'est pas toujours silencieuse, les chants mécaniques des tondeuses, taille-haies, motoculteurs, tronçonneuses, broyeurs, souffleuses de feuilles (un appareil particulièrement pénible)... rythment les saisons[21]. Que ce soit dans l'heure de midi, en soirée ou dimanche, qu'importe. Le campagnard n'en a cure, car il se dit qu'il ne va pas gêner grand monde. Et approchez-vous des maisons : vous y entendrez en plus l'inévitable lucarne parlante, tout comme en ville. Le silence et l'attente gênent beaucoup de personnes, même à la campagne ! D'où les innombrables bavardages pour faire du bruit et les innombrables bricolages pour faire des choses qui ne servent à rien. Le bruit que l'on fait en dit autant sur nous que nos paroles.

---

21 C'est à se demander si l'homme de la campagne n'est pas formaté par la publicité, car il achète systématiquement tout nouvel outil de jardinage (ou tout nouvel outil de bricolage) bruyant. Le ressort psychologique profond de l'attraction puérile pour toutes ces machines bruyantes, c'est que bruit équivaut puissance. Moi, avec ma faux traditionnelle qui glisse sur le sol comme dans un souffle... Au XIXe siècle les chefs d'industrie se plaignaient quand une machine ne faisait pas assez de bruit, signe qu'elle ne devait pas être bien puissante. Alors de temps en temps, pour garder mon statut social, par fierté, pour impressionner le voisinage, je m'amuse avec mon gros marteau-piqueur de 30 kilos, qui fait un raffut énorme, ou avec la meuleuse à métaux.

Un regard de vieux

À force de solitude et à force de côtoyer la nature, je me sens glisser vers la misanthropie. Le miroir de la nature a un curieux effet déformant : *il nous renvoie la lumière de la société sous forme d'obscurité, et l'obscurité sous forme de lumière.* C'est-à-dire que les évidences de la vie moderne, de la vie citadine, ne sont plus évidentes, et que les errements et les vides de la vie citadine révèlent les aspirations profondément humaines, non artificialisées.

Prenons par exemple le culte moderne du « toujours présent, toujours il doit se passer quelque chose, toujours l'activité, toujours le mouvement, vite vite vite ! » Bien des gens vantent la vie citadine avec cette agitation permanente, ce flux ininterrompu (un « flux tendu » comme on dit dans le commerce). Pourquoi faire cette apologie ? Je vois deux explications. Premièrement, ce flux est censé être une source de renouvellement permanent. Au contraire, à la campagne il ne se passe jamais rien, c'est bien connu. Les nouveautés permanentes, l'agitation permanente, c'est l'assurance de se sentir vivant. Deuxièmement, dire qu'il faut ce flux pour vivre, c'est éviter d'expliquer ce que l'on n'aime pas dans le contact avec la nature. Dans l'image de nous-même que nous renvoie la Nature : des excités qui s'agitent en tous sens pour augmenter le produit intérieur brut. Montrez le produit intérieur brut à un campagnol : il va vous le croquer d'un coup de dent ! Le produit intérieur brut est-il vraiment la finalité de l'espèce humaine, qui rend nécessaire toute cette agitation ? Le campagnol vous a répondu.

La mode actuelle des « seniors actifs » est impressionnante : c'est la performance dans la vieillesse qu'on vante et qu'on vend à tour de bras. « Ne perdez pas votre temps à vieillir ! Mourez dans la pleine possession de vos moyens. » « Papy, après le marathon, quand est-ce que tu fais le trek non-stop autour du Mont-Blanc ? Mamie, pourquoi que tu ne fais que 5 km de natation par jour ? » Pour mourir bien portant, autant mourir jeune, pourrais-je cyniquement rétorquer. D'ailleurs, est jeune celui ou celle qui n'a pas affronté ses peurs. Si l'on n'affronte ni le silence ni l'attente que la Nature nous impose, si l'on n'en tire pas des *enseignements*, effectivement on peut dire qu'on meurt avec une âme d'enfant. Avec les joies d'une âme d'enfant, peut-être, avec les peurs qui hantent une âme d'enfant certainement. Chacun sa vie ! Notez que je n'ai pas atteint la quarantaine, et que je me fais ces réflexions de vieux. Bof, il n'est jamais trop tôt pour être vieux ! Ainsi je fais mentir le dicton « si jeunesse savait, si vieillesse pouvait ».

La petite échelle

Avec ces réflexions, me voilà donc, métaphoriquement, expulsé à nouveau de mon jardin. *Le jardin est comme une échelle à trois marches : la première est celle de la Nature, la seconde est celle de notre propre personne et la troisième est celle de la Société.* Je monte et je descends sans cesse d'un barreau à l'autre, sans quoi mon jardin ne serait jamais productif, je n'aurais rien à vendre et je n'apprendrais rien sur moi-même. L'attente au jardin, c'est passer de la première à la deuxième marche. Avec le silence, je monte vers la troisième marche. Maintenant, je suis arrivé sur cette troisième marche. Que vois-je ? L'actualité de la société. Et je me demande quelle place je peux avoir en elle, et quelle utilité elle peut avoir pour moi. Quittons donc un instant le jardin et voyons ce qui agite cette partie de la société qui se sent la plus concernée par le respect de la Nature et par l'épanouissement humain : les écologistes-socialistes.

Expressions à la mode

À la radio et dans les journaux, certaines expressions reviennent sans cesse : « éco-village, éco-lieu, créer du lien, être résilient, circuit court ». Moi je crée du lien en circuit court avec mon éco-lieu. Et je serais bientôt résilient. C'est-à-dire que je vends les légumes de mon jardin au marché de la commune voisine et que mon entreprise sera bientôt pérenne.

Je comprends ceux qui ont inventé ces expressions et les font circuler sur tous les médias : il s'agit de ré-intéresser la population aux légumes produits localement, avec des techniques respectueuses de l'humain et de la Nature. Pour redonner une image positive à l'agriculture, il faut faire du neuf avec du vieux – donc on ne peut changer que les mots, car la réalité demeure la même. Certes. Je l'admets. Mais les expressions choisies par ces « directeurs de communication » auraient pu être plus concrètes, plus directes. Je ne les utilise pas avec mes clients, sinon on me prendrait pour un extra-terrestre ! C'est un des reproches que j'aime bien faire aux socialistes et aux écologistes : inventer une « novlangue » qui ne décrit plus la réalité mais la théorie. Dans le cadre d'un mémoire d'études, ce niveau de description est adéquat. Mais il ne convient pas du tout pour faire de la communication.

À propos du groupe

Je ne suis pas quelqu'un fait pour la vie en groupe. Passer quelques heures dans un groupe, oui, tout au plus. Car fondamentalement, je suis un solitaire grégaire : j'apprécie de longues périodes de solitude entrecoupées d'évènements de vie sociale. J'ai pris conscience très tôt de la hiérarchie tacite des groupes. Dès 8-9 ans, je voyais comment les autres enfants suivaient toujours un meneur, comment ils pensaient et jouaient en fonction de ce à quoi le meneur s'intéressait. Et je remarquais que moi aussi, envers certains amis, j'avais ce même comportement de suiveur et de copieur. Par la suite, je n'ai jamais cherché à intégrer un groupe uniquement pour le « prestige » que confère l'appartenance. Plutôt continuer seul !

Un groupe est toujours hiérarchisé, quoi qu'on en dise. Même une personne avenante, qui laisse les autres s'exprimer, prendra un rôle de meneur si elle dispose de connaissances plus étendues, plus profondes, plus convaincantes que les autres. Aucun contrat n'est signé d'un commun accord : cela se produit tacitement. In fine à la tête d'un groupe se déroule une concurrence entre celui qui parle le mieux et celui qui réfléchit le mieux. Ce genre de compétition ne m'intéresse pas.

Durant ma formation à la ferme de Sainte-Marthe, nous étions une trentaine de stagiaires. On se côtoyait tous les jours, et ce fût pour moi l'occasion de renouer avec la vie de groupe, chose que je n'avais plus vécue depuis mes premières années d'étude. Des sous-groupes se sont formés, selon le passé de chacun, selon le style de chacun, selon l'orientation politique de chacun. Je le dis sans détour : je pense que les stagiaires écologistes qui étaient les plus « convaincus » étaient aussi des néo-communistes. Ils admiraient le groupe, non plus le groupe sur le modèle communiste (avec un « petit père des peuples »), mais le groupe qui s'organise lui-même, qui s'auto-gère. Ils voulaient de l'intelligence collective et de la communication non violente – deux autres expressions novlangue très à la mode. Il s'agit de vivre en commun, de mettre en commun les pensées, les idées, le matériel. Les jeunes gens, les jeunes stagiaires qui ont environ vingt ans et qui n'ont pas encore réussi à se faire une place dans la société capitaliste, sont nécessairement attirés vers cet idéal néo-communiste (qui ne dit pas son nom), vers cette forme de vie où leur absence de possession matérielle n'est plus perçue comme un handicap. Ça se comprend.

Toujours est-il que le groupe de jeunes écologistes convaincus n'a pas réussi à mettre en valeur le lopin de terre qui lui était assigné durant la formation. Alors que ce ne sont ni les bras ni les idées qui manquaient. J'ignore la cause exacte de cet échec, mais il m'était évident que leur groupe n'était pas collectivement intelligent. Le temps de parole et la force de conviction était accaparés par un meneur charismatique bien identifiable...

J'écris ces réflexions à propos du groupe, car en ce moment la radio se fait largement écho du mouvement « Nuit Debout », place de la République à Paris. Le remue-méninges de Nuit Debout est une bonne idée sur le plan théorique. Mais concrètement, il y a peu de résultat[22] si ce n'est aucun. Il aurait suffi de deux ou trois philosophes pour émettre des idées plus précises et en même temps plus larges que tous les participants de Nuit Debout réunis, toutes les nuits de cet évènement cumulées. Alors pourquoi, sur un lopin de terre comme à Paris, l'intelligence collective échoue-t-elle ?

Toutes ces volontés néo-communistes échouent, car elles ne prennent pas en compte la nature humaine, me semble-t-il. Le caractère de chaque individu et le comportement social de chaque individu ne sont pas uniquement formés par la culture. Ils ne sont pas malléables, orientables et constructibles à volonté comme le croient les néo-communistes. Ils sont aussi, pour ne pas dire surtout, d'origine biologique. Aïe ! je vais me faire taper sur les doigts en écrivant cela. Je vais me faire taxer de réactionnaire. Les néo-communistes étant des « bien-pensants », ils refusent les déterminismes biologiques de l'être humain et de la société[23]. Or, comme les bovins, comme les loups, comme les chimpanzés, l'être humain est *grégaire* : devant le danger les individus se regroupent. Les espèces non

---

[22] Je fais la dernière relecture en mars 2017, et force est de constater que ce mouvement est maintenant oublié. Ce fut beaucoup de bruit pour rien.
[23] Cf. mon livre *Réflexions politiques*.

grégaires ne se laissent pas domestiquer ; les grégaires se laissent domestiquer. Les individus humains se laissent regrouper et guider. Et dans la société, comme dans la horde d'animaux sauvages, le meneur est d'abord celui qui fait le plus peur. Le modèle de peur que ce meneur « imite », c'est la Nature, tout simplement. Il est aussi effrayant que la Nature. Car la Nature fait peur, très peur : nos ancêtres se regroupaient sous le couvert des religions qui fournissaient les moyens, sinon l'espoir, d'amadouer la Nature. Allant même jusqu'à justifier les sacrifices humains pour conjurer la peur face à la puissance et aux caprices de la Nature.

C'est tout le mérite de nos ancêtres, que de progressivement avoir remplacé le meneur agressif et terrifiant par la loi, puis par l'état de droit. État qui accorde à chaque individu ses devoirs, ses droits et sa punition s'il n'accomplit pas ses devoirs. Punition, remarquez, qui renoue avec la terreur originelle qui force la soumission : la punition peut être l'emprisonnement voire la mise à mort. Aujourd'hui, le souverain terrifiant et sanguinaire est donc remplacé par la loi, la règle, l'ordre. C'est merveilleux. Mais pour les néo-communistes, les bien-pensants écologistes et socialistes, la règle, l'ordre, et tout ce qui en découle, ne sont pas des évolutions suffisantes. Pour eux, rester à ce stade de la hiérarchie légitimée par la loi et l'état de droit, c'est du fascisme déguisé. Selon eux la destruction de l'individu perdure, son épanouissement total demeure entravé. Ils prônent donc le groupe, mais le groupe qui n'est pas régi par des lois qui lui sont supérieures ou extérieures : le groupe régi par l'intelligence collective, par la démocratie participative.

Toutes ces luttes politiques entre droite et gauche m'intéressent. C'est « rigolo » de relever ici les croyances des uns, là les lubies des autres. Par exemple croire que l'Homme est infini. Par exemple la lubie de toujours tout séparer et opposer, pour mieux régner. Depuis mon retour en France je m'intéresse à la politique. Mais je remarque que je suis en train de devenir comme tout le monde : petit à petit je m'en lasse, car c'est inutile. Dans la politique française ce sont toujours les mêmes discours, les mêmes divisions, que l'on mâche et remâche. C'est comme si tout le bon sens qui vient des métiers, du travail, de la vie professionnelle de tout un chacun, se heurtait à un plafond de verre intraversable. La politique se joue non à partir de la réalité, mais sur des idées, des visions, des croyances, des suppositions. Tous les discours politiques ne font que diviser. Alors que la réalité, le jardin par exemple, possède cette force de mettre tout le monde d'accord.

Nous vivons tous sur la même planète, pourtant c'est comme si mon jardin se trouvait sur une planète, et que les décisions pour organiser la société étaient prises sur une autre planète. C'est de la politique extra-terrestre...

Plus sérieusement, on peut le dire ainsi : la politique « n'émerge » pas de la réalité, hélas. Plus j'y réfléchis, et moins je parviens à me faire une idée de ce qu'est la politique. Je vois que chaque individu sait tirer des enseignements de la réalité (que ce soit la réalité en tant que matière ou la réalité sociale du contact entre individus), dans la vie privée comme professionnelle. On est tous imprégnés de bon sens dès qu'on doit faire avec la réalité. Mais nos hommes et femmes politiques n'arrivent pas à faire la somme de tout ce bon sens...

J'arrête là ces réflexions à propos de la société : elles m'éloignent trop de mon jardin, elles m'éloignent trop de qui je suis. Et je n'arrive pas à en tirer des déductions utiles.

Pour aujourd'hui, je veux conclure en revenant sur ce sentiment trop vite évoqué et trop vite esquivé : la *misanthropie*. Le jardin me met à l'écart de la société. Avec lui, je prends beaucoup de recul par rapport à la société, et ce recul me fait voir plus clairement les différentes facettes de la société. Comme je suis d'un tempérament initial plutôt pessimiste (je vois d'abord le verre à moitié vide puis, en réfléchissant, j'en viens à voir le verre à moitié plein), ces jours-ci je me sens misanthrope. Je vois l'ordre qui règne dans mon jardin et le désordre de la société m'apparaît alors clairement. Un désordre parfois ridicule, parfois touchant, dans une société qui ne se sent pas d'obligations, quand la Nature, elle, oblige. Alors je prends parfois la grosse tête, « le melon » du misanthrope qui se sent supérieur aux autres et qui se permet de les juger. Je dois me surveiller pour ne pas devenir exagérément misanthrope, et ce n'est pas facile ! Heureusement, le jardin m'y aide. Il m'amène à la suspension du jugement envers la Nature : c'est l'ephexis naturelle. Et il me suggère d'étendre cette ephexis jusqu'à la société. Je prends cette suggestion comme un défi à relever, un défi pour remédier à ma misanthropie. Un défi en effet, car transférer l'ephexis du jardin à la société est délicat. L'ephexis, qui est suspension du jugement, est un invite à aller au-delà des notions de bien et de mal. C'est une perspective de neutralité. Mais considérer la société dans une perspective neutre, au-delà du mal et du bien, est-il seulement possible ? Est-ce seulement souhaitable ? Nul doute que je doive contrebalancer mon attitude misanthrope : je vois bien qu'il y a des choses positives dans la société, et j'y concours selon mes possibilités. Mais comment « enjamber » le mal et le bien dans la société ? Comment voir au-delà ?

J'ai finalement trouvé un angle d'approche : c'est de considérer que la société est une *fraternité pour le meilleur et pour le pire*. Pour le meilleur et pour le pire, je souligne. On doit composer avec les autres individus, car on ne peut pas les éjecter de la planète. Car ils ont le même droit que nous de fouler cette terre. On ne peut pas fuir, on ne peut pas les abandonner. Le Mal existe bel et bien. Il engendre douleur et mort. Mais je pense qu'il est nécessaire, autrement on ne saurait pas ce qu'est le Bien[24]. Nos actions doivent transmuer le mal en bien. Elles doivent déranger et déloger le mal, pour qu'il ne s'installe pas durablement. Et de ces luttes qui font advenir un grand bien, un jour émergera de ce grand bien ... un petit mal. Qui deviendra grand, peut-être. C'est l'histoire de notre société : un éternel recommencement ! Par-delà le bien et le mal, c'est rester en société pour le meilleur et pour le pire.

Petitesse de l'homme dans le jardin, petitesse de l'homme dans la société. Et la petitesse incite à comprendre et à agir.

Dimanche 8 mai

Le devoir de jeter

Depuis début mars, je sème des radis tous les quinze jours. Si les premiers semis ont été considérablement grignotés par les limaces, depuis une semaine ces gourmandes sont moins ardentes et les radis sont beaux de forme et de couleur. Pour autant, j'ai tout de même jeté une dizaine de bottes de ces beaux radis. Car j'en ai trop semé, et personne ne me les achète ! Je ne peux pas les vendre : je ne vais tout de même pas aller sur le marché, payer l'impôt (pardon ! on dit « droit de place »), attendre le client, uniquement pour vendre des radis ! Les premiers navets et les premières salades ne sont pas encore arrivés ; début juin j'espère qu'ils seront bons à récolter. Alors seulement, début juin, je pourrai proposer sur le marché un assortiment de salades, navets, radis, persil et fèves. La leçon : il faut produire ni trop ni trop peu, ni trop tôt ni trop tard.

L'an dernier, c'est en juin que j'avais jeté une trentaine de salades, faute d'acquéreur. Cette année j'ai désormais une clientèle, et j'espère que je n'aurai pas à en jeter à nouveau.

---
24 Cf. Umberto Eco : « Sans la peur du diable, il n'est plus besoin de Dieu », in *Le nom de la rose*, 1980.

Devoir jeter de beaux légumes ! Même s'ils ne sont pas totalement perdus, car ils vont au compost et redeviennent de l'humus, ça ne m'est pas facile d'accepter ce geste. Je dois être humble, encore et toujours : dans notre société, dans ses supermarchés qui sont les cathédrales incontestées de la modernité, les fruits et légumes sont ce qui coûte le moins cher, ce qui a le moins de valeur. Même le papier toilette coûte plus cher, c'est tout dire. Divers instituts estiment les invendus jetés à 30 % des récoltes. Dit autrement, le gaspillage fait partie de notre mode de vie.

J'ai disposé chaque après-midi une table le long de la route, avec mes cageots de beaux radis bien en évidence, avec une grande pancarte. Mais personne ne s'arrête. C'est qu'aujourd'hui, on n'interrompt pas un trajet en voiture pour une botte de radis ! La leçon : culture agroécologique ou pas, le bel et bon légume ne sert à rien quand je ne parviens pas à le mettre à la disposition de la société là où elle le veut, au moment où elle le veut, de la façon qu'elle le veut. Vous voyez donc que le troisième barreau de ma petite échelle, le barreau social, est très important : la grande et noble intention de contribuer à rénover l'agriculture, de contribuer à faire du bien à la planète, se termine bien vite avec les règles élémentaires du commerce. Même dans mon jardin, le doigt de la société me rappelle toujours à l'ordre. Un individu seul est bien peu de chose...

L'an dernier, j'avais déjà constaté l'échec total de la vente directe, et j'avais arrêté. Alors pourquoi ai-je réessayé cette année ? À la campagne je sais bien que beaucoup de gens ont un jardin. Mais autant de gens n'en ont pas ou n'en font pas : bien des personnes âgées n'ont plus la santé pour tenir un jardin. Alors j'espérais...

Certes, ce ne sont que des radis, mais des radis de très haute qualité gustative. Agronomiquement, il n'y a pas mieux. Où donc fais-je une erreur ? Pourquoi la vente directe est-elle un échec total ? Je suis convaincu du bien-fondé de mes techniques agricoles et de la qualité de mes produits. Et mon erreur est justement là : de croire que, pour cette seule raison, les clients vont se déplacer jusqu'à chez moi. Charité bien ordonnée commence par soi-même. Vais-je moi-même acheter du cidre ou du fromage à la ferme par exemple ? Non. Donc j'ai tort d'attendre des autres personnes qu'elles viennent vers moi quand moi je ne vais pas vers elles. Fin du problème. Je ne referai de la vente en directe que lorsque j'aurai moi-même été client dans ce mode de commercialisation et qu'alors j'en aurai saisi les tenants et les aboutissants[25].

Mardi 10 mai

Le ciel est bas, lourd, gris. L'air est pesant, moite. Les jours précédents étaient « anormalement » chauds : 25 °C à l'ombre. C'est beaucoup, pour la Normandie. J'ai dû arroser comme en plein été. Le soleil brillait fort, le ciel bleu était vide de nuages, je travaillais en short et T-shirt.

Après que le ciel ait ainsi parlé, la terre devait bien lui répondre. Le ciel a baissé la voix – les températures sont retombées. Et toute l'humidité de la terre est remontée d'un coup, se mêlant aux nuages. « Il fait mou » comme disait le grand-père. La pluie a fini par tomber, en trombes, toute la nuit et toute la journée. Les baveux humides – limaces et escargots – avaient fui le soleil et restaient loin des plants juste mis en terre, à ma grande joie. Las ! Les voilà qui ressortent de leurs cachettes par milliers, escaladant mes tunnels et même ma serre jusqu'en haut, sans même attendre la nuit. Sur mes navets et mes radis, j'en ramasse une bonne centaine, qui font le bonheur des poules. Couac ! Les limaces sont bio-transformées en œufs.

---

25 Un certain nombre de clients me demandant si je fais de la vente sur place, j'ai décidé de ré-essayer à partir de juillet 2017.

Il pleut par averses, c'est un temps à ne pas mettre un citadin dehors, mais le citadin ne sait pas ce qu'il rate. Chut, gardons le secret ! Je profite, seul, du tableau dichromatique du jardin en vert et gris. L'herbe est bien verte et elle pousse si vite qu'en fin de journée je suis certain que mes allées et que la prairie ont changé d'apparence. Elles se sont hissées à la rencontre de la pluie et du ciel uniformément gris ! Au loin, le tonnerre gronde. La journée se termine. J'observe le ciel-jardin, je regarde la pluie tomber. Dans ces instants, on ne pense plus à soi. La mesure du temps des montres et des clochers perd sa signification. C'est une rencontre avec l'éternité.

Entre deux averses, j'ai tout de même pu faire ce que j'avais à faire ; le calendrier des semis et des travaux sera tenu. Petit à petit, je repense alors aux autres, aux citadins. Quand on vit et travaille en ville, on a l'impression que les journées sont uniformément pluvieuses ou ensoleillées, alors qu'en réalité rares sont les journées de pluie continue, même en Normandie. En ville, le gris est ailleurs que dans le ciel. Les murs sont gris, les routes sont grises, les trottoirs sont gris, les immeubles sont gris, les toits sont gris. Alors forcément, quand le ciel est gris, si on lève la tête on a l'impression de regarder par terre ! Autant regarder ses pieds[26]. Les citadins ont leurs restaurants, leurs théâtres, leurs cinémas, leurs lieux de rencontres. Le campagnard n'a (presque) rien de tout cela, mais il va à la rencontre de la vie, que le ciel soit bleu ou gris, et pour cela il ne doit jamais débourser un centime.

Le tableau de la Nature, même si c'est une nature plus ou moins domestiquée, est selon moi plus simple que le tableau de

---

26 Dans de nombreux films franco-français, les acteurs s'extasient à la vue des toits de Paris. « Que c'est beau ! » disent-ils en soupirant. Que c'est moche et qu'ils sont niais, dis-je. La moindre mauvaise herbe fait montre de plus de couleur et d'harmonie. L'esthétique des villes modernes laisse grandement à désirer. Ah, c'est juste une petite remontée d'aigreur misanthropique. Je m'en excuse.

la ville. Sur ce tableau on ne voit jamais que des arbres, de l'herbe, des fleurs, des allées, des ruisseaux et des rivières... C'est un tableau bucolique, quasi inchangé depuis un ou deux millénaires. Un tableau qui représenterait la ville serait au contraire plein de diversité, de toute la diversité de toute l'imagination humaine. Certaines personnes trouvent en ville une « émulation » au contact des intellectuels et des artistes. Je conçois qu'on puisse trouver des personnes à prendre en exemple, à imiter en vue de développer par la suite un style personnel. En ville on voit et on entend des méthodes. « Untel pense comme ça, untel peint de cette façon-là, untel écrit de cette façon-ci ». La ville des intellectuels et des artistes est un espace où on expose la diversité des « comment ». Mais pour trouver les « pourquoi », je pense qu'il faut aller les chercher en dehors de la ville. Une ville ne repose jamais que sur la campagne qui la nourrit. Une ville est une construction au-dessus de la terre, une ville est une finalité, un accomplissement. Son origine n'est pas en elle-même. La substance, ce qui loge, nourrit et habille les citadins, ne provient jamais de la ville elle-même. Donc un tableau de la Nature est plus simple qu'un tableau de la ville. Mais il montre les origines, les pourquoi, la *substance*. Et cette simplicité ne gêne en rien la créativité des campagnards. Au contraire, leur créativité se nourrit de la base, de la terre. Elle est donc forte et d'envergure, elle peut porter des édifices, elle sert de fondation. La « crème de la crème » de la créativité urbaine est certes très haute, très sophistiquée, mais elle est totalement dépendante de ce qui la supporte. Elle n'est que la lumière d'une bougie, elle n'est que le sommet de la tour Eiffel. Quand la créativité née à la campagne engendre les assises et le métal de la tour. Les lumières de la ville sont portées par les lumières de la campagne.

L'agriculture, toujours méprisée, mais toujours fondation de la société. Voilà qui réchauffe le moral ! Voilà qui nourrit la motivation !

Les tentatives actuelles de créer des jardins dans les villes pour nourrir les citadins (exemple des « incroyables comestibles » et des jardins partagés) sont des tentatives pour renouer avec l'essentiel, sinon pour que le souvenir de l'essentiel perdure. Mais il faut attendre, car ces tentatives peuvent n'être qu'une mode, comme le sont en général toutes les nouveautés urbaines. Elles peuvent disparaître aussi vite qu'elles sont apparues.

Vendredi 13 mai

Collier social

La température passe au-dessus des 15 °C, pluie et soleil alternent. Le citadin seul ignore ce que cette météo signifie : la pleine *puissance* de la Nature, enfin réveillée de l'hiver. L'or vert de Normandie – l'herbe – se multiplie de lui-même, croissant d'un bon centimètre par jour. Dans les planches cultivées, les semis sont levés et sont exubérants dans le déploiement de leurs formes et de leurs couleurs. Le jardin monte littéralement, il s'élève vers le ciel. Parce que j'ai coupé, paillé et bâché aux bons moments, je vais pouvoir profiter de cette pleine puissance de la Nature. Les conditions sont réunies pour la pleine croissance, tout pousse sans restriction.

« Miroir de la Nature, quelle image de la société me renvoies-tu aujourd'hui ? » Eh bien, encore une fois que de contraste avec la société humaine ! Quand toutes les parties de la Nature interagissent entre elles pour que s'épanouisse le jardin, dans la société chacune des parties semble s'ingénier à prévaloir sur le tout, à vouloir brider les autres, à exiger le privilège de l'épanouissement. L'administration par exemple, élément organisateur, tire à soi toutes les richesses du pays quand elle devrait les répartir équitablement et les utiliser à bon escient pour le bien commun. Le commerce ne profite qu'à quelques-uns. Les banques s'enrichissent plus que le peuple qui pourtant lui amène tout son argent. La puissance de la Nature converge dans une direction, la puissance de la société se disperse en conflits de pouvoir. Auparavant les représentants des peuples clamaient la différence des peuples pour justifier les guerres armées et les génocides. Aujourd'hui les mêmes représentants des peuples clament que tous les peuples ont les mêmes droits et les mêmes devoirs, qu'ils sont égaux, pour justifier ... la guerre économique. Que c'est navrant ! La puissance de la société ne parvient pas à être canalisée à des fins humanistes. Les lois de la Nature sont infiniment plus complexes que les lois de la société. Pourtant il suffit d'un jardinier pour les utiliser à bon escient, quand mille hommes politiques sont incapables de gérer un budget et encore moins de décider d'un avenir...

Prophylaxie

Régulièrement, j'essaie d'envisager les tracas imprévisibles que l'administration ou les normes commerciales pourraient causer à ma petite entreprise agricole tout juste déclarée. Envisager le pire, ce n'est pas être pessimiste. C'est simplement une façon scientifique de procéder : en science il s'agit d'imaginer tout ce qui peut contredire une thèse avant même de démarrer l'expérimentation. Donc j'imagine des scénarios où je serais astreint à tel impôt ou à telle cotisation, injustes, et je devrais fermer boutique. Ça arrive : voyez comme les artisans souffrent de l'incompétence du RSI (l'administration censée gérer leurs cotisations sociales). Mon terrain étant situé dans un village, on pourrait m'en exproprier pour y construire un lotissement. On verra bien... Si je ne peux plus vivre de mon travail de la terre, si la législation du travail en France n'évolue pas dans le bon sens, il me faudra repartir. Repartir, quitter à nouveau la terre de mes ancêtres, alors que je commence tout juste à prendre racine en France... Il faut savoir être réaliste : entre 1980 et 2000, combien d'usines ont fermé en France ? Des milliers, au point qu'aujourd'hui on ne sait même plus produire ni nos chaussures ni nos slips ! Et pas un élu n'a mit sa vie en jeu pour empêcher cela. En France, on n'hésite pas à sacrifier certaines activités, avec le savoir-faire et la tradition qui vont avec. Aujourd'hui, en autorisant les importations à bas coûts de fruits et légumes de l'étranger, de l'Espagne et des pays plus au Sud, la production française a chuté de 25 % depuis 2000. La France n'aime pas ses agriculteurs. Par contre elle est très proche de ses sous.

« L'homme est un loup pour l'homme ». C'est peu dire. C'est réducteur : l'homme un ténia, une galle, une amibe, une lèpre, un serpent pour l'homme. L'homme parasite, défigure, démembre, empoisonne ses congénères en plus de les prédater. La Nature ne nous pardonne aucune erreur et elle nous est totalement indifférente, c'est vrai. Mais ce n'est pas la même chose que les autres *Homo sapiens*, qui eux *jouissent* de faire volontairement du mal à leurs congénères.

Vis-à-vis de la Nature, pour la domestiquer et profiter de sa puissance, il faut faire preuve de sagesse et de force. Vis-à-vis de l'être humain, il faut faire montre d'autres caractéristiques, c'est une évidence ! En société, il nous faut apprendre à « cultiver les faveurs »[27], à masquer nos objectifs, à s'inscrire dans la hiérarchie du pouvoir. Pour éviter les meurtres intempestifs que ces comportements engendrent, on a dû inventer les lois ! Ainsi la soumission des uns aux autres se trouve « officiellement » régie, que ce soit dans le cadre du code d'honneur chevaleresque ou dans le cadre de la démocratie. Les lois de la société n'ont jamais été conçues pour permettre que chacun ait de quoi manger, de quoi se vêtir et où se loger. *Les lois règlent*

---

[27] In Iain PEARS, *Le cercle de la croix*, Belfond, 1998.

d'abord les pulsions de meurtre et de domination entre les individus. Aujourd'hui, après 5000 ans de civilisation, nous n'en sommes même pas encore à un niveau de développement culturel où les besoins vitaux (manger, boire, se vêtir, se loger) ne seraient plus un souci. Pour les satisfaire, nous continuons encore et toujours à nous mettre dans des positions de soumission vis-à-vis des personnes « puissantes ». Entre nous et les matériaux qui servent à satisfaire nos besoins se dressent toujours, sous des formes variées, des personnes qui vont contrôler notre accès à ces matériaux. C'est très curieux : alors que le bon jardinier donne à la terre tout ce qu'il peut pour qu'elle soit nourrie et protégée des intempéries, afin que la terre produise un maximum de nourriture, les sociétés sont toujours conçues de façon à ce que la majorité des individus parviennent tout juste à satisfaire leurs besoins vitaux ! On préfère jeter de la nourriture (ou détruire des vêtements ou détruire des objets utiles) plutôt que de libérer les peuples des soucis inférants à la satisfaction des besoins primaires ! Je suis prêt à parier que quand bien même tout sur Terre serait en abondance pour que tous les besoins vitaux de tous les êtres humains soient satisfaits (tout le monde mangerait agroécologique par exemple), la société serait toujours divisée entre nécessiteux et nantis. Nous continuerions à nous faire la guerre pour s'approprier telle ou telle ressource, et vol et torture seraient toujours des pratiques courantes. C'est dans nos gènes, j'en suis persuadé.

L'agriculteur, qu'il soit industriel ou artisanal comme moi, ne se sent-il pas trahi par la société ? Société qui lui demande de toujours produire en abondance, mais société qui refuse de mettre sur un même pied d'égalité tous les citoyens dans l'accès à des aliments sains et en quantité suffisante (1). Si la société ne se donne pas cette peine, si elle ne fait pas cet effort, alors pourquoi les agriculteurs devraient-ils faire l'effort d'assurer des récoltes maximales chaque année ? Par-delà toute considération d'argent. Autant produire beaucoup et de qualité pour les nantis, et produire peu et de faible qualité pour le peuple (2). Ce à quoi la cohérence (cynique) inviterait.

Notez que justement je ne veux pas inscrire l'agroécologie dans cette voie. Le défi agroécologique est de produire des fruits et légumes de qualité, dans un sol durablement fertile, avec des prix accessibles par la majorité. D'où le couteau sous ma gorge, car si je devais payer la cotisation sociale annuelle à la mutualité agricole de 4000 €, mon entreprise ne ferait aucun bénéfice. Prendre la voie (2) ferait de l'agroécologie une agriculture rentable. Mais elle ne serait plus éthique : en nourrissant uniquement les nantis elle participerait à faire souffrir le peuple.

Je crois que si elle le pouvait, la Nature aurait honte de notre idiotie d'être humain, nous qui avons tant à notre disposition, nous qui pouvons tant. Nous, sommet de l'évolution biologique, avons bien du mal à arrêter de déféquer dans de l'eau potable par exemple. D'où eau polluée, que nous devons dépolluer, pour pouvoir déféquer à nouveau dedans... Si c'était une personne (un Dieu ?) je doute que la Nature se montrerait miséricordieuse : elle nous enverrait un virus mortel, pour laisser la place à une autre de ses créations plus abouties. Une création qui ne donnerait pas la priorité à ses vices.

Je suis convaincu du bien-fondé de l'agroécologie ; pour autant je crois que le salut de l'Humanité ne se trouve pas dans la Nature. L'agroécologie est nécessaire mais pas suffisante. Assumons notre libre arbitre, choisissons le parti de l'intelligence et de la fraternité. Nous n'avons pas besoin de la caution de la Nature pour cela.

Mort au champ

Ici en Normandie, ces jours présents sont marqués par les commémorations de la fin de la seconde guerre mondiale. Et à partir de juin, la saison du tourisme de guerre va véritablement démarrer. Habitant à une trentaine de kilomètres des plages du débarquement, je vois défiler sur les routes tous les véhicules d'époque restaurés, notamment de guerre. Et même des parachutages historiques sont reconstitués ! Non loin d'ici se trouve un musée du tank, qui dispose d'un terrain pour faire un petit tour dans un char restauré[28] ! Les journées de vente d'ancien matériel de guerre et assimilé vont aussi reprendre. Lors de marches et de bals on va rejouer la libération et les fêtes qui l'accompagnèrent. Bref, les commémorations solennelles se confondent avec les éclats de rire.

Suis-je trop misanthrope si je dis que les armes, la guerre, les morts par centaines et par milliers, fascinent ? Certaines personnes bien-pensantes diraient que, vu qu'à la campagne il y a plein de fachos d'extrême-droite, ce n'est pas étonnant... Ce genre d'explication rapide est erroné : les bien-pensants de la ville ont encore oublié d'aller regarder la réalité avec leurs yeux et ils auront préféré écouter tel ou tel journaliste d'influence. La réalité, c'est par exemple d'aller à Berchtesgaden, dans les alpes allemandes : on y verra les touristes de guerre qui, chaque jour, par milliers visitent le « nid d'aigle » d'Hitler. Je doute que tous ces gens qui viennent des quatre coins du globe soient des fachistes, des néo-nazis, des racistes. La curiosité pour les choses de la guerre est liée à l'attrait pour le morbide, tout simplement. Observer l'autre mourir, souffrir, rendre son dernier souffle : ce n'est pas un comportement de pervers fasciste (en général). C'est un comportement naturel,

---

28 Musée qui a mis la clef sous la porte entre le moment de l'écriture et le moment de la relecture. Pas assez de visiteurs, cotisations non proportionnelles au bénéfice : la France est championne de vitesse pour ce qui est de la faillite des entreprises.

humain : dans ces instants d'intense observation, on espère pouvoir comprendre notre propre mort, on espère apprendre quoi faire pour éviter de mourir dans la douleur. On observe avec toute notre attention ce qui va nous arriver, à nous, dans pas longtemps...[29] Que l'on soit cultivé, diplômé ou inculte, on est curieux de la mort. Un philosophe dirait que la lumière prend tout son sens quand elle côtoie l'obscurité. Que l'on ne comprend bien la naissance que si l'on comprend la fin.

Sur le thème de la mort, le jardin est source de nombreux enseignements. Obligé que je suis de tuer des ravageurs (campagnols, mulots, papillons et chenilles), j'observe inévitablement ces petits êtres agoniser, quand bien même le coup fatal que je leur porte est aussi franc que possible afin qu'ils ne souffrent pas. J'observe le dernier souffle ou le dernier mouvement ; je pense alors que ma mort ne sera pas plus glorieuse que celle d'un campagnol. Au seuil de la mort, nous sommes égaux : voilà une grande leçon. Le dernier souffle est le même pour tous.

Est-ce qu'une personne qui n'aurait jamais tué aurait le droit d'attendre une belle mort ? Une mort sans souffrance. Les bouddhistes croient en cela. Mais je ne pense pas que la vie inclue ce genre de justice... (ou ce genre de confort pourrait-on dire).

Notre société moderne nous imprègne fortement du culte de la jeunesse et de la vie. *Celui ou celle qui ne peut pas accepter de voir la mort en face ne sera pas heureux comme jardinier agroécologiste.* La mort fait partie de la vie, comme dit l'autre. Le ravageur que je dois tuer me fait penser, à chaque fois, à ma propre mort. À chaque fois, je ne parviens pas à éviter cette pensée. L'agroécologie vous fait réfléchir sur votre propre mort, à la mort en général, et ce faisant elle vous montre comment notre société est puérile, est enfantine, dans

---

[29] Et pour ceux qui sont familiers de la méditation, voilà bien une situation dans laquelle nous sommes « ici et maintenant ».

sa façon de gérer la mort : mort glorifiée au champ de bataille, mort oubliée dans une maison de retraite-mouroir, mort tragique des innocents sur la route, mort haineuse dans les banlieues de Paris ou de Marseille pour un regard de travers, mort déniée dans les usines-prison en Asie où sont fabriqués nos gadgets électroniques et nos slips. La terre ne ment pas... elle est la même pour tous... quand on y est. C'est la vérité après les mensonges de toute sorte. À tous ces morts regrettés, qu'on aurait pu éviter, je dis « allez en paix ».

Le jardin en temps de guerre

Pensant aux gens qui ont vécu dans les territoires occupés par l'armée allemande en 1939-45, le fait d'avoir un jardin devait faciliter la vie quotidienne. Durant ces années-là, l'indifférence de la Nature était certainement préférable à la cruauté humaine. Mieux valait des campagnols qui vous dévoraient la moitié de la récolte, qu'un occupant militaire ivre ou imbus de sa personne, avec la gâchette facile. Le jardin nourrissait, mais parvenait-il aussi à procurer réconfort et sérénité pendant les épreuves de la guerre ? Parvenait-on à oublier, durant le temps des semis ou des récoltes, les arrestations, les disparitions, les réquisitions abusives ? Avait-on toujours peur, même au jardin ? Ou au contraire, influencé par les affres de la guerre, ne voyait-on plus que les aspects négatifs du jardin et de la Nature ? Les ravages aux cultures paraissaient-ils plus importants, les fruits et légumes avaient-ils moins de goût ou étaient-ils moins nourrissants ? Les mauvaises herbes envahissaient-elles tout ? Comme si le pessimisme de la guerre aurait contaminé toutes les autres façons de considérer le monde ? Ce sont là des questions auxquelles je ne prétends pas avoir de réponse ; leur intérêt serait de montrer jusqu'à quel point le climat social peut déterminer notre rapport à la Nature. Je ne sais pas s'il serait possible de caractériser, si elle a jamais existé, cette façon particulière de considérer la Nature en temps de guerre. Je suppose qu'en temps de guerre, le rapport avec la Nature n'est pas le même qu'en temps de paix. Après tout, l'être humain n'a jamais considéré d'une seule et unique façon la Nature : la Nature comme manifestation d'une force originelle de vie, la Nature comme création d'un Dieu, la Nature comme demeure de toutes les divinités, la nature comme énergie vitale des alchimistes, la Nature comme repaire des sorcières et des démons, la Nature comme somme de mécanismes automatiques d'après Descartes, la Nature comme somme des réactions inter-moléculaires d'après les chimistes...

Les sociétés évoluent en même temps qu'évoluent leurs façons de penser la Nature. Les alchimistes croyaient que les métaux poussaient tels les plantes, et maturaient. Les métaux jeunes étaient ceux que le temps et la pluie altéraient (manifestation de la rouille). Si on attendait encore quelques années, ces métaux évoluaient et devenait de l'argent puis de l'or, métal inaltérable par excellence. Leur évolution du plomb jusqu'à l'or se faisait sous l'influence de l'énergie vitale. Les planètes elles-mêmes, chacune associée à un métal, étaient l'équivalent dans le ciel de ce qui se passait au sein de la terre. « Ce qui est en haut est comme ce qui est en bas » dit-on en alchimie. Une même énergie vitale animait aussi bien les plantes, les animaux et l'Homme que les étoiles et les planètes.

Je ne sais pas si l'on n'a jamais cultivé selon les préceptes alchimiques, mais j'imagine qu'il aurait alors fallu faciliter dans le jardin les influences de telle ou telle planète au fil des saisons et année après année. La biodynamie, bien sûr, est fondée sur l'alchimie, mais peut-on y adhérer sans réserve, aujourd'hui ?

Avec le printemps qui s'installe et le soleil qui monte de plus en plus haut dans le ciel, vous remarquez que mes pensées deviennent de plus en plus positives, deviennent moins misanthropes, moins lourdes. Du plomb de l'hiver, je m'achemine vers l'or de l'automne !

Lundi 16 mai

Christophe Gatineau va sortir prochainement un livre sur la pauvreté. Je ne sais pas encore s'il traitera de la pauvreté économique d'une façon générale ou s'il fera des liens entre pauvreté / richesse et agriculture. Sur ce thème, on trouve aussi des enseignements dans le jardin.

Le lecteur aura compris que pour moi, la Nature est la « Grande Neutre ». Elle ne nous témoigne ni amour ni haine, elle ne prodigue ni justice ni corne d'abondance. Dans le jardin, un être humain est juste un être humain, qu'il soit riche ou pauvre. La plante n'a que faire du rang social auquel appartiennent les mains qui s'occupent d'elle. Seul le savoir-faire du jardinier lui importe, et encore...

Je ne vais pas m'étendre sur la pauvreté des agriculteurs des pays du Sud, ou du Nord même, ni sur la pauvreté qui oblige à faire la demande d'un bout de jardin communal à la municipalité (les fameux jardins ouvriers) sur présentation du droit aux revenus sociaux, ni sur la pauvreté qui empêche d'acquérir de la terre et qui pousse les « sans-terre » à s'installer dans les bidonvilles des mégapoles des pays en voie de développement, ni encore sur la pauvreté – en fait l'indigence – qui fait qu'on laisse un jardin dépérir par absence de courage et de savoir, quand d'autres rêveraient de posséder un tel petit bout de terre.

Moi qui vis dans mon jardin, je trouve que *la pauvreté se résume à l'inaction vis-à-vis de la terre et des plantes*. Ayant vécu à Tahiti et en Nouvelle-Calédonie, partout je voyais des gens dehors, occupés à semer, à planter, à tailler, à récolter, à boire ou à manger simplement dans l'ombre rafraîchissante d'un arbre. Chaque bout de terre avait une utilité, chaque bout de terre était dans le cœur, sinon dans l'esprit, d'au moins une personne. On pensait à chaque petit bout de terre, parce qu'on savait que ce petit bout de terre était tel un cadeau dont on avait le droit et le devoir de s'occuper, pour en jouir. En toute innocence, en toute évidence. Penser à la Nature, s'en occuper, c'est une forme de relation très simple avec la Nature[30]. J'en suis témoin depuis mon enfance. J'enjolive peut-être mes souvenirs, néanmoins, c'est uniquement de retour en France, et puis en Allemagne, que j'ai découvert le « dédain » de la Terre. Innombrables sont les personnes qui disent automatiquement à la vue d'un bosquet ou d'une pelouse « il n'y a rien » ! Les élus, pour qui n'existe que ce qui engendre des taxes, décident de lotissements là où avant il n'y avait « rien » – sous-entendu des terres cultivées avec passion depuis de nombreux siècles. Tous ces parcs, toutes ces pelouses, tous ces bords de route surtout, montrent une végétation à laquelle personne ne pense, ne fait attention, ne considère, à part peut-être le cantonnier quand il passe pour faucher et nettoyer. Qui aime ces bouts de terre ? Oui, je le répète : qui *aime* ces bouts de terre ? Personne, me semble-t-il. Voyez cette végétation des petits espaces verts dans les villes et dans les lotissements. Elle a pour objectif d'égayer les quartiers, pourtant elle a toujours une triste apparence, noircie par les gaz d'échappement des voitures, jaunie par les pesticides, jonchée de détritus, taillée et tondue aussi vite qu'il est possible de faire. Pour un Européen des villes, cette végétation censée flatter sa bonne conscience écologiste ne représente rien sinon une convention, sinon un souvenir. Le souvenir de ce qu'était la mère-Nature, ou la Nature don du créateur.

Je sais bien qu'en Europe, au contraire des tropiques, en hiver il fait froid et on ne peut pas vivre dehors. La Nature

---

30 Si simple qu'on pourrait la dire sacrée.

elle-même semble morte, sous le givre ou sous le manteau neigeux. Mais pauvres que nous sommes, nous occidentaux ! Nous n'avons plus le temps de penser à la Nature, de l'aimer. Il nous faut aller, toujours aussi rapidement que possible, au bureau, à l'usine, au supermarché. Les arbres le long de la route ? Bof, toujours les mêmes. L'herbe des bas côtés ? Ah oui, et alors ? La montagne au loin, ou le lac ? Ben quoi... Sous les tropiques, le mode de vie occidental est moins prégnant et les gens prennent le temps de penser à la Nature. Je renvoie le lecteur au texte *Protéger la Nature, ça veut dire quoi ?* en annexe. À Hanovre, sur le chemin du travail, en hiver je voyais chaque jour entre les dalles de trottoir des plantules maigrichonnes. Des mauvaises herbes sans aucun doute, mais elles avaient une forme curieuse, qui me rappelait un sapin de Noël. Il y avait une bonne centaine de ces plantules. Un bon millier de piétons les voyait quotidiennement comme moi, sur ce bord délaissé du trottoir près de la route à deux fois trois voies. Mais je savais devoir être le seul péquin à imaginer là des centaines de sapins de Noël. Ces plantules étaient faméliques, moches, des brindilles desséchées qu'on pouvait croire mortes ; leur blancheur pouvait faire penser à la blancheur d'un squelette. Pourtant, elles me rappelaient la Nature, et sa puissance, car elles avaient le très grand mérite de pousser dans cet endroit tout à fait inhospitalier. La vie n'avait pas sa place à cet endroit ; elle n'y était pas désirée. Et pourtant elle était là. Je précise qu'à cette époque, je n'avais pas de jardin et je n'envisageais pas du tout de devenir un jour jardinier. Autre souvenir de ma vie citadine : il y avait également, sur un itinéraire que j'empruntais certains week-ends, un petit bout de terrain pentu, à l'angle du croisement entre un pont de chemin de fer et une route très fréquentée menant au centre-ville. Les arbustes poussant là avaient le tronc et les feuilles noires ; au sol quelques herbes se battaient en duel avec des détritus plus ou moins décomposés. Un jour que j'allais au centre-ville à pied avec mon amie, je déclamais avec conviction que c'est là un petit coin de Nature. Pour toute réponse je reçus de sa part un soupir méprisant. Trop d'années vécues en ville au point qu'elle ne voyait plus la Nature, certes sale, certes maltraitée et bafouée, mais la Nature quand même ! En tout cas, si vous voulez avoir moins d'amis ou si vous voulez vous séparer, je vous recommande ce genre de déclamation...

J'en reviens à la pauvreté. Mon opinion est que si un individu ne « divise » pas sa personnalité en trois parts égales, Nature, Société, Sens de la vie, cet individu est un pauvre. Plus exactement un indigent, miséreux non pas matériellement mais intellectuellement et émotionnellement. Les grands banquiers et les spéculateurs sont des indigents hors-pair. Ils accumulent, dans leur bourse énorme, des billes en quantité astronomique, mais ces billes ont toutes la même couleur. Je possède beaucoup moins de billes qu'eux, mais les miennes sont de trois couleurs : la couleur de la société, la couleur de la Nature et la couleur de la quête de sens. Je peux donc faire des constructions plus solides et plus raffinées que ces spéculateurs fortunés. « Small is beautiful, small is rich » *à condition* de savoir regarder la vie par ces trois aspects !

Le jardinage permet de remédier à l'indigence. Le prix à payer – car il faut payer – est le temps : le temps qu'il faut passer nécessairement dans le jardin pour semer, planter, pailler, observer, ressentir. Pour arrêter aussi durant quelques instants de penser, afin de goûter du bon air, des ondulations de l'herbe et des arbres, du bleu du ciel. Ce temps-là n'a pas de prix.

Mardi 17 mai

Base biologique de la famille

Je ne regarde pas la télévision, j'écoute très peu la radio, je ne lis aucune presse quotidienne. Je suis immergé dans le jardin au point d'avoirs appris avec quelques jours de retard les attentats de paris et de Bruxelles ! Mon lien à la presse se résume à mon petit téléphone « smart », qui me permet de consulter les déclarations sur Twitter © et les gros titres de la presse. C'est par ce média que je viens de découvrir une polémique du début de l'année 2015, qui s'est montée à propos de l'opinion de Pierre Rabhi sur la famille.

Vu de mon jardin, 1) cette polémique paraît avoir été orchestrée de toute pièce et 2) cette polémique manque d'objectivité. Côtoyer la Nature chaque jour, du matin au soir, donc vivre en marge de la société, rend plus évidentes les intentions égocentristes des Hommes. Car la Nature donne une *ligne de base*, une ligne de référence fondamentale, que les citadins perdent de vue, tout empêtrés qu'ils sont à vivre dans la concurrence et dans le paraître.

À partir de Twitter donc, de lien en lien je suis arrivé sur le site d'une association antifasciste. Oui, déjà, cette auto-dénomination est douteuse, car les régimes fascistes à ma connaissance ont été vaincus lors de la seconde guerre mondiale. Admettons qu'il existe encore en France des adorateurs d'Hitler ou de Mussolini ; ces associations leur feraient la chasse. Bon.

Cependant, qu'elle ne fut pas ma surprise de trouver Pierre Rabhi catalogué comme fasciste par une de ces associations ! Traiter ce vieil homme, pénitent de la subtilité du lien entre la Nature et l'Humanité, de fasciste, relève selon moi d'une mauvaise volonté. Lors d'une interview de Pierre Rabhi sur RCF en octobre 2013, celui-ci avait dit (d'après le site de l'association) :

> P.R. : La famille... une communauté naturelle... le père, la mère, les enfants ... une communauté viscérale, biologique, on ne pourrait pas la récuser.
> Journaliste : Mais vous savez que cette notion est actuellement récusée, et l'on parle de famille homosexuelle, de famille monoparentale, de famille sous différentes formes[31].
> P.R. :Oui, toutes ces nouvelles idées... Il n'est pas moins vrai que ce qui n'est pas récusable et que ce qui a été depuis l'origine de l'humanité, c'est que l'homme et la femme procréent et ont des enfants ... groupe social biologique ... [toutes ces théories] n'enlèvent rien à cette réalité-là.
> ...
> J : Qu'est-ce que vous appelez la norme ?
> P.R. : La Nature elle-même. C'est pour qu'il y ait procréation, il faut mâle et femelle... c'est une loi invariable à laquelle même les homosexuels doivent leur propre existence.

L'association conclut :

> Des propos réactionnaires et homophobes qui ne manqueront pas d'en choquer plus d'un(e).

Je me suis exprimé dans un autre livre sur l'homosexualité et la parenté[32]. Ce que je trouve tout à fait choquant dans cette polémique, c'est qu'une certaine gauche politique revendique, par l'intermédiaire de cette association antifasciste, le pouvoir, quasiment le devoir, de modifier les processus naturels de pro-

---

31 Le journaliste pense donc aux familles polygames ou aux communautés où les enfants appartiennent à tout le monde. C'est la « totale liberté de conscience » chère à la bien-pensance. Ainsi, pour être qualifié de fasciste, il suffit de ne pas accepter ces « différentes formes » de famille. Quel simplisme !
32 *Réflexions politiques.*

création pour que des personnes qui n'acceptent pas leurs corps (les homosexuels-elles) puissent tout de même procréer, à tout le moins obtenir un enfant[33]. C'est la dérive inverse de l'eugénisme. Dans l'eugénisme, on élimine les individus qui ne sont pas conformes à un idéal biologique de vitalité. Allons à l'étymologie du terme : eu = vrai, génisme = de gène. L'eugénisme signifie littéralement vouloir un corps qui est déterminé par les gènes. Dans cet eugénisme inversé qu'utilise cette gauche politique, qualifiée aussi de gauche « bien pensante », on veut *éliminer les processus naturels qui ne sont pas conformes à la culture.* Selon elle, l'être humain devrait définir lui-même sa nature, sa biologie... Cette volonté politique d'ajuster les corps aux normes sociales doit s'entendre comme un droit de l'Homme, selon cette association antifasciste et selon la bien-pensance. Je vois là une pente idéologique dangereuse. Elle procède tout simplement du mythe moderne du progrès à tout prix, mythe qui maintenant légitime le refus de la réalité biologique[34] après avoir légitimé l'agriculture industrielle destructrice de la biodiversité[35]. C'est une seule et même idéologie mégalomane ! Je suis prêt à parier que les adeptes de cette idéologie sont exclusivement citadins. S'ils côtoyaient un peu la Nature, ils sauraient que notre identité d'être humain se dévoile au fur et à mesure qu'on travaille avec la Nature en la guidant tout en la respectant, et non pas en la tordant pour qu'elle se plie à notre volonté[36].

---

33 Même si ce refus du corps est légitime, car fondé biologiquement : on a un cerveau féminin ou masculin selon les taux d'hormone de la mère enceinte. C'est un constat scientifique que j'accepte tout à fait.
34 Cf. les formidables échecs de la science prolétarienne en union soviétique.
35 Cette gauche bien-pensante, moralisatrice, est incohérente. D'un côté elle prône la malléabilité des corps – Élisabeth Badinter souhaite qu'un jour les hommes puissent donner naissance eux aussi, grâce à une greffe d'utérus... De l'autre elle demande la généralisation de l'agriculture biologique, agriculture qui veut respecter la Nature. On ne peut pas dire « pour les Hommes tout doit être permis, pour la Nature il faut respecter scrupuleusement ses règles ».
36 Bref, il y a une incompatibilité de fond entre le mouvement politique écologiste et la bien-pensance d'une certaine gauche. Les libertaires de gauche ne peuvent pas

Nul doute que moi aussi, pour ces associations antifascistes je suis quelqu'un de réactionnaire et d'homophobe. La raison profonde en est que, comme Pierre Rabhi, je pense qu'il faut poser des limites à la culture, à ses objets, à ses définitions, à ses constructions. Car la Nature nous impose des limites, c'est un fait, c'est une réalité. Si l'on dit « No limit ! », si l'on dit « Il est interdit d'interdire ! », slogans de gauche, alors il n'y aura jamais d'agriculture durable, donc de société durable. Il me semble que cette gauche, qui se présente comme humaniste et en lutte pour le bien de l'humanité, est en fait *chaotiste*. Moi je suis un partisan de l'ordre. Ordo ab chaos : du chaos il faut faire émerger l'ordre – c'est l'exploration volontaire de l'inconnu, du monde dans lequel nous vivons et de nous-mêmes. De l'ordre émergeront la nouveauté et la construction ; du chaos rien n'émerge directement. Le jardinier doit canaliser les forces de la Nature. L'histoire nous a maintes fois prouvé que les peuples qui se croient tout permis, qui ne soucient pas des conséquences à long terme de leurs décisions, vont à leur chute ; le fascisme n'est qu'une forme parmi plusieurs de mégalomanie.

Respectons l'ordre naturel des choses, et avançons. C'est possible, on peut avancer technologiquement tout en respectant l'ordre naturel. Ce n'est pas être réactionnaire. Telle qu'elle est, la Nature est déjà un formidable « réservoir » d'inconnu et de découvertes à réaliser. Pourquoi vouloir la réduire à nos puériles et éphémères modes urbaines ?

Ailleurs sur le site internet de cette même association, on peut lire des articles à propos de la biodynamie, des associations Kokopelli et Terre & Humanisme (association fondée par Pierre Rabhi) :

---

s'entendre avec les écologistes, pour qui il existe un ordre naturel à respecter.

... quelques milieux écologistes mystiques, terreau fertile pour le conspirationnisme et porte d'entrée de l'extrême droite ... nous invitons les personnes préoccupées par la préservation de la biodiversité à se tourner plus sûrement vers le réseau semences paysannes monté par nos camarades de la confédération paysanne.

Je souligne. Certes, les associations Kokopelli et Terre & Humanisme ne sont pas exemptes de faiblesses. Mais ce que je vois dans cette analyse des milieux écologistes, c'est avant tout le désir de les *juger*. Les antifascistes jugent ce qui est bon, selon eux, et ce qui ne l'est pas. Et l'ordre naturel, selon eux, n'est pas bon. Ne leur en déplaise, il faut bien respecter cet ordre naturel ! Ou préfèrent-ils donc la « révolution verte » et le bétonnage du littoral ? Contrairement à ce qu'ils pensent – ou plutôt veulent faire croire – respecter l'ordre naturel ne bride en rien la créativité humaine, je le répète. Quant aux « camarades » de la confédération paysanne, syndicat d'agriculteurs qui se veut humaniste, se reconnaissent-ils vraiment dans les combats violents des antifascistes ? Si c'est le cas, il est clair que l'opposition entre la confédération paysanne – syndicat qui défend les paysans, les petits agriculteurs – et la FNSEA – syndicat qui défend l'industrialisation de l'agriculture – passe à côté des véritables enjeux : la fertilité durable des sols, la qualité des aliments, la santé humaine, la préservation de l'environnement et le rapport ontologique de l'Homme à la Nature. C'est une opposition entre communistes et capitalistes[37], opposition que ne fait aucun sens au regard de la Nature.

Ce genre de réflexion politique me devient pesante. Le contact avec la Nature m'a ramené au plus essentiel : la Nature ne me juge pas, je ne la juge pas, car ces jugements ne servent à rien (suspension du jugement : ephexis). Mais en société, il faut toujours prendre parti pour un camp ou pour un autre, donc il faut toujours juger untel ou untel. Toujours dire ceci c'est trop cool, cela c'est super has been. On finit par voir le diable partout, ou par admettre que rien n'est tout blanc ou tout noir, qu'il faut des compromis, qu'il faut relativiser. Que c'est compliqué ! La Nature me paraît plus simple et il me semble que si je parviens à cultiver en la respectant, c'est une partie du sens de la vie humaine que je réalise. La quête du sens de la vie trouve des réponses dans le jardin, alors je ne dois pas trop m'en laisser détourner par la société. Le jardin est un refuge contre la misère de la condition humaine.

Samedi 28 mai

Ephexis

Il m'a fallu de nombreuses émotions déplaisantes et du temps, mais j'y suis arrivé. L'ephexis est enfin très clair dans ma tête. L'ephexis, c'est la *suspension du jugement* : s'abstenir de penser que ceci est mal et que cela est bien, que ceci a de

---

[37] Le parti communiste n'existe quasiment plus. Cependant, ses membres ont migré dans les autres partis, notamment dans la gauche centriste et dans l'écologie, y répandant leurs convictions égalitaristes. Attention : sous le couvert d'une « novlangue », ils continuent à laisser entendre que le droit d'entreprendre et que la propriété privée sont de mauvaises choses. Par pitié, ne laissons pas l'agroécologie s'enliser dans ce vieux bourbier capital versus coopération ! Le défi agroécologique est au-delà de ça. Aïe ! En écrivant ces mots, le relevé de mon compteur à amis est tombé à zéro ! Tant pis, je continue quand même sur ma lancée !

bonnes conséquences et cela de mauvaises conséquences. C'est une pratique difficile : il ne faut s'attacher à aucune émotion, il faut abandonner le réflexe de penser en termes de bien et de mal. Quelle joie de constater la levée des haricots ! Quelle amertume de constater que les limaces les mangent presque aussi vite ! Je ressens, j'encaisse l'émotion, mais je ne juge rien, ni la graine qui germe ni l'animal qui dévore. L'émotion est humaine : ne l'interdisons pas mais n'y succombons pas. Sinon il faut abandonner tout espoir de vivre sereinement : par son imprévisibilité et son inéluctabilité, le jardin vous fera mourir de stress émotionnel.

L'ephexis me ramène à l'idée centrale que l'on n'est jamais maître et possesseur de son jardin, quand bien même on le souhaite de toutes ses forces. Idée centrale et apparemment indépassable.

GADLU au jardin

Si un grand architecte de l'univers (GADLU) existe, ne ressemble-t-il pas au jardinier aogrécologiste ? L'analogie est facile :

- il s'agit d'abord de guider des forces, forces naturelles pour le jardinier / volonté humaine pour le GADLU ;
- il s'agit d'obtenir une récolte / il s'agit que les humains puissent s'épanouir ;
- il est impossible d'exterminer tous les ravageurs, il faut faire avec et accepter / meurtriers et escrocs existeront toujours ;
- il faut nourrir le sol pour qu'il soit fertile, en apportant foin, tonte et compost / il faut que les humains aient amour et savoir pour s'épanouir ;
- ephexis, il n'y a ni mal ni bien : dans le jardin les ravageurs des cultures sont la nourriture des belles coccinelles et des

oiseaux / justice, honnêteté et droit existent parce que les meurtriers et les escrocs existent ;
- la prairie est fauchée deux fois par an, après chaque fauche elle est tondue trois fois de suite, ainsi elle est toujours vigoureuse et productive / les grandes calamités surviennent à un rythme régulier, suivies de moindres calamités, et l'humanité n'en a que plus envie d'exister.

Ou ne serait-ce pas plutôt la « grande faucheuse » qui serait la jardinière de l'humanité ? Clarissa Pinkola Estes[38] explique que pour de nombreux peuples, l'entité qui donne la mort est aussi celle qui donne aussi la vie. Le GADLU est un terminateur et un semeur. Voilà pour ceux qui croient à l'existence d'une entité supérieure...

Lundi 30 mai

La vitesse

J'ai auparavant présenté la conception de l'attente telle qu'elle est promue dans notre société de consommation, et ma conception de l'attente, telle qu'elle peut se vivre dans le jardin. Conceptions très différentes, et il en va de même pour la notion de vitesse.

N'allez pas penser que jardiner est une activité pour fainéants : en avril, mai, juin les tâches à réaliser sont nombreuses. Semis, plantations, tontes, fauchage et préparation de la terre se succèdent et alternent sans pause ! Il n'y a pas de demi-journée à perdre. Je travaille comme lorsque j'étais employé, c'est-à-dire 42 heures par semaine (j'étais employé en Allemagne, pays où l'on travaille un peu plus qu'en France).

Mais la *vitesse* à laquelle je travaille reste en deçà de la vitesse de la société. Auparavant, dans ma vie antérieure de

---
[38] In *Femmes qui courent avec les loups*, Grasset, 1996.

citadin, écouter les génériques des informations TV ou radio me relaxait. Pourtant ce sont en général des génériques avec force tambours et trompettes et éclairs (ta ta !, da da !, dzing dzing !, BANG !, les nouvelles du jour !) Maintenant je les trouve excitants, énervants, stridents. Comme la trompette militaire, qui sonne la charge en excitant les troupes jusqu'à la fureur guerrière : on se crispe, on se tend, on se prépare à encaisser le choc, ou bien à accepter avec calme la confirmation par le présentateur qu'il ne s'est rien passé que d'habituel au cours de la journée. Le générique tend les nerfs au point de jouer du violon avec. Le souffle est coupé. Et le présentateur, ou l'orateur, déverse un flot de mots et d'images au rythme d'une mitraillette, prenant à peine le temps de respirer, comme si chaque rubrique étaient une section de parcours d'entraînement de la légion étrangère. Ouf, fini la rubrique politique avec ses barbelés d'incohérence et ses trous à boue démagogique, sautons maintenant par-dessus l'obstacle de la rubrique économique et évitons de glisser dans les courbes montantes et descendantes du chômage et des impôts ! Ensuite il faudra ramper à ras de terre tout en éclairant de lumières chatoyantes l'invité postillonnant de la rubrique culture.

En écoutant les informations, je souffre avec le présentateur, je comprends sa douleur et son indigence. Il *doit* parler très vite, pour que les mots ne se collent pas à sa peau et ne l'entraînent sous terre. S'il veut vivre, il doit à tout prix s'en débarrasser, il nous les jette donc à la face dans un geste de désespéré, au rythme d'un épileptique haletant. Qu'importe si ce qui est dit est incohérent ou incomplet.

Bref, je ne supporte plus les grandes chaînes médiatiques d'information. Je ne supporte que les présentateurs qui prennent le temps de parler et de dire des choses intelligentes, comme le vent prend le temps de souffler et d'emporter le pollen et les graines. Du calme ! Respire, réfléchis et parle.

Comme le blabla médiatique, la vitesse des voitures m'est aussi devenue pénible. Que de personnes ne respectent pas les limitations de vitesse ! Que de chauffards les ignorent sciemment ! Près de chez moi habitent des fous à moto. Nuit et jour ils traversent le village à plus de 100 km/h, sachant que sur cette petite route départementale il n'y a jamais de contrôle de police. Il est vraisemblable qu'un jour ils se tueront en perdant le contrôle de leur bolide. J'espère alors qu'ils ne tueront pas en même temps un innocent.

Ces chauffards veulent être au-dessus de la loi ; faisons alors une analogie avec les lois de la Nature. J'ai précédemment parlé du GADLU jardinier. Les motards et les chauffards fous seraient l'équivalent des ravageurs au jardin. Dans la société, ces motards et ces chauffards sont des destructeurs : ils détruisent des vies et des engins comme dans le jardin les ravageurs détruisent les récoltes. Je ne vais pas pleurer la mort d'un campagnol, au contraire je me réjouis de voir mon chat en tuer un – malgré l'ephexis que je devrais pratiquer. Et malgré elle je souhaite qu'il en meurt autant que nécessaire. Pareillement, je me réjouis d'apprendre la mort d'un chauffard quand il se tue sans tuer ni blesser un innocent. Il pensait qu'il avait le temps de doubler, il pensait qu'aucune voiture ne surgirait du virage, il pensait qu'aucune voiture ne surgirait à droite, il pensait que fumer deux pétards c'était pas grand-chose... Mais non. Tant pis pour lui ou elle [39] ! En voiture on tue toujours volontairement, car personne ne peut ignorer les conséquences de perdre le contrôle de son véhicule. Il faut toujours en rester maître ; la mort accompagne celui qui pré-

---

[39] J'ai conscience que lorsque qu'un membre de notre famille se tue en voiture, ou manque de le faire, on est submergé par les émotions. Mais quand un inconnu se tue en voiture, on peut dire en toute honnêteté qu'on n'est pas ému. Surtout si cette personne avait une histoire de délinquant de la route. Voyez et écoutez les voitures près de chez vous : vous constaterez que ce sont toujours les mêmes qui roulent à tombeau ouvert... De mon jardin, je distingue les voitures à leur bruit.

tend par inadvertance, idiotie ou vantardise pouvoir de bon droit enfreindre les limites de vitesse. N'est-ce pas ce qu'on apprend quand on passe le permis de conduire ? Chaque jour, via Twitter ©, la presse indique en gros titres les morts de la route. Notre département de la Manche produit son mort quotidien sur la route. C'est presque autant de chauffards en moins : la presse évoque pudiquement, quotidiennement, la « perte de contrôle » du véhicule comme cause de « l'accident ». Cela parce qu'il n'est pas possible de constater l'excès de vitesse a posteriori. Drogue et alcool laissent au contraire des preuves matérielles, que la presse rapporte quand elle en a connaissance ou quand elle le veut bien.

Le culte de la vitesse existe, mais c'est un tabou. Tout ça pour que monsieur ou madame ait son « coup d'adrénaline » quand il sent son véhicule à la limite de l'adhérence. Aller vite en voiture, c'est aussi se sentir performant, puissant, efficace par rapport aux autres conducteurs. Les voitures chères sont toujours plus rapides que les voitures bon marché, fierté du conducteur oblige. Mais allez donc jouir de la vitesse sur circuit fermé ! Curieusement, ce genre de grande vitesse, légale, fascine moins... Je précise que le précédent propriétaire de ma maison a été tué par un automobiliste alors qu'il se promenait à vélo, et que j'ai moi-même, à vélo, failli passer sous les pneus d'un chauffard. Que de gens meurent plus vite que prévu parce que d'autres veulent aller plus vite ! C'est la bêtise de la société mise en pleine lumière. Culte de la vitesse oblige, si notre société doit se terminer, tout le monde sera d'accord pour que le déclin soit le plus rapide possible ! Un bon déclin est un déclin rapide. Cohérence dans l'incohérence...

Dans le jardin, donc dans la Nature, il n'y a ni vitesse ni lenteur. Le culte social de l'homme rapide parce que riche, riche parce que rapide, s'arrête à la porte du jardin. Avec la Nature, il suffit d'être au bon endroit au bon moment, comme le dit le proverbe. Et quand c'est fini, que ce soit une seconde ou une année ou un million d'années, c'est fini ! À nouveau, le jardin est un refuge.

Mort d'homme

Le contact quotidien avec les lois naturelles de naissance et de mort peut rendre insensible vis-à-vis des naissances et des morts humaines, j'en conviens. Notez que c'est un autre sentiment que la misanthropie. Je dois penser à cet agriculteur qui, en route avec son tracteur pour aller récolter, tua dans un virage un adolescent en scooter. Celui-ci avait pris le virage à gauche et à toute vitesse, sa mort n'était donc pas imputable à l'agriculteur. Aux autorités, l'agriculteur a dit qu'il était gêné de ne pas pouvoir faire la récolte, qu'elle allait être perdue. Avant le procès, son défenseur lui expliqua qu'il ne devait surtout pas répéter ces mots au juge et à l'audience, car cela le ferait passer pour un égoïste froid, pour un monstre, et sa peine serait alourdie.

Quand on côtoie chaque jour la Nature, on apprend que la mort est partout, tout comme la vie. L'adolescent est mort de sa bêtise (dure réalité), tout comme le jeune moineau se fait prendre par les griffes du chat. Il est faux de penser que dans la tête de l'agriculteur, la récolte avait plus de valeur que la vie de l'adolescent. L'agriculteur résonnait ainsi : la récolte ne sera pas possible à cause de la mort d'un moineau, ce qui ne fait pas de sens. C'est un *choc des cultures* : la réalité sociale n'est pas la réalité de la Nature. Dans la Nature, l'importance d'une vie est très relative. L'idée même d'importance de la vie est caduque.

Deux gammes de repères psychologiques et petit test de motivation

Arrivé à ce point de l'ouvrage, vous voyez que le jardin procure d'autres repères psychologiques que ceux utilisés couramment dans la société. Plus précisément, le jardin procure une autre *gamme* de repères psychologiques qui découlent du côtoiement quotidien de la Nature. Il faut le savoir ; il faut parvenir à en faire une richesse personnelle pour s'épanouir ; il faut vouloir cette différence et cela n'est pas facile. Cette différence de gamme de repères peut effrayer profondément, parce qu'elle va permettre de relativiser et de questionner les évidences sociales. Le rapport à la mort, le rapport au temps, le rapport à l'espace, la valeur de l'argent par exemple. Acquérir de nouveaux repères psychologiques, donc éprouver de nouvelles émotions, participe de la vie du jardinier agroécologique, qui est une vie en marge de la société, inévitablement. Si l'on ne souhaite pas se marginaliser, je pense que l'enseignement de la Nature ne pourra pas être complet. *On ne peut pas avoir le même regard sur la Nature que celui qu'on porte sur la société ; on ne peut pas penser et agir avec la Nature comme on pense et agit en société.*

Il ne faut pas oublier cela. Sinon on tombe dans la seule pensée technique, rationnelle, comptable, et on va s'engager sur une voie difficile : on va vouloir faire une agriculture biologique fortement mécanisée ou fortement productive *parce que* l'on se fixe des objectifs financiers à atteindre absolument. On donne la primauté à un objectif de société : l'argent. Si encore il poussait des arbres à sous, cet objectif aurait un fondement. On cultiverait de l'argent, et ce serait bien, car les lois de l'argent seraient compatibles avec les lois de la Nature...

Plus sérieusement, on va vouloir produire beaucoup mais sans recourir à la chimie, label bio oblige. Or les monocultures denses, sur de grandes surfaces, à la croissance rapide et aux fruits lourds (car ce sont des hybrides bénéficiant de l'effet hétérosis) par définition nécessitent des pesticides. Pour bien vous le faire comprendre : on peut faire croître mille poules dans un poulailler hors-sol de 100 m^2 uniquement si on les gave d'antibiotiques, et ce n'est économiquement rentable que si chaque poule est génétiquement optimisée pour pondre trois œufs par jour, pour compenser le taux élevé de mortalité et la courte durée de vie des poules. Entassez de cette façon des poules qui pondent un œuf par jour, sans antibiotique et sans optimisation génétique : d'une part elles seront malades, d'autre part votre chiffre d'affaires sera petit. C'est cette logique qui est à l'œuvre dans l'agriculture industrielle, et dans la fabrication des huîtres triploïdes : modifier génétiquement les animaux, ou les plantes, pour qu'elles supportent les conditions industrielles de croissance. Parce que les conditions ne sont pas naturelles, il faut dé-naturaliser les animaux et les plantes. On les adapte à la pensée industrielle. Le respect de la Nature est loin... Cette logique n'est pas évidente à comprendre, mais faîtes un effort pour en prendre conscience et prenez vos distances, s'il vous plaît.

Le prolongement de ma pensée pourrait prêter à confusion, aussi vais-je apporter encore une précision. La Nature, la société : chacune nous donne sa gamme de repères. Je ne pense pas que la gamme naturelle soit supérieure ou meilleure à la gamme sociale, ou à l'inverse que la sociale soit supérieure à la naturelle. Il ne faut pas penser en ces termes : ce qui est important, c'est le concret. Concrètement, quand est-ce que nous souffrons ? C'est quand nous faisons se rencontrer ces deux gammes de façon brutale, sans douceur, sans intelligence. *Notre destin d'espèce humaine est de toujours réfléchir avant d'agir.* Dans le cas du jeune à scooter, dans le cas du changement climatique qui entraîne la destruction des villes côtières ou dans le cas de l'érosion des terres arables, l'origine des problèmes est la même : le manque de raffinement, le manque d'intelligence. Non pas que la primauté ait été donnée à la gamme sociale – l'activité scientifique est la preuve que les lois de la Nature sont toujours prises en compte d'une façon ou d'une autre. Mais que la combinaison des gammes est grossière et maladroite, donc fragile, donc non-durable. Si vous avez des préjugés à propos des savoir-faire raffinés, donc des combinaisons raffinées de ces deux gammes (« c'est pour les intellos, c'est pour les sensibles, c'est pour les pinailleurs, c'est pour les bobos »), je pense que vous ne pourrez pas aller plus loin que le stade de découverte de l'agroécologie[40]. Je vous invite à visionner le documentaire *Paul dans sa vie*, de Rémi Mauger. Paul est un agriculteur-éleveur à l'ancienne, filmé lors de sa dernière année d'activité. Il nous livre une partie de son savoir-faire, de son sens de l'observation, de son sens de la Nature : que de subtilités ! C'était une agriculture où l'Homme réfléchissait autant que ses animaux faisaient du lait ou autant que sa terre livrait de blé. L'effort de réflexion était nécessaire et quotidien. Chacun faisait sa part du travail, aurait dit Dieu (s'il existait). Ce Paul n'avait pas fait d'études, mais il était « fin » comme on dit à la campagne. Il acceptait la complexité de la Nature : c'est la clef. Le rustaud, qui veut imposer sa vision simpliste à la nature, n'aura que des misères.

Réglons le problème du changement climatique

Tout comme tolérer le culte de la vitesse m'est devenu pénible, les actes de contestation sociale, le militantisme, les « manifs » me deviennent aussi de plus en plus pénibles à supporter. Même pour les bonnes causes ! Par exemple les docu-

---

[40] Mais si vous avez fait l'effort de me lire jusqu'ici, c'est la preuve que vous êtes quelqu'un de raffiné et d'intellectuel. Oui, cher lecteur, chère lectrice, permettez-moi de vous flatter ! Bravo, vous êtes génial(e), sincèrement. C'est un honneur d'être lu par vous. Continuez, vous êtes sur la bonne voie !

mentaires économiques qui dénoncent les scandales, les mensonges, les escroqueries, les abus de confiance. J'en étais friand auparavant ; ils me donnaient la sensation de me rapprocher de la « cause première et cachée » qui fait se mouvoir la société. Ils dévoilent la face cachée, obscure, et ce faisant ils édifient, ils dessillent, ils enseignent, ils avertissent. Mais aujourd'hui ils ne m'apprennent plus rien. Je sais désormais que la nature humaine est à la fois le pire et le meilleur. Nietzsche a expliqué pourquoi le pire est toujours là (pourquoi on peut toujours s'y attendre) : *la décadence aime à porter le masque de la vertu* et ainsi elle se fait toujours une place.

Un exemple de ce qui m'incommode : un reportage sur les suites de la conférence COP21. Lors de la COP21 en décembre 2015, chefs d'états et entreprises ont déclaré que les émissions de gaz à effet de serre allaient être réduites. Bien sûr, cette déclaration a laissé beaucoup d'observateurs sceptiques. Et ces derniers avaient raison : ce fut une grande parodie, un grand bal de « green washing » (c'est-à-dire qu'on a assisté encore une fois à du mensonge populaire digne de la propagande du IIIe Reich). Nombre d'entreprises ont ouvertement menti devant les caméras, parmi lesquelles de grandes entreprises françaises de l'énergie ! Elles n'ont aucune intention de rendre leurs processus de production plus économes en énergies fossiles, et elles n'ont aucune honte à mentir.

C'était pitoyable, c'était pathétique ! Mais c'est la nature humaine. Chefs d'états et entreprises ne veulent bien sûr pas renoncer à exploiter tout le charbon et tout le pétrole, car c'est si bon pour les affaires, et pour toute la société. Le délice est trop grand.

Mais je n'en veux pas à ces entreprises mensongères ; après tout, ce sont aussi leurs clients qui se mentent à eux-mêmes en continuant à utiliser du gaz, du pétrole et du charbon. Et, pour être tout à fait cohérent, qui irait démissionner de son travail afin de ne plus utiliser de véhicules rejetant du CO_2 ?

Le « marché carbone », c'est-à-dire l'attribution et la revente des parts de carbone non utilisées ; les taxes pour augmenter de façon éhontée le prix des carburants ; la réduction des places de parking dans les villes pour forcer à l'abandon des voitures ; le stockage souterrain du CO_2 : tout cela sont des mesures théoriquement efficaces, mais pratiquement irréalistes pour les raisons suivantes.

1. Elles sont trop compliquées ;
2. Elles font des « méchants bouc-émissaires » : les entreprises extractrices des combustibles fossiles et les personnes qui refusent de changer leur moyen de locomotion ;
3. Elles font reposer la réduction des émissions de gaz à effet de serre sur le seul couple producteur – consommateur ;
4. Leurs effets sont incertains et cette incertitude est scientifiquement avérée, donc cela décourage ! La population comme les industriels.

Pour réduire le taux de CO_2 atmosphérique, je me rallie à une autre façon de procéder, qui est tout le contraire des mesures précédentes. Elle est simple, sans bouc-émissaire, avec que des gentils, ses résultats sont atteignables, donc elle est bonne pour le moral, et elle est favorable à l'agriculture.

D'où vient le CO_2 ? Le carbone du CO_2 provient des combustibles fossiles, que l'on fait réagir avec l'oxygène de l'air pour produire une explosion, qui engendre un mouvement de piston dans un moteur afin de faire bouger tout un tas de choses plus ou moins grandes. Les combustibles fossiles proviennent du sous-sol. Le pétrole et le gaz naturel, ce sont des plantes qui ont été transformées par des processus chimiques et géologiques qui ont duré plusieurs milliers d'années. Le carbone du pétrole, auparavant emprisonné dans le sous-sol, se retrouve ainsi libéré dans l'atmosphère via la combustion du pétrole.

La solution est donc de le faire retourner d'où il vient, dans le sol. Non pas avec la méthode du stockage de carbone sous pression dans les anciens filons de gaz, méthode onéreuse et compliquée en plus d'être incertaine. Grâce à la plantation d'arbres et grâce à des méthodes agricoles intelligentes, on peut « restocker » dans le sol *superficiel* le carbone qu'on a éjecté dans l'atmosphère. Il faut pour cela mettre en œuvre des pratiques agricoles qui *agradent* un sol, c'est-à-dire qui augment d'année en année sa teneur en humus. Aujourd'hui beaucoup de pratiques agro-industrielles dégradent le sol (réduisent son taux d'humus). L'agradation fait augmenter l'épaisseur de sol cultivable, la dégradation entraîne au contraire le lessivage du sol cultivable (son érosion, c'est-à-dire la perte de matière emportée par le vent et les eaux de pluie).

Faisons un petit saut au XIXe siècle : le résidu de l'énergie des moyens de locomotion était alors … le fumier de cheval et de bœuf. Le fumier était aussi l'intrant essentiel de l'agriculture d'alors. Aujourd'hui il faut recréer ce lien entre le domaine de l'énergie et l'agriculture ; le déchet de l'un doit redevenir une ressource de l'autre. Concrètement, les producteurs de gaz, pétrole et charbon devraient donner un pourcentage de leur bénéfice à l'agriculture. Avec cet argent les agriculteurs développeraient des pratiques qui augmentent la quantité d'humus dans le sol (engrais verts, paillage). Ou bien il faudrait affecter une partie de la taxe sur les produits pétroliers à cet objectif. Car l'humus, c'est de la matière organique, donc des molécules à base de carbone. En parallèle il faut aussi continuer à inciter les consommateurs à être économe en énergie fossile. Plutôt que deux méchants (les entreprises d'énergies et l'agriculture industrielle), il y aurait deux domaines économiques qui coopèrent. Certes, cela n'empêchera pas un jour que le stock de combustibles fossiles soit épuisé ; du moins le carbone fossile aura été ramené dans le sol. Dans mon cas, j'utilise par an environ 50 L d'essence pour mon motoculteur et ma tondeuse. Je rejette donc du carbone fossile dans l'atmosphère. En même temps, sur une année je ramène au sol 6 tonnes de matière organique riche en carbone. Mon bilan de stockage de carbone est alors tout à fait positif, mon jardin contribue à épurer l'air que nous respirons et à faire diminuer la température de l'atmosphère. Très peu certes, car c'est un petit jardin, mais il le fait. C'est un jardin-colibri : il fait sa part[41].

Ce stockage agricole du carbone est une solution parcimonieuse (simple, efficace, élégante) au problème du changement climatique. Avec la Nature, il n'y a que ce genre d'action qui fonctionne : des actions raffinées, mais sans tomber dans le « chichi ». Par exemple, le stockage du carbone dans les puits de forage est une méthode trop alambiquée, avec bien trop de variables. C'est du chichi d'ingénieur. De même, la lutte biologique de plein champ, pour contrer les ravageurs de cultures, ne fonctionne pas : trop de variables sont en jeu.

Doit-on être surpris que cette solution de restockage du carbone ne fasse pas l'unanimité ? C'est la nature humaine que de refuser la parcimonie ; le Bouddha a dit il y a plus de 2500 ans que la vie humaine est souffrance, et plus tard le Christ l'a répété. La souffrance de la majorité engendre le bonheur de la minorité. La parcimonie ne gouverne pas la société ; heureusement elle gouverne mon jardin. Elle me procure la force de vie nécessaire pour supporter les débilités et la thanatophilie de la société.

---

41 Vous aussi vous pouvez stocker du carbone dans le sol de votre jardin. En compostant les restes de culture notamment. Vous pouvez aussi stocker du carbone dans le sol de votre pelouse : en la tondant toujours en mode mulching. Les petites particules d'herbe coupée se transformeront en humus. Si vous avez des arbres, laissez les branches coupées en dessous, tout simplement. De même que les feuilles : n'allez pas les ramasser avec une souffleuse pour les porter à la déchetterie !

Mardi 31 mai

Rien n'est jamais acquis au jardin. Avec la fin de l'hiver, avec l'émergence graduelle du printemps, avec l'allongement du nycthémère, avec l'augmentation de la température et avec la fin des tempêtes d'hiver, ce ne sont pas uniquement le sol et les plantes qui se réveillent, c'est aussi le jardinier. Je me sens petit à petit rempli d'une énergie *nouvelle*. Certes il faut reprendre le travail après un hiver qui aura été dur pour le corps : trop de temps passé assis, à manger, devant l'ordinateur, pas assez de soleil et de vitamines. Les premiers semis et les premières préparations du sol sont laborieuses, les muscles sont faibles et mous. Mais cette première dépense d'énergie ne me fatigue pas. Au contraire elle me redonne de la vigueur parce qu'elle nourrit l'espoir, l'espoir de la chaleur, du ciel bleu, de l'herbe grasse et verte, des récoltes bien rouges et abondantes !

Et puis, d'un coup, vlan ! En plein élan vitaliste, la météo se dresse tel un mur. Après plusieurs journées à 30 °C, depuis hier il pleut, il vente du vent du Nord, il ne fait que 13 °C, le ciel est sombre. C'est le retour de l'hiver, brutal ! L'herbe, bonne à être fauchée, est couchée violemment par les bourrasques. Les cultures arrêtent brutalement de pousser et les limaces ressortent en nombre de leurs cachettes souterraines. Déjà, elles ont dévoré le quart des haricots en train de lever. Le pire est à prévoir. Heureusement, j'ai fait des semis de haricots en plaque à semis, ainsi je pourrai les planter en lieu et place des germes dévorés. Mais planter des haricots, quelle honte pour un jardinier ! En ce qui concerne les tomates, avec ce temps elles risquent de pourrir sur pied dans la serre, car il y fait froid, sombre et humide.

Je réagis : je grommelle, je maugrée, je serre les poings. Mais stop aux émotions noires ! Ephexis, encore et toujours ! Je ne peux rien faire contre ce temps à ne pas mettre un jardinier dehors. Que le printemps ait du mal à s'établir, cela est normal, *après tout*. En avril et en mai, il y a eu alternance de journées ensoleillées à plus de 25 °C, avec des nuits frisant le 0 °C. Ces forts contrastes sont-ils un signe du changement climatique ? Le printemps semble ne plus exister ; il semble n'y avoir plus que l'été et l'hiver. L'après-midi du 20 décembre 2015, j'ai enregistré 24 °C dans le jardin.

Vous voyez là peut-être poindre en moi une peur. Effectivement, j'ai un peu peur. Je peux accepter les variations de la météo – ephexis. Car je sais que bon gré mal gré, étant donné qu'avec mes pratiques agroécologiques je prends grand soin du sol, j'aurais une récolte que les pluies soient abondantes ou rares. Mais l'effacement des saisons menace le principe même d'agriculture. Il suffit d'un mauvais mois de juin, trop hivernal, pour que les semis des cultures d'hiver ne lèvent pas, ou prennent un retard qu'ils ne pourront pas récupérer avant l'entrée en hiver. Les conditions de croissance, chaque jour, sont uniques, notamment la durée du nycthémère et son évolution (allongement ou diminution du nombre d'heures d'ensoleillement). Selon que les jours s'allongent ou se réduisent, le signal de croissance donné aux plantes n'est pas le même. S'il fait trop froid, ou trop chaud, pour que les plantes puissent répondre à ce signal, c'est fichu. Elles ne le pourront plus, il faut attendre l'année suivante pour refaire des semis et espérer une récolte. Le changement climatique peut perturber les correspondances mensuelles entre le signal de croissance et les températures : 30 °C en mai ne sert à rien, 20 °C en novembre ne sert à rien. 13 °C en juin ne sert à rien, de même que, l'an dernier, 0 °C début octobre. Bref, la possibilité même de cultiver sera affectée par le changement climatique si celui-ci prend la forme d'un remodelage des saisons. Les cultures longues seront les premières à ne plus pouvoir arriver à terme. Les cultures de printemps et d'automne avorteront, par excès de chaleur pour les premières, par excès de froid pour les secondes.

Déjà que la pratique de l'ephexis vis-à-vis des fluctuations météo implique de ravaler sa fierté (la prétention humaine d'être le « guide de la Nature »), l'ephexis vis-à-vis du changement climatique impliquerait de ravaler la fierté humaine de la modernité : il faudrait accepter que l'agriculture ne soit plus la fondation fiable de la société. Comme conséquence c'est tout le reste de la société qui vacillerait, comme le haut d'une cheminée vacille quand on fait bouger juste un peu les briques de sa base. Donc, en arrière plan, j'ai peur du changement climatique : ce changement ne prend pas que la forme d'une augmentation des températures, il semble prendre aussi la forme d'un brouillage des saisons et donc de la biologie des plantes.

Décidément, nous ne sommes jamais rien d'autre que ce que nous mangeons, et ce que nous mangeons ne dépend pas uniquement de notre bon vouloir. L'Homme qui se prend pour le grand architecte de l'univers reste sous les ordres de dame Nature. Nous avons oublié que nos ancêtres étaient plus directement soumis à la météo : une mauvaise année de récolte signifiait la mort des nourrissons, des jeunes enfants et des vieillards, qui ne passaient pas l'hiver.

Jeudi 2 mai

Avant de comprendre l'Homme, comprendre la Nature

J'ai déjà évoqué l'échelle à trois barreaux sur laquelle le jardinier monte et descend : la Nature – lui-même – la Société. J'ai démarré mon grand jardin il y a maintenant quatre ans et j'ai fait de nombreux progrès théoriques (compréhension des mécanismes de la fertilité du jardin et de la prairie) et pratiques (organisation des différentes tâches, précision et efficacité des gestes). Il m'a fallu ces quatre années, et auparavant des études en biologie, pour parvenir à ce niveau de compréhension que je considère satisfaisant. C'est long mais c'est possible ; c'est une progression douce, pas à pas. Je n'ai avancé qu'en confrontant théorie et pratique, en réfléchissant sur le résultat obtenu, en amenant de nouvelles théories, en les combinant et en concevant de nouvelles pratiques. Progression lente mais certaine, sans retour en arrière. Les acquis sont fiables. *Bien que la Nature ne se laisse que partiellement domestiquer, bien qu'elle m'impose sa volonté, bien qu'il me faille renverser et triturer mes façons de penser pour arriver à cultiver la Nature tout en la respectant, malgré les doutes et les échecs, sur le plan personnel j'ai indéniablement avancé. L'incertitude, l'échec, la remise en cause, l'effort renouvelé et l'attachement inconditionnel à la logique sont les racines de mon épanouissement personnel.*

La Nature est ce qui diffère le plus de l'être humain – une lapalissade. Même les deux êtres humains que tout oppose sont plus proches qu'un jardinier de son jardin. Malgré nos ressemblances, malgré toutes les émotions que nous éprouvons pareillement, malgré nos corps qui sont identiques, malgré nos pensées qui sont valables d'un cerveau à l'autre et d'un continent à l'autre, je pense que l'épanouissement personnel est plus compliqué à atteindre dans un environnement humain que dans un environnement naturel.

Mettez une personne dans un jardin, elle fera de ce lieu un lieu d'harmonie. Mettez deux personnes dans ce même jardin, et le jardin deviendra un lieu de discorde. Mettez en trois et ce sera la guerre. Curieux paradoxe de notre condition humaine : que notre humanité soit ce qu'il y a de plus difficile à comprendre et à faire s'épanouir.

Autre curieux paradoxe : quand je suis jour après jour dans le jardin, toute la journée, suivant le rythme de la Nature pour planter, semer, faucher... il me semble que je laisse de côté une partie de mon humanité. Pratiquer l'ephexis en permanence m'est difficile, et c'est peut-être même contraire à la nature humaine[42]. Et quand je vais en ville assister à une conférence sur un thème social, car parfois j'ai envie de cela, les pensées et les actions dont on parle me paraissent tout à fait immobiles, en comparaison des flux incessants d'énergie et de matière dans la Nature. Rien n'avance, ce ne sont que paroles et émotions, émotions et paroles. Les décisions ne sont prises qu'après des tergiversations, des ressassements, des querelles de pouvoir bues jusqu'à la lie. Il me semble que les morts sont plus inventifs et plus énergiques que les vivants, surtout en politique ! Déduction : serait-ce donc dans les cimetières qu'on fait la meilleure politique ? Je propose la nomination officielle de médiums pour communiquer avec les morts, afin de prendre des décisions politiques selon leur avis. Car ne dit-on pas que les morts ont toujours raison ?

Remarquez un autre paradoxe (encore un, je sais !) : il y a peu de temps je fustigeais le culte de la vitesse de notre société, aujourd'hui je fustige sa lenteur en matière de prise de décision socio-politique. Mais la première n'est-elle pas la catharsis de la seconde ? Une société incapable d'évoluer, mais une société ivre de vitesse : je ne vois là aucun hasard.

Plus sérieusement, quand on côtoie la Nature on comprend qu'il faut coopérer avec elle. Ce qui ne veut pas dire s'y soumettre, je le rappelle. Côtoyant les êtres humains, on com-

---

42 Quand bien même certains mystiques semblent pouvoir y demeurer en permanence et, en ajoutant quelques autres règles de gestion des pensées et des émotions telles qu'on les trouve dans les instructions de méditation ou de prière, ces mystiques semblent pouvoir atteindre l'extase, l'illumination, la « seconde naissance ». C'est l'expérience de Marie-Madeleine Davy par exemple. Et elle-même, dans son autobiographie *Traversée en solitaire*, conclut que l'isolement total n'est pas une bonne chose pour la grande majorité des individus... Faut-il chercher l'essence de la nature humaine uniquement dans la Société, ou uniquement dans l'a-société (isolement au contact de la Nature ou des pierres d'un lieu de retraite) ? Le lecteur aura compris que l'essence de notre humanité est dynamique, allant d'un pôle à l'autre. C'est ce mouvement de va-et-vient, de montée et de descente sur l'échelle, qui est la traduction concrète de la volonté d'épanouissement personnel.

prend que la loi du plus fort est la loi suprême. C'est une évidence, sinon il y a longtemps que la coopération serait la loi suprême et le visage de notre société globalisée serait tout autre aujourd'hui. La politique à la française fournit de nombreuses illustrations de la loi du plus fort : élus qui ne représentent plus le peuple, élus qui décident eux-mêmes de leur salaire sans chercher l'approbation du peuple, entreprises qui influencent les élus, médias qui influencent l'opinion publique... Le contrôle des opinions et des velléités populaires est total ; les bonnes idées sont systématiquement brimées. La grandeur d'un homme politique, qui peut s'évaluer par les nombreuses années qu'il reste au pouvoir et par les nombreux mandats cumulés, semble résulter de sa capacité à brimer les bonnes idées plutôt que de sa capacité à favoriser leur émergence et leur fructification.

C'est tout le contraire de la vie au jardin. D'une part, dans un jardin, ne pas mettre en pratique une bonne idée, c'est s'assurer d'avoir une mauvaise récolte et une surcharge de travail. Aucun jardinier ne veut cela ; ce serait du masochisme, ce serait une volonté de déchéance personnelle, ce serait un affront à la vie. Je pense qu'aucun jardinier ne peut aller volontairement dans cette direction. D'autre part, quand dans la société la régression sociale est possible (c'est le chemin qu'a pris notre bon pays depuis la fin des trente glorieuses avec l'augmentation constante du chômage structurel et la dégradation de l'environnement), la régression au jardin est impossible. Aucun jardinier n'irait utiliser des techniques qui ont été abandonnées pour cause d'inefficacité. *Aucun jardinier ne se permettrait de ne pas soutenir la fertilité naturelle du sol.* L'évolution du savoir-faire agricole ne peut être que positive. Alors que dans notre société, nous assistons au chômage massif des jeunes et au départ des plus créatifs vers les pays anglo-saxons ou vers l'Allemagne, pays où ils peuvent valoriser leurs connaissances et leur talent. Depuis la fin des trente glorieuses, les politiques de gauche comme de droite sont mortifères, sont thanatophiles : le potentiel du peuple de France est brimée, est découragé. L'agriculture conventionnelle s'effondre (érosion des terres, baisse des rendements, suicides et abandons massifs de la profession), car les technocrates ont dépossédé les agriculteurs de leurs capacités d'innovation. Il n'y a là aucun hasard : l'évolution positive des savoir-faire agricoles à été brimée dans les faits, alors que dans les discours de la révolution verte elle était exultée.

Les élus devraient être les jardiniers de la Nation...

Vendredi 3 mai

Cher lecteur, il vous semble peut-être que plus vous tournez les pages, plus je « broie du noir » au jardin agroécologique, plus je suis misanthrope. L'objectif du livre est justement de mettre en lumière toutes ces noirceurs. Courage ! « La voie est bonne, il faut gravir » (phrase du compagnon). Il y a quelque chose au-delà de cette nuit.

Qui veut des produits de saison ?

Ces jours-ci, malgré le retour du froid (la nuit du 1er au 2 mai, il a fait O°C dans la serre), je parviens quand même à faire quelques récoltes : rhubarbe, radis, roquette et navets de printemps. Que ces navets sont robustes, qu'ils sont doux et goûtus ! Ils ont résisté à l'assaut des limaces depuis leur plantation à la mi-avril. Je suis fier de les proposer à la vente. Et dépité de constater que personne n'en veut ! Radis et roquette ne se vendent pas mieux. Les premiers légumes de l'année ! Mais depuis le mois de mars les supermarchés regorgent déjà de navets, de radis, de roquette et de rhubarbe, en provenance du sud de la France ou d'Espagne. Cela fait déjà trois mois que les gens en mangent, ils veulent donc manger autre chose maintenant. D'ailleurs, dans les grandes surfaces – ainsi que dans les magasins de produits biologiques – depuis le début du mois on trouve aussi les courgettes, les poivrons, les melons, les tomates, toutes cultures du Sud, sous serre, amenées ici par camion. Le supermarché m'a vaincu. Le maraîcher bio chez qui j'étais allé faire du woofing en 2011 m'avait averti de ce phénomène. Comprendre n'est pas vivre.

Bref, le concept de légume du printemps ne signifie plus rien. Notre société veut de tout en toute saison, des fraises en janvier, des pommes en juin. Inutile d'aller dans le détail des productions hors-saison : l'objectif de ces cultures est simple, il s'agit de gommer les saisons. Au XIXe siècle déjà, les maraîchers de Paris[43] faisaient la course aux légumes primeurs. C'était à celui qui produirait le plus tôt, ou qui prolongerait les récoltes le plus tard. Ce mouvement s'est accentué au siècle suivant, la compétition est passée du niveau local au niveau national puis européen et maintenant mondial. Notez bien ceci : durant les deux siècles qui viennent de s'écouler, l'homme a sélectionné les variétés qui sont les moins sensibles aux saisons. Pour notre société moderne, la variété ultime est celle qui pousse sans dépendre du signal de croissance donné par l'évolution du nycthémère. *L'homme a créé ces variétés de légumes et de fruits adaptées à son seul désir de compétition commerciale !*

Il n'a pas créé des variétés adaptées au signal de croissance donné par la Nature, nuance. Seules les variétés originelles, et les variétés que l'on appelle maintenant « rustiques » sont en phase avec la Nature. De nos jours, même en agriculture biologique on cultive hors-saison. Aucun maraîcher bio ne cultive sans serre, car il faut vendre même en hiver. Les méthodes d'Eliot Coleman sont très prisées en bio : c'est un Américain qui, inspiré par sa rencontre avec les derniers maraîchers pari-

---

[43] MOREAU, DAVERNE, *Manuel pratique de la culture maraîchère de Paris*, Bouchard-Huzard, 1845

siens, a développé des techniques bio pour cultiver en toutes saisons, pour « produire en abondance même sous la neige »[44]. Avec des serres doubles, avec des variétés résistantes au froid, Coleman produit bio même au cœur de l'hiver canadien, c'est un exploit technique, je le reconnais. N'est-il pas sain de pouvoir manger des légumes frais en hiver, me demanderez-vous ? Voici mes objections :

- Il existe de nombreuses espèces d'hiver, de plein champ, qui résistent au gel ;
- Il existe de nombreuses espèces qui se conservent très bien ;
- En hiver, les légumes d'été, contenant plein d'eau, ne sont pas adaptés à la physiologie de notre corps. La teneur calorique de ces légumes est trop faible ;
- Le jardinier, qui déjà travaille beaucoup du printemps à l'automne, doit-il aussi s'échiner durant tout l'hiver ? Le jardinier non plus fils du soleil et de la pluie, mais fils de la neige et de la nuit ?
- L'agriculture n'est pas faite pour entretenir une société qui veut de tout tout le temps. *Une société qui est en recherche perpétuelle de continuité, de permanence, de non-changement.* La Nature est tout le contraire, sa puissance émerge justement du changement : changement des saisons, du nycthémère, de la météo.

Un été éternel

Il me semble que l'idée de *variation* fait de plus en plus peur à notre société occidentale. Que de personnes dépriment en hiver ! Que de personnes redoutent l'automne et la fin de l'été ! Les pluies d'hiver minent les tempéraments. C'est que le confort appelle le confort. Grâce au chauffage, en hiver on a chaud comme en été. Grâce aux baies vitrées on a de la

---
[44] Eliot COLEMAN, *Des légumes en hiver – Produire en abondance même sous la neige,* Actes Sud, 2013

lumière comme en été. Grâce aux serres et aux importations du Sud, on a des fruits et légumes comme en été. Notre société désire vivre dans un été éternel – dès que le citadin voit le soleil il met un maillot de bain, par réflexe ! Le culte de l'été éternel est devenu, au même titre que le culte de la vitesse, un mythe moderne, une norme sociale. Et je me rends compte que relever le défi de bien cultiver en harmonisant les cultures avec les saisons est un défi sans valeur aux yeux de la majorité de la population.

C'est donc peut-être moi l'idiot ! J'ai la prétention de vouloir travailler selon un rythme, quand la société a oublié tout rythme de va-et-vient, de haut et de bas, d'inspiration et d'expiration, de repos et de travail. La société confond le cercle du cycle avec le point, qu'elle décline en une ligne continue, éternelle, sans verticalité. C'est typique de la modernité : chacun fait ce qu'il veut, tout le temps, partout. Ça a des bons côtés, mais aussi des côtés décadents, ne le nions pas : notre société est d'une monotonie ! Tout se répète sans cesse et rien ne change...[45]

Le jardinier est le seul à comprendre ce que sont les navets de printemps ; pour mieux les vendre il n'a qu'à dire que ce sont les premiers navets d'été et la foule moderne se ruera vers lui ! Quant aux légumes d'hiver, pour obtenir le même résultat il doit dire qu'ils ont grandi au cœur de l'été. D'ailleurs, je ne comprends pas pourquoi les psychologues des banques ne font pas imprimer des billets avec pour motif central le soleil d'été ? L'argent, l'or, la banque, la richesse, l'ivresse de brûler la vie par les deux bouts en vivant vite et fort : notre modernité est sous le signe du soleil éternel – un faux soleil, la déchéance sous le masque de la vertu.

---

45 J'ai étudié en détail l'ennui civilisationnel qui en résulte dans NAGESI.

Mardi 28 juin

Sois un merle, sois un architecte

L'été est enfin là. Du moins sur le calendrier. Le thermomètre peine à dépasser les 20 °C et les pluies sont revenues en abondance. Les fraises pourrissent en masse, quelle déception ![46] Les brouillards du début du mois avaient déclenché leur moisissure, qui maintenant atteint un pic de prolifération. J'aurai en tout et pour tout récolté 10 kg de fraises vendables pour 30 m² de culture, et j'en ai jeté le triple. Rendement ridicule. Du calme ! Respire. Ephexis.

La fraîcheur et l'humidité persistantes prolongent l'activité des limaces, qui ont ravagé la moitié du second semis de pois mange-tout. Elles avaient déjà complètement ravagé les 45 mètres linéaires du premier semis. Les haricots qui ont réussi à lever végètent désormais, par manque de chaleur, et sont aussi la proie des limaces. Les choux-raves, qui avaient presque atteint la maturité, ont explosés suite aux averses trop intenses. Seuls les derniers navets de printemps, les salades et les courgettes parviennent à pousser en ce début d'été maussade. Bref, le manque à gagner est considérable. Alors je ressème autant que possible. Il n'y a pas d'autre possibilité, il faut faire avec. Ne rien faire, c'est n'avoir aucune récolte.

Après le printemps capricieux, j'espérais un été clément. Il n'en prend pas le chemin. Heureusement que j'ai une serre, qui livre les premiers concombres et qui livrera dans un mois les premières tomates même si le temps doit demeurer exécrable.

Ces échecs me font penser à nouveau aux moines bouddhistes qui réalisent un mandala de sable fin, pour ensuite l'effacer une fois fini. La réalisation de ce mandala est pour eux un moyen de méditer sur l'effort, sur la concentration, sur le

---

46 L'année 2016 s'avéra être une des plus mauvaises années connues.

temps (en plus de méditer sur les figures du dessin : des sages et des symboles). Effacer le mandala à coup de balai, mélanger les sables de différentes couleurs qui avaient été si soigneusement séparées, permet aussi de méditer sur l'impermanence, sur la fin, sur l'abnégation, sur le prochain recommencement. Dans le jardin, on pourrait dire que c'est l'Homme qui patiemment construit, tel un moine, et que c'est la Nature qui efface impétueusement son travail. Mais c'est là une pensée encore trop anthropocentrique, encore trop égoïste : je pense que la Nature est à la fois celle qui crée le jardin et qui l'anéantit (anéantit les semis ou les récoltes). Le rôle du jardinier semble n'être que de contraindre une forme.

Face aux pertes de récoltes imprévisibles, constatées saison après saison, année après année, émerge quand même quelque chose de positif : on devient plus sage ! Il ne sert à rien de pester, il ne sert à rien d'abandonner, il ne sert à rien de prendre ces destructions comme une excuse pour fainéanter ou pour abandonner, il ne sert à rien de détruire telle ou telle culture sous l'effet de la colère ou du dépit, il ne sert à rien d'espérer les bonnes récoltes, il ne sert à rien de vouloir, par dépit, contrôler la Nature autant que possible en ne cultivant plus que sous serre. Toutes ces émotions sont inutiles. On peut vouloir jeter toutes ces émotions à la face de la Nature, lui dire « voilà tout le mal que tu me fais, voila ce que moi je vais te faire, je te déteste » ! Mais cette Nature qu'on voudrait haïr, on ne la trouve pas. Ces émotions et ces paroles sont si étrangères à la Nature qu'elles ne rentrent même pas dans le vent. Elles ne franchissent même pas nos lèvres. Au-delà de nos lèvres, il y a la Nature qui ne dépend pas de nous, que l'on parvient parfois à influencer mais qui n'a pas besoin de nous. La Nature ignore nos mots. Mes doigts peuvent se saisir d'une plante ou d'un peu de terre pour espérer enfin attraper cette Nature impétueuse, mais même là je ne la trouve pas : ce n'est qu'une plante ou qu'un peu de terre. Où est-elle donc ? Que je peste sur une récolte perdue ou que je souris d'une récolte extraordinaire, les limaces et les campagnols demain mangeront mes semis et mes légumes-racine quand même. Où est-elle donc cette Nature qui se fiche ainsi de moi ? Qui se moque de mon travail et de ma logique ! Montre-toi !

C'est cela que je vis, et dans ces moments-là je ressens profondément que je ne fais pas partie de la Nature. Car on pense que si l'on faisait vraiment partie de la Nature, alors on ne souffrirait pas ainsi. Erreur : on tombe dans un piège qu'on a soi-même creusé ! Le merle mange les fraises, le campagnol mange les betteraves et les carottes, les limaces mangent les haricots et les pois, le pied de tomate fait des tomates, le pied de courgette fait des courgettes, le vent souffle, la pluie tombe. C'est cela la Nature. En personnifiant la Nature et en croyant que si l'on est bon envers elle, elle sera bonne envers nous, on est dans une idéologie écolo-romantique et erronée. La Nature n'est ni écologique ni romantique, ni scientifique ni productive. Avec de bons sentiments, à la limite de la naïveté (« la Nature est équilibrée »), ou avec de mauvais sentiments (« il n'y a que le pognon qui compte »), on se fourvoie dans un cas comme dans l'autre.

Quelle était déjà une de mes raisons de « revenir à la Terre » et de cultiver selon les principes agroécologiques ? C'était entre autre pour respecter la Nature afin de produire durablement des fruits et légumes sains et bons. Belle logique, belle volonté, mais la Nature en a-t-elle cure ? Elle ne dit pas oui, elle ne dit pas non... Pourquoi est-ce que je continue à pressentir qu'une forme d'union avec la Nature reste encore à réaliser, malgré tous les efforts que j'ai accomplis jusqu'à présent pour cultiver en respectant la Nature ? Et que j'ai constaté que la Nature nous est fondamentalement différente et indifférente ? Suis-je toujours empêtré dans la vision romantique de la Nature ? Dans ces moments-là, le sentiment de nature remplissante, de philosophie actée, est bien loin.

Je pense avoir trouvé une issue à cette situation instable : pour être dans la Nature, pour en faire partie, l'Homme doit faire l'Homme, tout simplement. Être un Homme, c'est se comporter en *architecte intelligent*. Nous devons faire preuve de volonté créatrice : donner des *impulsions* et *cadrer* les forces naturelles qui édifient des *formes*. Si les autres parties de la Nature s'allient pour détruire ce que l'Homme espère construire, l'Homme n'a pas d'autre choix que de continuer à être laborieux comme un animal, comme le merle qui n'a de cesse de retourner les feuilles jusqu'à être rassasié des vers et des insectes trouvés en dessous. Et il doit faire preuve d'intelligence (observation, analyse, imagination, créativité), sans cesse. Comme le chat qui chasse, comme la limace qui rogne. L'Homme n'est pas le moteur, l'Homme n'est pas la matière. Il est peu de chose en fait, mais il n'est pas rien.

> **L'ARCHITECTE INTELLIGENT**
> **C'est notre nature humaine de faire preuve de volonté créatrice et d'intelligence. Pour édifier un jardin, nous devons donner à la Nature des impulsions et des formes, et non changer sa matière.**

Et quand l'Homme peut se réjouir d'une bonne récolte, qu'il s'en réjouisse comme le merle qui mange une fraise bien rouge ! Le sentiment de nature remplissante, seul, ne suffit pas pour se sentir être humain au contact de la Nature ; il faut le compléter d'une volonté créatrice. Le jour pointe...

Une petite halte de sagesse

Est-ce là toute la Sagesse de votre expérience, me demanderez-vous ? Nous devons être des architectes intelligents, et tout ira pour le mieux dans le meilleur des mondes ? Finis les sols pollués en voie de stérilisation par l'agriculture industrielle, finis les aliments qui n'ont plus que l'apparence d'aliments. Oui, je suis convaincu que c'est là une forme de sagesse, car l'intelligence, les émotions et le travail concret peuvent ainsi s'harmoniser. C'est une sagesse intérieure d'une part, et une sagesse de vie en harmonie avec la Nature d'autre part. C'est aussi un cadrage : voilà l'espoir raisonnable de l'humanité ! L'espoir qu'on nous vend avec l'agriculture industrielle, c'est des montagnes d'aliments merveilleux pour deux francs six sous. Cet espoir-là est un leurre.

Cette double sagesse est le point auquel je suis arrivé. Rappelez-vous que ce que vous lisez ici, ce ne sont que des lignes de mots. Pour moi, c'est un aboutissement dans une aventure. C'est quelque chose qui se construit en le vivant. Auparavant, cela n'était pas dans ma vie, et maintenant cela y est.

En toute honnêteté, je dois encore travailler sur moi pour vivre pleinement la joie du merle qui mange une fraise, c'est-à-dire pour vivre pleinement ma nature humaine retrouvée. Ce n'est pas facile, car une forme de joie dans l'ephexis est à priori paradoxale ; joie et ephexis sont théoriquement incompatibles ai-je pensé. Mais force est de constater que la joie est possible. C'est que j'éprouve la joie, simple, d'avoir retrouvé ma nature humaine *après* être passé par l'ephexis, ephexis que j'ai fait sciemment succéder à des émotions déplaisantes, qui elles-mêmes ont été générées par des situations déconcertantes, à chaque fois que je prenais conscience des aspects inattendus de la Nature. C'est une joie simple, spontanée et légitime, qui est donc le quatrième temps d'une aventure émotionnelle.

Finalement, l'ephexis se rapproche de la méditation. Lorsqu'on médite on ne se laisse pas emporter par les émotions, les pensées, les jugements. La pratique répétée de la méditation a ce curieux effet de vous rendre sensible à des émotions très simples. Elle vous change en profondeur, pour que vous puissiez renouer avec l'essentiel. Vous redécouvrez la joie d'être vivant, tout simplement, d'abord. Ensuite vous appréciez la joie d'agir dans la « voie du juste milieu » comme on dit dans le bouddhisme.

Arrivé à ce point, je renoue, d'une certaine façon, avec le petit enfant que je fus. Cet enfant qui a maintenant plutôt bien compris ce qu'est la société, en y faisant sa place tout d'abord (études et premières années de vie professionnelle dans l'industrie), puis en faisant un pas de côté pour la considérer avec distance (mon projet de jardinage agroécologique). Ce n'est pas là l'aboutissement final de ma vie. J'ai avancé dans ma vie, sans avoir perdu ce qui en fait la saveur.

Et je constate que j'ai du mal à vivre en société. Auparavant j'avais un doute ; maintenant j'en suis certain. Mon idéal de vie est de faire en même quantité du travail manuel et du travail intellectuel. Or je vois bien que la société actuelle exige la spécialisation. Qu'elle exige de brasser beaucoup d'argent. Je suis donc un paria. Et je le revendique.

Il faut choisir

Eh bien, me direz-vous, faut-il se lancer dans l'agroécologie parce qu'on ne supporte pas la société ? Oui, je le crois. Car je crois qu'on ne peut pas à la fois être entièrement dans la norme comportementale de notre société (exiger la performance productive, exiger de travailler 40 heures par semaine, sinon moins, exiger 20 000 € de salaire annuel, exiger 6 semaines de congés payés, exiger une voiture rutilante, exiger une maison moderne, exiger une retraite, exiger, exiger…) et être sensible à la Nature. L'avidité ne peut pas rentrer dans le jardin. Si elle y rentre, elle détruit le jardin pour le remplacer par une usine, sinon par un champ agro-industriel. Certes, la Nature ne protesterait pas, elle ne dirait rien face au bulldozer qui arriverait pour aplanir. Elle ne peut pas imposer matériellement, concrètement, une limite à l'avidité humaine. Mais moi, et avec moi tous ceux qui croient en l'agroécologie, affirmons la nécessité de cette limitation. Pour l'équilibre mental de notre espèce.

Et au-delà de la joie d'être ?

Après l'ephexis j'ai découvert la joie simple d'être humain dans la Nature. Elle est indépendante de ce à quoi la nature peut nous confronter, que ce soit plaisant ou déplaisant. C'est une joie d'être, d'exister, tout simplement. Pour y accéder, il faut avoir éprouvé ce qui est plaisant *et* ce qui est déplaisant. Notez que cette joie n'est pas celle de la Nature remplissante, qui est de ressentir la Nature en nous. Cette joie est totalement humaine, si je puis dire. La joie de la nature remplissante est plus grossière, plus évidente que la joie d'exister.

Y a-t-il encore quelque chose à découvrir après ? Si c'est le cas, pour l'instant c'est hors de ma perception et même hors de mon imagination. Ou bien je n'en ai conscience que d'un petit bout ; je ne vois qu'une pierre et je ne vois pas encore la montagne, peut-être. Peut-être aussi qu'au-delà de la joie d'être, ou plus fondamentalement, les mots n'ont plus de sens. Qu'au-delà le triptyque intellect & émotions & expérience (tête & cœur & main) devient le couple émotions & expérience, par lequel on accède concrètement à des notions ésotériques (énergie du khi, énergie vitale, courants de force du feng shui, auras vitales, immortalité...) dont l'existence est incertaine. Ou il n'y a peut-être rien d'autre. Cette joie d'être est peut-être la fin du voyage. De même que lorsqu'on y consacre suffisamment de temps, on perçoit la finitude de chaque métier, on en connaît tous les tenants et tous les aboutissants, il est raisonnable de penser qu'on peut aussi arriver « au bout » du jardinage agroécologique. Pourquoi pas ? Vouloir toujours plus est un réflexe inculqué par notre culture moderne.

Le désir de tout connaître

Je visionnais récemment un documentaire sur une expédition scientifique dans une île de Papouasie Nouvelle Guinée, fort éloignée de la « civilisation ». Des chercheurs en biologie, bardés de matériel de pointe, espéraient y recenser de nouvelles espèces. La science : un monde dans lequel j'ai grandi, mais un monde que j'ai maintenant quitté. Lors du visionnage, je ressentais avec force ce privilège qu'ont les chercheurs d'explorer la Nature, privilège issu d'un consensus social comme je l'ai expliqué dans *NAGESI*[47]. La Nature demeure un réservoir d'inconnu, et à ce titre elle semble pouvoir toujours surprendre l'Homme. Cependant, on parle là de Nature sauvage et non de la Nature mise en forme qui s'exprime dans le jardin. La première année dans le jardin, tout me semblait digne d'intérêt. J'étais comme ces chercheurs qui partent à la découverte. Quatre années plus tard, tout m'est devenu familier. Comme j'entretiens tout manuellement, je connais chaque mètre carré de mon terrain d'un demi-hectare. Les variations surprenantes ne viennent plus que de la météo : les années se suivent et ne se ressemblent pas, donc les mauvaises herbes ne sont jamais tout à fait les mêmes d'une année sur l'autre. Les oiseaux et les ravageurs non plus. Mais même ce changement est devenu prévisible, attendu, normal. Le jardin devient si familier qu'il pourrait devenir ennuyeux, parfois, quand on y est chaque jour de mai à septembre du matin au soir. Je n'en suis pas encore là ; mais il est possible qu'un jour cela arrive. Attention toutefois : vouloir toujours de la nouveauté est de même un réflexe de la modernité.

---

47 *NAGESI*, texte *L'appareillage en pseudo-sciences*.

Du bonheur voulu

Petit à petit je comprends à quel point mon enthousiasme initial était grand : j'imaginais que le « retour à la terre » serait génial et que, la terre à nouveau sous mes pieds, je serais heureux jusqu'à la fin de mes jours. J'ai cherché le bonheur. Je l'ai trouvé. En partie, j'en suis certain, et c'est déjà bien. Pour la suite, « on verra » ! Une entreprise agricole demeure une entreprise avant tout, qui peut flancher par manque de clients ou par excès de pression administrative.

Le bonheur n'est pas éternel, le bonheur sur programme n'existe pas, mais on voudrait tous qu'il en soit ainsi, même avec la Nature. C'est que nous mordons, encore une fois, à un leurre publicitaire de notre société moderne. Cette fois il ne s'agit pas de céder au culte de la vitesse ou du 100 % tout le temps, mais au culte du programme. Notre société veut programmer le bonheur – à tel point qu'en France on demande aux entrepreneurs de payer taxes, cotisations et assimilés *avant* d'avoir engrangé un bénéfice. « La sécu, c'est du bonheur, on la programme ». Donc, en pratique, on la fait payer à l'entrepreneur avant même qu'il ait gagné assez d'argent pour faire bouillir la marmite ! Le bonheur obligatoire, c'est la galère quotidienne pour tous les entrepreneurs de France. Notre administration est sous l'emprise de ce culte du bonheur programmé : elle ne veut pas voir la réalité économique. Elle pense que dès qu'une entreprise est créée elle génère du profit en abondance. La raison voudrait qu'impôts et cotisations soient proportionnels au bénéfice : c'est si évident. Mais non ! Au contraire de la société, le jardin enseigne qu'on n'a pas la réalité qu'on veut mais la réalité qu'on peut. Si encore ces impôts et cotisations non proportionnels faisaient que l'état et la sécurité sociale soient excédentaires, que leurs comptes soient équilibrés. Mais non, c'est tout le contraire, le déficit est énorme et chronique. Je pense qu'on ne ramènera la France dans le droit chemin qu'en élisant comme président quelqu'un qui aura appris le bon sens de la réalité en ayant été lui-même un entrepreneur. Il faut que la France accepte la réalité, les incertitudes, le bonheur jamais garanti, bref les limitations. Je ne veux pas dire qu'il ne faut plus être imaginatif socialement, mais que « le matérialiste part du bon pied », tout simplement.

J'ai conscience de tomber souvent dans des considérations politiques. Mais pour qu'elle se démocratise et perdure, l'agroécologie doit s'inscrire dans la politique. Et dans la politique agricole surtout. Les agriculteurs conventionnels, via leurs syndicats et via la recherche agricole en France, mettent dans bâtons dans les roues de tout ceux qui démarrent un projet d'ABA. Or, la génération d'agriculteurs qui a traversé la guerre a-t-elle ainsi entravé les jeunes agriculteurs qui voulaient démarrer la révolution verte ? Les a-t-elle brimés moralement ? Je ne pense pas. Socialement, ces jeunes agriculteurs moteurs de la révolution verte ont été adulés. Aujourd'hui, nous promoteurs des ABA devons faire face à la société « industriellophile ». On doit faire preuve de bien plus de volonté et de persévérance que les jeunes agriculteurs conventionnels après-guerre et durant les trente glorieuses, dont les objectifs et les techniques de production correspondaient tout à fait à une économie gérée par les technocrates et animée par de très sérieuses théories de l'abondance (cf. Jacques Billy). Voyez aujourd'hui la taille gigantesque des entreprises multinationales de l'agrochimie et de la grande distribution, qui possèdent des pans entiers de l'économie du vivant (semences, pesticides, terreaux, médicaments, chimie, terres agricoles). De telles entreprises monstrueuses vont bientôt supplanter les nations, d'autant plus vite que celles-si seront nombreuses à revenir au nationalisme (la discorde au plan international sera favorable à ces entreprises). Vous comprenez qu'avec ce livre, faire le point sur mes émotions me permet d'étayer ma motivation. Ainsi, je suis en mesure d'affronter sereinement les attaques politiques, moralistes et libéral-capitalistes à l'encontre de l'agroécologie (cf. la voie (2) p. 70).

Samedi 2 juillet

Des bêtes

15 °C, pluie, vent : voilà le retour du mois d'avril, ou bien l'arrivée très précoce de l'automne ! Depuis trois jours je dois à nouveau ramasser matin et soir les limaces, qui ont démarré une nouvelle phase de pullulation. Elles mettent en péril les plants de choux verts et rouges d'hiver : déjà vingt pieds de mangés sur soixante-dix. Bien sûr, j'ai une réserve de plants, mais je dois attendre le retour des beaux jours avant de les planter, sans quoi ils subiront le même sort. Notez que tout est déjà joué : ces nouveaux plants n'auront pas assez de temps pour grossir avant l'hiver. Je n'aurais que de petits choux à vendre...

La vie est curieuse : parfois il faut que les ennuis s'accumulent pour qu'on leur trouve une solution commune. Ainsi de mes soucis de limaces et de chat. Eh oui, mon chat me cause des soucis, car il aime dormir, marcher et courir sur les voiles de forçage avec lesquels je recouvre mes semis de pleine terre. Ce faisant, il tasse la terre et empêche la germination des graines. Il vient de me détruire ainsi treize mètres linéaires de semis de panais. Soit soixante euros de perdus ! Il fait certes sa part du travail en chassant les campagnols, mais ce comportement destructeur ne peut pas continuer ! J'en profite pour avertir les amoureux des chats : un chat ne comprend rien à ce que vous faites au jardin. Un chat fait allègrement ses besoins dans les semis, creusant pour cela la terre et déterrant ainsi les graines germantes. Même pour ses petits besoins il va creuser. Le chat marche sans vergogne sur les jeunes plants, il s'allonge dessus, se roule sur le sol, se retourne, s'étire : voilà une dizaine de salades détruites en deux secondes ! Il aime courir, particulièrement sur les jeunes plants (il n'est pas fou, il sait que sur les grosses salades bonnes pour la récolte il se déplacerait moins vite). Monsieur matou refuse d'emprunter les allées enherbées quand il a plu : il se déplace sur les cultures. Quand vous semez, plantez ou enlevez des adventices, il pense que vous jouez, alors il a envie de jouer lui aussi et il se met à mordre et à griffer les premières plantes venues et à gratter la terre de joie. Mon chat est encore jeune, ce qui est une des raisons pour lesquelles il a tant d'énergie et qu'il reste près de moi. Je dois donc l'enfermer quand je fais des semis délicats, par exemple, les semis de carotte en planche entière. Miaou !, comme il dit.

Du nez

Comment procéder pour faire fuir naturellement un animal, chat ou limace, des plants que vous voulez protéger ? Utiliser du répulsif pourrait être la solution. Les limaces sont très sensibles au genêt en fleur : ces fleurs émettent une odeur d'urine qui les fait fuir. Mon chat a également le nez fin : il déteste certaines odeurs. Si je pouvais trouver une huile essentielle dont j'imbiberais de petits bâtons, que je piquerais à côté des jeunes plants de choux, pour faire fuir les limaces ? En ce moment, dans les environs il n'y a pas de genêts en fleur – remarquez, que si la météo n'était pas aussi capricieuse, cette réflexion n'aurait pas lieu. Et si je trouvais une huile essentielle dont je mettrais quelques gouttes sur le voile de forçage pour inciter mon chat à ne plus dormir dessus ou à ne plus l'utiliser comme une piste de sprint ?

Un acolyte qui a suivi en même temps que moi la formation à la ferme de Sainte-Marthe, me raconta qu'il utilisait une méthode répulsive pour prévenir que des intrus à deux pattes ne rentrent dans son jardin et ne lui volent sa production. Il ramassait des excréments de chien qu'il diluait dans l'eau, et il en aspergeait les haies entourant le jardin. Depuis qu'il faisait ça, ses légumes ne disparaissaient plus ! Faudrait-il donc diluer des crottes de chat pour en asperger les cultures à protéger ? Mais ce n'est pas très hygiénique. Je vais devoir trouver une autre solution ! Cette expérience prête à rire, mais l'obligation d'innover demeure, si je veux pouvoir vendre des panais l'an prochain[48].

La leçon du jour est que la Nature, déconcertante, me ramène encore une fois à moi-même, c'est-à-dire à mes sens et plus particulièrement à l'odorat. C'est bien le sens que nous utilisons le moins dans notre société moderne. Le nez ne sert plus à rien sinon à apprécier quelques parfums de jolis dames, quelques odeurs agréables de fleurs, quelques fumets gastronomiques. Après avoir vécu en ville, quand on retourne à la terre et qu'on démarre un jardin, on ne sent rien. Après quelques années, on sent à nouveau. On sent les odeurs et, surprise, on sent la météo ! On sent l' « épaisseur » de l'air, on sent sa vigueur. On sent la végétation, on sent l'air et l'on sait par son odeur (plus précisément par le cocktail d'odeurs) comment la végétation réagit aux variations de la météo ! Les odeurs deviennent un aspect de la météo, au même titre que le vent, les nuages, les températures. Et encore après quatre années je ne dois sentir que de façon très grossière. Je dois encore me mettre un peu plus dans la peau de mon chat, pour qui les odeurs sont aussi matérielles que les choses qu'il touche et qu'il voit. C'est le troisième concert au jardin : après le concert des couleurs, le concert des bruits des feuilles, des chants d'oiseaux et des gouttes de pluie, le concert des odeurs ! Pour être sensible à ces concerts, pour les percevoir, il ne faut pas avoir l'esprit encombré de réflexions ou le cœur encombré

---

48 Une autre possibilité serait de tendre un voile de forçage sur de petits arceaux, plutôt qu'étalé simplement sur la terre.

d'émotions : il faut être vide. Pour percevoir ces concerts, pour qu'ils résonnent en nous, il faut l'ephexis, encore et toujours. Le jardin est un autre monde, une autre planète presque. Le jardinier est un extraterrestre.

Maintenant que j'ai une conscience claire de ce qu'est l'ephexis, après quatre années au jardin, je pense que l'ephexis est l'alpha et l'oméga. Il ne sert à rien de broyer du noir, j'ai maintenant le courage d'accepter toutes les pertes, toutes les récoltes manquées. C'est comme ça, c'est la Nature. *Alpha*. Pratiquer l'ephexis requiert aussi du courage : on doit se convaincre d'accepter, sans aucun biais mental ou émotionnel, ce que la Nature met sur notre chemin. Et notre cerveau, automatiquement, fera tous les rapprochements qu'il faut, fera toutes les déductions qu'il faut, fera toutes les hypothèses qu'il faut. *Oméga*. De toute façon notre cerveau ne sert qu'à cela : à combiner, à dégager, à expliquer, à interpréter, à résoudre. Même pendant qu'on dort ! Tout comme un muscle ne peut que se contracter. N'enserrons ni nos muscles ni notre cerveau, le jardin est une piste de danse pour un bal avec la Nature.

Samedi 9 et dimanche 31 juillet

Pensées pour les animaux

Dans son chapitre *Une partie mémorielle de nous-même*[49], Michel Onfray traite de l'éthique animale : traditions rudes et nécessaires de la campagne, où les chatons trop nombreux sont noyés, où le cochon est à peine assommé avant d'être saigné, où les lapins se font arracher l'œil pour mieux saigner et terminer en civet. Les fidèles animaux cependant, chiens et chevaux, ne sont pas traités de la sorte, sans état d'âme comme leurs

---

[49] In Michel ONFRAY, *Le magnétisme des solstices*, Flammarion 2013.

congénères moins nobles. Le maître leur accorde un nom et une personnalité, quand la basse-cour est anonyme et interchangeable. Après ces rappels, le philosophe poursuit sa réflexion avec les grandes lignes de l'éthique animale :

- faire de l'animal non plus une chose mais un être vivant digne de respect ;
- notre intelligence nous pousse à reconnaître qu'entre l'animal et l'Homme, il n'y a qu'une différence de degré et non de nature ;
- l'être humain est à la fois animal et à la fois pire qu'un animal. Pire parce qu'il a plaisir à tuer et à torturer, alors qu'aucun animal n'a ce comportement, les animaux ne tuant que pour se nourrir ;
- Puis le discours désormais bien connu de la protection des animaux : ne pas les faire souffrir, sus à la tauromachie, sus aux abattoirs, etc.

J'adhère totalement à ces propos, mais l'ephexis invite à adopter encore une autre perspective, qui est déconcertante. Considérons : dans mon jardin que je chéris, à chaque minute un oiseau dévore un insecte, un campagnol dévore une racine, une araignée capture une proie, un acarien prédateur vide de sa substance un collembole agonisant (deux petits animaux de la microfaune du sol). Durant cette même minute, plein d'insectes et plein d'oiseaux se réjouissent en consommant du nectar, du pollen, de l'herbe, un fruit mûr... Innombrables « cris » de douleur ante-mortem, innombrables « soupirs » de satisfaction : c'est la grande symphonie de la Nature qui se joue à chaque minute, notes de joie et notes de douleur s'entremêlant sans cesse. Que le jardinier piétine là un ver de terre, ici un carabe, qu'il élimine un rongeur ou un oiseau trop glouton, qu'il fasse des talus où trouveront à loger des milliers de petites bestioles ou qu'il fasse un hôtel à insectes pour les pollinisateurs : toutes ces actions qu'on juge « bonnes » pour les unes et « mauvaises » pour les autres ne sont en fait ni bonnes ni mauvaises au regard de la Nature. Il n'y a nul bien et il n'y a nul mal dans la Nature, car *destruction et création* vont de pair. Que nous éprouvions de la joie, de la compassion ou de l'indifférence pour la bestiole qui se nourrit ou pour celle qui agonise, finalement, quelle importance pour la marche du monde ? Bref l'ephexis invite à une certaine forme de détachement, qui tend à l'indifférence. Je trouve cela déconcertant. Nous êtres humains qui comprenons l'équilibre naturel de destruction / création, pourrions alors nous dispenser d'éprouver aucune émotion envers la Nature ? C'est paradoxal : aimer la Nature, cette émotion d'aimer, ne servirait à rien ? Je n'ai pas trouvé de réponse à cette question.

Ce détachement vis-à-vis des animaux s'apparente à du *spécisme*, dont le contraire est l'anti-spécisme, termes dont voici les définitions : Le spécisme est l'équivalent du racisme, à savoir discriminer des êtres parce qu'on les juge inférieurs ou différents ou indignes. C'est ne pas se soucier de leur sort, notamment de leur bien-être ou de leur souffrance, sans se justifier d'aucune façon. L'anti-spécisme est la doctrine contraire, équivalente donc à l'anti-racisme : c'est la conception et la réalisation d'actions pour faire advenir l'*égalité entre tous les êtres vivants*. Aymeric Cameron développe et extrapole cette thèse dans son ouvrage *Antispéciste,* dont voici la présentation de l'éditeur :

> Un jour, les animaux auront tous des droits. L'animalisme figure le prochain projet idéologique révolutionnaire, qui réconcilie les hommes avec eux-mêmes et avec leur avenir.
> Certains en possèdent déjà : les animaux de compagnie, les espèces protégées et les animaux d'élevage. Mais les droits que nous leur avons consentis sont minimaux et incohérents. Nous traitons différemment les chiens, que nous considérons comme

des membres de la famille, des cochons, réduits au rang d'objets produits en masse et abattus dans d'indignes conditions. Pourtant cochons et chiens possèdent une sensibilité et une intelligence similaires. Comment en sommes-nous venus à les classer dans des catégories si différentes ? C'est que nous sommes spécistes.

Le terme, peu connu en France, fera bientôt partie de notre vocabulaire. À l'instar du racisme et du sexisme, dont il poursuit la logique. Le spécisme consiste à traiter différemment, et sans la moindre raison valable, deux espèces qui présentent les mêmes caractéristiques. Tout comme nous avons longtemps dénié aux femmes les mêmes droits que les hommes. L'affirmation de l'antispécisme sera celle de l'animalisme, un mouvement philosophique qui promeut la nécessité d'accorder des droits à tous les animaux, en raison de leur capacité à souffrir. Loin d'être anecdotique, l'animalisme incarne le mouvement idéologique le plus révolutionnaire ; pour la première fois depuis deux mille ans, il entend sortir nos systèmes de pensée occidentaux de leur logique anthropocentriste et reconnaître que nous, qui sommes des animaux, avons des obligations morales à l'égard de nos cousins.

Surtout, l'animalisme s'inscrit dans une logique d'écologie politique éloignée de celle incarnée par les élections. Non plus une écologie superficielle, qui se soucie seulement de préserver les écosystèmes, les ressources et quelques espèces en péril, mais une écologie profonde, qui repense complètement la place de l'homme dans le monde. Pour que ce dernier ne vive plus en parasite mais en symbiose avec toutes les formes du vivant. Cela oblige à une refonte de nos institutions et à briser la vision à court terme du temps politique. Cela nous oblige aussi à une réforme intellectuelle qui remette en question la notion de « profit ». Le capitalisme, le socialisme, le communisme, le néolibéralisme sont aujourd'hui discrédités, si ce n'est dépassés.

« Le spécisme consiste à traiter différemment, et sans la moindre raison valable, deux espèces qui présentent les mêmes caractéristiques. » Phrase-clé de la présentation, mais ambiguë. Pourquoi est-ce que je laisse certains papillons voler à leur guise dans mon jardin, alors que je tue presque systématiquement les piérides ? Parce que les dernières me sont nuisibles et non les premières. Une qualité de ravageur qui pourtant ne justifierait pas mon action discriminatoire. Mon action serait injustifiable, et je devrais aller croupir en prison pour avoir refusé le droit de vivre aux piérides. Ou avec cette phrase-clé faut-il comprendre que les papillons n'ont pas les mêmes caractéristiques et donc qu'il est légitime d'en tuer certains et pas d'autres ? Mais toutes les espèces ont des caractéristiques différentes... On n'en finirait jamais de les recenser. Avec Gaston Bachelard, rejetons cette approche car trop subjective, typique d'un état pré-scientifique.

Dans l'ouvrage de Cameron se trouve un renvoi au philosophe Ruwen Ogien. L'anti-spécisme semble donc courir en parallèle du *libertarisme*, ce courant philosophique que représente Ogien, et qui libère l'être humain de toute forme de considération morale parce qu'on ne pourrait trouver dans la Nature aucune justification à la morale. D'où, si l'on prolonge l'application de ces deux philosophies, la légitimation de la zoophilie, comme le note Michel Onfray. L'anti-spécisme légitimerait l'amour d'un animal parce que cet animal partage des traits communs avec l'être humain. Et quid des bactéries ? Des virus ? Des archées ? Des algues ? Ces êtres vivants sont-ils inférieurs au point de ne pas mériter le même traitement que les animaux « supérieurs » ? L'anti-spécisme n'est donc pas exempt de subjectivité.

« Nous qui sommes des animaux avons des obligations morales à l'égard de nos cousins [les autres animaux]. » Animaux et humains auraient la même capacité à souffrir, donc ils devraient avoir les mêmes *droits* à être préservés de la souffrance. Étudions la validité de ces assertions. Je trouve que le libertarisme et l'anti-spécisme sont des philosophies faciles et désavouées par l'ephexis : *elles prennent en otage le silence de la Nature.* Le libertarisme trouve sa justification dans le silence de la Nature quand le spécisme prétend se faire la voix de la Nature. Ogien sous-entend que l'être humain peut tout faire, car la Nature ne lui interdit rien et Cameron se fait l'avocat des animaux (il parle en leur nom). Dans un cas comme dans l'autre on prend la Nature comme un point de repère moral. Or j'ai montré dans cet ouvrage que la Nature est au-delà du bien et du mal, donc au-delà de toute morale. Et que nous dit la Nature sur notre condition humaine ? En fait la Nature ne nous dit rien. C'est Darwin qui nous devons écouter : il dit que nous avons émergé et que nous nous sommes répandus à la surface de la Terre parce que nous avons des capacités supérieures à celles de tous les autres animaux. *La Nature nous a fait différents des autres animaux.* Pourquoi sommes-nous aujourd'hui des individus dotés de moyens techniques considérables dans une société qui s'est agrandie géographiquement au point de changer la face de la Terre ? Car l'instinct de survie, outillé de l'intelligence, a poussé nos ancêtres à se protéger toujours plus, à se défendre toujours plus, contre ses prédateurs : contre les grands animaux mais aussi contre les microscopiques, virus et bactéries. *Nous sommes issus de la Nature : c'est elle qui nous a sélectionnés !* N'oublions pas cela, ne fermons pas les yeux sur cela. Au prix du prédateur que nos ancêtres devaient tuer dans la souffrance, pour s'en nourrir ou s'en protéger, avec des armes rudimentaires et grossières. La Nature nous a sélectionnés de par, entre autres, notre capacité à tuer animaux et plantes. Il n'y a pas de morale dans la Nature, il n'y a que du pouvoir. Qui *peut* le plus vit mieux – c'est-à-dire vit nécessairement aux dépens des autres, c'est ce que nous apprend la théorie de l'évolution. Par définition notre espèce vit aux dépens des autres, et cela n'est ni mal ni bien : la Nature nous a sélectionnés ainsi.

Devons-nous donc restreindre notre anthropisation de la Terre en laissant des espaces sauvages, pour que puissent continuer à vivre les autres espèces ? En veillant au « bon équilibre » des écosystèmes ? Dans la Nature, je ne trouve pas cette justification à respecter les autres espèces, si ce n'est la justification mathématique, matérialiste et pragmatique de préserver la biosphère pour ne pas compromettre notre propre survie. Nous devons laisser une place considérable à la Nature, mais je ne trouve de justification à ces choix que dans mon for intérieur et vis-à-vis de mes semblables. C'est ma liberté, c'est notre liberté d'êtres humains : *la morale est notre création*. Les termes de « bien », de « mal » et surtout de « droit » ne valent que par rapport à nous-mêmes. Jamais la moindre mouche ne nous remerciera pour lui permettre d'exister plutôt que de rencontrer la tapette. Nous décidons de ce qui est bien et mal, nous pouvons faire le bien comme nous pouvons faire le mal, nous octroyons des droits à telles plantes ou à tels animaux parce que nous le voulons bien. Nous sommes les seuls responsables de nos définitions, de nos choix, de nos obligations, de nos libertés, de nos mansuétudes. De même, je pense que les végans n'ont pas besoin de se justifier vis-à-vis de la Nature ; ils n'ont pas besoin de dire qu'ils agissent par respect envers les animaux. Leur seule conscience suffit comme justificatif ; nul besoin de prendre en otage la conscience des animaux.

Ayons le courage et la responsabilité de notre total libre-arbitre. Ne commettons pas la faiblesse de demander à la Nature comme nous comporter. Nous sommes seuls à décider : il faut prendre conscience de ça. Il faut éviter cet état d'indifférence auquel on pourrait céder par l'ephexis, qui pourrait se prolonger en nihilisme si l'on n'y prend garde. L'ephexis vous détache de la Nature ; pour autant elle ne justifie aucunement d'abandonner les considérations intellectuelles et matérielles de protection et de respect de la Nature. L'ephexis ne justifie pas le nihilisme, l'indifférence, l'inaction ; au contraire elle me reconnecte avec le couple liberté / responsabilité substantiel à notre statut d'être humain.

Prendre comme témoin le silence de la nature, soit pour justifier notre anarchie soit pour justifier nos lois, c'est se tromper sur notre condition d'être humain. La géographie a bien montré cet écueil de la pensée, quand des nations se font la guerre sous prétexte qu'un fleuve ou qu'une chaîne de montagne constituerait une frontière à respecter ou à conquérir. La Nature ne donne de droit à aucun peuple, à aucun individu, à aucune espèce, à aucun animal. C'est à nous de décider si nous préférons le chien au cochon, si nous admettons que le premier doit moins souffrir que le second, ou le contraire ou l'égalité entre ces deux espèces. Ne cherchons pas l'origine de notre morale dans la Nature. Ce serait répéter l'erreur qui consistait à prêter à Dieu l'origine de notre morale, avec les conséquences néfastes que l'on sait. La Nature n'a pas bon dos.

Certaines associations de protection des animaux, à la manière des associations antifascistes, glissent de la morale aux émotions. Elles utilisent le discours humiliant pour faire passer leurs messages, notamment celui de l'égalité entre humains et animaux. « Un animal ça souffre comme toi, et toi en mangeant des animaux d'élevage, en portant du cuir qui vient d'animaux d'élevage, tu les fais souffrir ». « Une vache souffre d'être séparée de son veau comme une mère de son enfant ». « Manger un agneau, tout petit et tout joli, c'est comme manger un enfant ». Ce genre de discours donne mauvaise conscience à n'importe qui, car personne ne peut nier la souffrance animale ou les similitudes entre nous et nos animaux. Ce discours nous fait nous sentir honteux. Et si vous ne réagissez pas avec compassion, le militant associatif vous dira sans détour que vous n'avez pas de cœur et il se détournera de vous avec dégoût. Il veut vous faire admettre que ce n'est pas dans l'ordre de la nature d'élever des animaux, que ça contrevient à une morale naturelle, que in fine le fait d'élever des animaux bride notre potentiel d'épanouissement humain et que le progrès de notre société passe par l'arrêt des élevages. Mais qui a dit que l'espèce humaine pouvait devenir moralement parfaite ?

L'anti-spécisme de Cameron me gêne aussi parce qu'il implique au fond la même idée : l'idée que nous serions un élément de la Nature comme toutes les autres espèces, et que le déroulement positif de notre destinée en tant qu'espèce serait soumis à la condition de respecter une certaine morale naturelle, à savoir à garder notre place dans la Nature ou vivre en symbiose avec elle. Il y a en dessous de ces affirmations une forme de spiritualité qui ne dit pas son nom (de l'animisme ou du panthéisme). Je suppose que c'est cette même spiritualité qui devait animer les peuples premiers, dont on pense généralement qu'ils vivaient en harmonie avec la Nature, la respectant et n'y prélevant que le nécessaire pour leurs besoins, et considérant toute la Nature comme sacrée[50]. Je pense que l'humanité actuelle ne peut ni revenir à cet état – s'il a jamais existé – ni parvenir à réaliser un jour cet état. Nous avons certes des impératifs biologiques à respecter pour assurer la survie matérielle de notre espèce, ce qui inclut l'écologie et la limitation au maximum de la souffrance animale. Mais ce serait contraire à notre humanité de s'abstenir de creuser des carrières pour en extraire les minerais nécessaires à nos outils et à toutes nos inventions. Le dilemme nature sacrée donc intouchée versus nature exploitée donc souillée est stérile. Il est tout juste bon pour quelques films de Hollywood. Ce n'est pas dans notre nature humaine de nous restreindre au point de ne plus couper un seul arbre. D'une façon ou d'une autre, nous devons trouver le point d'équilibre entre utilisation de la

---

50 Comme Laurent Gounelle l'imagine dans son livre *Le philosophe qui n'était pas sage*.

Nature et respect de la Nature. Il faut que nous arrivions à préserver les cycles écologiques sur notre planète tout en parvenant à maîtriser de très puissantes sources d'énergie pour explorer l'immensité de l'univers[51]. La raison ne nous laisse pas d'autre choix.

À propos du sacré. Dans mon jardin je ne vois rien de sacré. Ou je pourrais dire que tout est sacré. Mais alors le mot même de sacré perd toute signification. Et si je disais que ceci est sacré, alors je devrais dire que cela est immonde, car il y n'a pas de sacré sans immonde. Or je ne vois pas d'immonde dans mon jardin. Vous aurez compris qu'invoquer le sacré, c'est une forme de jugement, et dans la Nature juger ne fait aucun sens. Le jardin est comme il est, et il faut reconnaître et savourer cette liberté qu'il nous autorise : la liberté de ne pas avoir besoin de juger !

Revenons aux conséquences de mes actions meurtrières dans le jardin : que j'écrase inconsciemment un ver de terre sous ma botte ou que je tue sciemment un campagnol qui ravage mes carottes. Suis-je donc, par ces pouvoirs dont je dispose sur le jardin et sur ses petits habitants, supérieur au jardin ? Que nenni. Le jardin ne se comporte pas différemment envers moi qu'il ne se comporte envers un papillon aux couleurs irisées ou envers une limace rongeant un ver de terre mort. Je travaille de nombreuses heures pour que le sol du jardin soit fertile, pour que les récoltes soient abondantes et goûtues, mais quand bien même j'y mets tout mon entrain, la culture peut échouer complètement. Là un ravageur inattendu, là le comportement imprévu de mon chat, ici la météo capricieuse : rien ne m'est dû, le jardin ne me doit rien, sans aucun rapport avec le nombre d'heures que j'y travaille. Les lois de la Nature sont à l'œuvre et j'en subis les conséquences. Comme moi, tous les animaux tuent, soit par inadvertance, soit volon-

---

51 Cf. mon texte De la ZNIEFF à Kepler 186-f in *NAGESI*.

tairement. Comme eux, je n'ai aucun droit. Eux et moi faisons la même chose : « on fait ce qu'on peut ! »

Une morale inspirée de la Nature

En pratiquant l'ephexis, on comprend que dans la Nature joie et souffrance sont inséparables. Alors pourquoi ne pas décider, volontairement, d'aller vers cet équilibre dans notre société comme dans l'agriculture ? Pensons au cochon qui va être abattu. Il est pris de panique quand il a compris que la masse va s'abattre sur lui : il souffre intérieurement. Toutes ses fibres nerveuses sont saturées du message de la terreur. *Mais* il a vécu quelques mois (huit au moins en AB) durant lesquels il a été content, content de manger avec ses congénères et d'être au chaud avec eux. Pour la nature domestiquée décidons comme morale de permettre la joie *et* la souffrance ; faisons qu'il n'y ait jamais l'une sans l'autre. Sans tomber dans l'excès de joie (voyez comment, à trop bien nourrir certains animaux, ils ne font plus aucun effort pour se déplacer). Il ne faut pas abuser des bonnes choses. Même un enfant comprend cela, instinctivement. C'est dans notre nature humaine d'équilibrer la joie et la souffrance que nous prodiguons, car nous sommes doués d'empathie et donc nous pouvons nous mettre en cœur et en pensée à la place du cochon, du lapin, du papillon dont les chenilles ravagent les choux, de l'abeille qui pollinise, etc. Nous sommes *altruistes*, car nous sommes la seule espèce à élever d'autres espèces en ayant conscience de leur bien-être. Les autres espèces animales ont une joie égoïste : elles font l'expérience de la joie et du bien-être quand elles sont repues, quand elles font leur toilette. C'est une joie pour elles-mêmes uniquement. Aucune espèce ne va à la rencontre d'une autre pour la nourrir, pour la réconforter, pour la soigner. Le chat est heureux de jouer avec le campagnol et le campagnol est terrorisé. Aucun chat ne va voir un autre chat pour s'enquérir de sa santé ou de ses repas. Et votre chat ou votre chien adoré, que vous aimez tout plein, vous demande-t-il si vous allez bien ? Moins connu mais véridique, les poules cannibales : voilà une poule qui est blessée et qui saigne ? Ses congénères vont lui picorer sa plaie, lui enlevant un petit bout de chair à chaque coup de bec, pour s'en nourrir. On a vu des poules courir le cerveau à l'air, ainsi bouffées lentement mais sûrement par leurs voisines de basse-cour[52]. Et les pigeons font pire : dans un duel, le pigeon dominant va becqueter l'autre sans arrêt, jusqu'à ce qu'il s'effondre mort vidé de son sang et en lambeaux. Doux pigeon au roucoulement charmant, au bec sanguinolent et au plumage rouge sang ! L'être humain ne fait pas pire quand il torture les siens.

Voilà deux exemples d'espèces qui n'ont cure de l'équilibre entre joie et souffrance, me direz-vous. L'explication est simple : leur biologie cérébrale, dans certaines situations, ne leur permet pas de reconnaître comme tels leurs semblables. La mort fait partie de la Nature, semblables ou pas. C'est terrible, à nos yeux d'altruistes, mais c'est normal.

L'effet miroir

L'intellectuel que je suis voudrait qu'il y ait un effet retour de la part du jardin : que plus je travaillerais avec soin, meilleure serait la récolte. C'est l'*effet miroir* de la Nature domestiquée[53]. On taille l'arbre et on s'attend à ce qu'il prenne telle forme. On arrose avec tel purin et on s'attend à ce que la plante grandisse de tant de centimètres. On répand du compost

---

[52] Et on raconte même que si un agriculteur devait mourir dans son poulailler, les poules n'en laisseraient que des os tout propres... D'ailleurs, les thérapies psychanalytiques des poules ayant goûté à la chair humaine révèle un traumatisme vécu au stade poussin : insatisfaction existentielle pernicieuse due à un excès de caresse pendant la visite des enfants du cours préparatoire. Je vous disais bien que trop de joie peut être néfaste !

[53] Cf *Protéger la Nature, ça veut dire quoi ?* en annexe.

et on s'attend à ce que les plants soient vigoureux. Etc. L'effet miroir est maximal dans les parcs urbains, dans les jardins d'ornement, dans l'agriculture industrielle, dans la sylviculture. Avec la Nature sauvage, rien de tout cela : l'homme perd toutes ses prétentions et tous ses espoirs de corne d'abondance. La Nature ne nous renvoie aucune image de nous-même. Dans le jardin agroécologique, où on côtoie une Nature qu'on essaie aussi peu que possible de domestiquer, l'effet miroir existe, mais il est plus faible que dans l'agriculture industrielle. Dans mon jardin, dans cette Nature que j'essaie aussi peu que possible de domestiquer, je ne retrouve pas toujours la trace de mes actions.

Qu'est-ce que cet effet miroir, finalement ? L'effet miroir, c'est la *causalité*. Dans l'agriculture industrielle, mécanisée et rationnelle, où tous les éléments de l'agroécosystème sont identifiés et contrôlés autant que possible, l'agriculteur moderne jouit de la causalité ; il sème, ça lève. Il met de l'engrais, ça pousse vite. Il arrose, ça grossit. Avec force machines et pesticides, cette causalité totale est à portée de main, à portée d'outil plus exactement (en fait presque, car la météo ne se laisse pas encore contrôler). En agroécologie, au contraire, on essaie volontairement de contrôler aussi peu que possible chaque élément de l'agroécosystème. On laisse les plantes vivre leur vie, on laisse les petites bêtes du sol faire de même. En retour on *espère* obtenir une bonne récolte : on ne peut jamais en être certain. Et même espérer, bien souvent, c'est déjà trop. Pour ne pas être inévitablement déçu, et en colère, le jardinier agroécologiste doit s'astreindre à l'ephexis, encore et toujours.

L'ephexis est déroutante :

- Elle annule nos repères moraux de bien et de mal, que nous avons appris à relier à la joie et à la souffrance ;

- Elle nous met en face de notre libre-arbitre total ;
- Elle nous tend le piège de l'indifférence ;
- Elle contribue à nous faire « passer à travers le miroir » : plus on laisse la Nature quasi-sauvage, plus elle brouille notre confiance dans la causalité.

Avec l'ephexis on met donc véritablement un pied en dehors de la société, en dehors de la culture humaine. À ce stade, on peut dire que le changement de vie est réussi ! Dans les ouvrages de présentation des ABA, on présente en général cet aspect de neutralité de la Nature, ni bien ni mauvaise. Quand on commence à jardiner, on pense qu'il suffit alors de ne plus s'accrocher aux émotions négatives. Mais quand on persévère dans le jardinage, on comprend petit à petit que même les émotions positives n'ont pas de sens et qu'il ne faut pas s'y accrocher. La joie de la récolte, la joie de manger ces bons fruits et légumes, la fierté surtout d'une culture menée à terme : ce sont des émotions positives qui in fine se produisent par hasard, selon le bon vouloir de la Nature. Le hasard des conséquences des lois de la Nature engendre autant les récoltes que le ravage des récoltes. Donc à quoi bon pleurer et à quoi bon rire ? La première émotion n'a pas plus de valeur que la seconde ; l'une n'a pas plus d'utilité que l'autre.

Le temps de Virgile

Je vois là une origine possible de l'expression utilisée pour désigner les gens de la campagne : les « taiseux ». Les gens qui se taisent. Car à quoi bon parler, à quoi bon dire sa joie ou grogner sa colère face aux caprices de la Nature ? Ça ne change rien. Michel Onfray parle du « temps de Virgile », le temps du passé quand les paysans arpentaient la terre cultivée et philosophaient sans recourir ni aux mots ni aux concepts farfelus des philosophes citadins. Ils essayaient d'éprouver la

Nature sans la juger. C'était une philosophie non pas pensée mais vécue (ce qui constitue l'idéal pour un philosophe matérialiste comme Onfray)[54]. Rudolf Steiner aussi évoquait, dans son cours aux agriculteurs de 1935, une scène similaire de sagesse : le paysan qui marche entre ses champs, sur sa terre, et qui *sait* instinctivement. À la différence d'Onfray, Steiner pensait que ce savoir instinctif remontait au temps des « grands anciens » ou « grands initiés » de la tradition alchimique, savoir sans mots qui se serait transmis depuis le jardin d'Éden de paysan en paysan.

Mais alors, si on a le sentiment que petit à petit on se rapproche de ce « temps de Virgile » via la pratique régulière de l'ephexis, quels nouveaux repères prendre (cf. repères p. 91) ? Car il n'y a plus ni bien ni mal, ni beau ni laid, ni joie ni tristesse dans ce temps de Virgile réactualisé. Il n'y a que « quelque chose » qui ne *doit* pas être décrit à l'aide des mots. Attention ! Arrivé à ce stade-là dans la pratique de l'agroécologie, on ne tombe pas nécessairement dans le nihilisme. On ne tombe pas non plus dans la justification du mal parce qu'il n'y a pas de bien. On tombe dans la vie telle qu'elle est, telle qu'on la vit sans langage, sans intellect. On tombe à la fois dans le temps (ici et maintenant) et hors du temps. C'est une chose de comprendre cela, c'en est une autre que d'arriver à le vivre : ce vécu je ne peux pas vous le transmettre. À vous d'aller plus loin que les présents mots.

---

54 Cet aspect-là que, aujourd'hui, nous jugeons positif, n'efface pas les aspects rugueux de l'agriculture passée. Les paysans étaient souvent mal vêtus, mal logés, mal soignés, mal payés. D'où un exode rural facilité vers le confort des villes et de l'emploi salarié.

Monter et descendre sur l'échelle

Reprenons l'échelle aux trois barreaux Nature – Jardinier – Société. Grimpons à nouveau partir de la Nature jusqu'à la Société.

J'ai expliqué dans un autre ouvrage[55] que je privilégie une société où règne un ordre qui permette aux individus de s'épanouir, plutôt qu'une société où chacun serait libre de ses faits et gestes (libertarisme qui caractérise la gauche « bien-pensante » au pouvoir). Dans cet ouvrage de réflexions politiques, j'extrapole à la société et à l'individu le *juste comportement* envers la Nature. Quel est ce juste comportement envers la Nature ? C'est celui qui, à l'aide de *méthodes* pour observer, réfléchir et agir, permet de comprendre à la fois la Nature et soi-même. C'est ce même comportement qui est utile pour le scientifique qui espère trouver une « loi » de la Nature, tout comme pour le jardinier qui essaie de comprendre comment « fonctionne » son jardin : il faut réfléchir à propos de ce que l'on observe et il faut réfléchir à propos de comment on réfléchit. Il existe des méthodes pour observer, il existe des méthodes pour réfléchir. De même, l'individu et la société ont besoin de méthodes pour penser et pour agir, sans quoi ils ne peuvent pas se construire. Je suis pour l'ordre, l'ordre constructif. Pour cela il faut consacrer du temps, de la volonté et un effort intellectuel pour élaborer et raffiner nos méthodes, méthodes de développement personnel comme de régulation de la vie en société comme d'étude de la Nature[56].

Transposé à la politique, je ne sais pas vers quel parti ce désir de méthode pourrait m'orienter. Aucun, vraisemblablement. La seule certitude est que je m'oppose à celles et ceux « de gauche » pour qui il est « interdit d'interdire ». Dans le magazine Valeurs actuelle n°4142 d'avril 2016, magazine de

---
55 *Réflexions politiques*.
56 La pulsation transformatrice de l'être humain requiert des méthodes, cf. annexe.

droite, le journaliste Olivier Maulin décortique le discours du philosophe de gauche, Ruwen Ogien, que j'ai déjà cité. Je cite le journaliste à propos du dernier livre de Ogien, *Mon dîner chez les cannibales* :

> *Résultat concret : tout est permis, la GPA, la PMA et l'euthanasie bien sûr, mais l'auteur ne s'arrête pas là. Si un adulte conscient accepte d'être mangé par son ami, de se détruire par la drogue, de coucher avec sa mère consentante ou de tuer son père à sa demande, Ruwen Ogien ne voit pas qui pourrait l'en empêcher, <u>et surtout au nom de quoi</u>, à moins évidemment d'être un « conservateur », espèce nuisible que le philosophe ne porte pas dans son cœur.*

Le soulignage est de moi. Effectivement, le philosophe Owen cherche la légitimation de la morale, et il ne la trouve nulle part. Il en déduit que, pour les adultes consentants, tout est possible. Le cannibalisme, et puis le meurtre, la guerre, le génocide... Comme expliqué plus haut, il n'y a effectivement aucun point de repère, en dehors de l'humanité, qui permette d'affirmer que tel comportement serait admis quand tel autre comportement serait interdit. Cette absence de point de repère sert à légitimer le programme libertaire, pour ne pas dire anarchiste ou nihiliste, d'une certaine gauche. Owen a raison dans son constat : dans la Nature, on ne peut rien trouver qui justifie nos actions et qui nous prodigue une morale. Dans le jardin il n'y a nul mal et il n'y a nul bien : ephexis, passage de l'autre côté du miroir. Mais Ogien ne voit pas que de l'autre côté du miroir, l'anarchie et le nihilisme ne sont pas non plus justifiés ! D'un point de vue évolutif, il est même vraisemblable qu'un comportement asocial (ce que sont l'anarchie et le nihilisme) ait été un handicap pour ceux qui l'exerçaient. La seule certitude qui soit, le seul point de repère qui existe, c'est que nous sommes les seuls responsables de nous-même. La Nature ni ne dédouane de notre responsabilité, ni ne nous enjoint à la responsabilité. Nous sommes seuls, seuls avec notre humanité et avec notre volonté de vivre. Nos lois sont celles que nous choisissons, ce ne sont donc pas celles de la Nature pas plus que celles d'une anti-Nature.

Alors pourquoi concevoir des lois ? Pourquoi la politique ? La réponse est évidente : pour minimiser les souffrances et les morts ; nos lois doivent rendre possible le bonheur que procure l'épanouissement personnel, car l'épanouissement personnel va équilibrer les inévitables souffrances liées à notre condition d'être biologique, à notre corps qui inévitablement souffre, se dégrade puis cesse de fonctionner. Nous avons la responsabilité de la joie pour parer à la douleur. C'est la morale inspirée de la Nature. Dans la Nature, la douleur tombe au hasard. Le philosophe Ruwen Ogien aurait évité de se fourvoyer ainsi s'il côtoyait la Nature. Si l'on philosophe *sans partir du réel*, on se fourvoie, comme le dit Onfray.

« Redescendons » l'échelle jusqu'au jardin, dans la vie telle qu'elle est, telle qu'on la vit sans langage, sans intellect. Cette vie est à la fois dans le temps et hors du temps. Nos ancêtres, il y a cinq mille ans, étaient certainement plus familiers que nous avec cet « état » a-humain, a-culturel, de l'ephexis au contact de la Nature. Vivre l'ephexis aujourd'hui, c'est remonter le cours du temps, c'est *être à nouveau un humain des origines*. On « revient », on passe à rebours le temps de la science moderne, le temps de Dieu dans le ciel, le temps des divinités acorporelles, le temps de l'alchimie avec les métaux qui évoluent comme des êtres vivants, le temps des astres lointains qui gouvernent les destinées ici-bas, le temps des divinités dans les pierres, les arbres, les animaux, etc., pour *être*, tout simplement. Tous les vêtements de l'histoire et du savoir tombent. On renoue avec notre condition humaine sans le biais que toute culture nous impose. L'ephexis, c'est la nudité.

L'ephexis est-elle un point indépassable ? Ou un nouveau point de départ, pour de nouvelles aventures humaines ? Mais comment décider d'une direction quand les mots n'ont plus cours ? Le jardinier qui pratiquerait régulièrement l'ephexis serait-il automatiquement mené « plus loin » ? Au-delà de l'ephexis, j'ai trouvé une joie, simple, sincère, fondamentale : la joie d'exister, la joie d'être, tout simplement.

Et encore plus loin, me demanderez-vous ? Mais c'est difficile d'envisager un au-delà des idées et du langage. Peut-on encore appréhender le temps et l'espace sans notre intellect ? Peut-on encore se représenter mentalement ce qui nous entoure ? Notre intellect nous est indispensable : sans lui nous ne pouvons rien apprendre, rien prévoir, rien imaginer. Grâce à nos pensées, nous nous épanouissons (nous apprenons, nous faisons des découvertes, nous inventons). L'épanouissement est-il possible sans recourir à l'intellect ? Avec l'ephexis on se rapproche des pratiques méditatives. On connaît l'issue finale de ces pratiques – lisez ou relisez quelques livres bouddhistes et vous trouverez rapidement le but ultime de toute une vie de méditation. Encore faut-il croire à cette issue, sinon il ne sert à rien de se lancer sur ces chemins de méditation. Ou bien le plus important est-il seulement *d'oser aller vers*, quel que soit le but ultime qu'on puisse imaginer ? Je n'ai là que des questions à vous proposer.

L'ephexis, c'est aussi accepter que même ce qu'il y a de meilleur en nous, la morale et l'éthique, ne sont pas absolues. Notre humanité n'est pas absolue mais relative : sans la Nature, nous ne pouvons pas nous définir. Que faire de ce constat ? Quelle suite lui donner ? Je ne saurais vous répondre. On lira Nietzsche, *Ecce Homo*, V, pour arriver à la conclusion qu'il est facile de faire du mal et difficile de faire du bien. Mais voyez qu'ainsi même le grand Nietzsche reste un cran en deçà de l'ephexis, car il donne une définition au bien et au mal. Avec l'ephexis, on arrive à la fin du langage, donc du monde moderne. Le monde moderne n'est pas tout, c'est pour moi une évidence. Mais comment aller au-delà de ses limites ? Et si on le quitte, pourra-t-on y revenir ?

Mercredi 31 août

Les beaux jours sont finalement arrivés, mais ils ont continué d'alterner avec le froid et le brouillard : ce mois-ci, par deux fois, le jardin a dû supporter des écarts de plus de 20 °C en deux jours, passant d'après-midi caniculaires à 40 °C à des journées ne dépassant pas 20 °C. C'est très dur pour les plantes. Elles font mûrir leurs fruits plus vite, dans un réflexe de survie. Par exemple, dès la mi-août les courges étaient mûres, soit trois semaines plus tôt que l'an passé. On ne peut rien faire contre cette météo capricieuse : c'est comme un mur. Mur auquel s'ajoute un autre mur, celui des habitudes des consommateurs. En effet, certains clients m'ont dit que c'est trop tôt pour manger des courges ! Je jardine donc entre deux murs, celui de la Nature d'un côté, celui de la société de l'autre ; parfois il y a pour moi un espace confortable entre ces murs, parfois ils m'écrasent.

Les animaux, comme les plantes, réagissent à cette dureté de la météo par un excès d'activité. Au début du mois les piérides pullulaient : j'en attrapais jusqu'à une dizaine par jour. Puis leur nombre a décru, pour remonter au même niveau ces jours-ci. Si je ne les chassais pas (au filet à papillon), tous mes choux seraient ravagés par les chenilles, et une bonne centaine de piérides voleraient chaque jour dans le ciel du jardin, pondant sur la moindre feuille de chou, de navet ou de rutabaga disponible ! Ces papillons n'ont aucun prédateur, donc ils pullulent. Les merles furent également nombreux : sans filet protecteur je n'aurai pu récolter aucune mûre. Chaque matin cinq ou six d'entre eux piaillaient et essayaient d'atteindre les mûres protégées par le filet. Certains parvinrent à passer sous le filet ; ce fut l'occasion pour mon jeune chat de mieux connaître ces volatils. Les rongeurs aussi ne sont pas en reste. Mulots (et/ou campagnols je ne saurais dire) grimpent dans les choux-fleur et dévorent les fleurs qui ont atteint la taille d'un poing ! Je n'imaginais pas cela possible. Dix pour cent de la production part ainsi sous leurs dents, sans que je ne puisse rien y faire. Même les deux chats présents dans le jardin ne les gênent pas. Pour couronner le tout, les campagnols ont commencé à occasionner les dégâts que je redoutais le plus : betteraves, carottes et céleris se font manger par en dessous, par la racine via des galeries souterraines. En plein jour même ils sortent pour manger jusqu'au collet des plantes ! Alors je les piège, j'en ai attrapé presque une quinzaine depuis le début du mois. Les chats ne les gênent nullement. Diantre, me direz-vous, mes chats sont-ils de mauvais chasseurs ? Mais avez-vous déjà vu un chat creuser jusqu'à 15 cm de profondeur pour atteindre une galerie de campagnol ? Je n'ai jamais vu cela : le chat se contente d'attendre à l'ouverture des galeries. Dans une prairie cette technique de chasse fonctionne, mais dans le jardin, quand les campagnols font des galeries sous les légumes pour les manger par en dessous, l'ouverture de la galerie n'apparaît effectivement que lorsque la racine est complètement dévorée. De plus, au milieu d'une planche de carottes par exemple, le feuillage empêche le chat de circuler ou de sauter sur sa proie.

C'est pénible de voir ainsi disparaître le fruit de son travail. Certains jours cela ne me fait rien, d'autres jours cela m'énerve. Tout en sachant que cet énervement ne sert à rien. Ephexis.

Quand on lit des livres pour découvrir les ABA, les auteurs nous parlent d'équilibre de la Nature : après quelques années les dégâts sont censés se maintenir dans des limites acceptables. Cela me semble tout théorique. Ce que je constate, c'est qu'à moins que des prédateurs des ravageurs ne s'installent dans le jardin, les ravageurs pullulent. En ce qui concerne mon jardin, à part mes chats, je ne vois aucun prédateur s'installer. Même les guêpes, libellules et frelons, tous trois prédateurs et régulateurs du monde des insectes volants, sont absents. Le déséquilibre naturel est évident ; la balance penche en ma défaveur[57].

Ce jour-ci, en désherbant ce qui me reste de carottes en pleine croissance, je pensais que la Nature est sans scrupule envers nous êtres humains. Une nature qui nous envoie sans scrupule les ravageurs, ravageurs qui mangeront nos récoltes sans se soucier aucunement qu'il nous en reste. Cette façon de penser, cette façon d'exprimer la situation, est commode mais incorrecte, car je personnifie la Nature, j'en fais une « volonté conscience ». Or il n'y a pas de fondement logique pour ce genre de pensée. C'est commode de considérer la Nature comme un être vivant, comme un super-organisme, à la fois source primaire d'énergie, planificateur et guide des processus évolutifs, de la naissance des étoiles jusqu'à l'apparition de

---

[57] Autour de mon jardin, le bocage a été trop détruit, les pesticides ont été utilisés trop systématiquement. Et comme on le sait aujourd'hui, la génération spontanée n'existe pas : chouettes et autres oiseaux qui pourraient consommer les ravageurs ne vont pas émerger de la terre. Une certaine campagne n'existe définitivement plus, du moins aux abords de mon jardin.

Les générations passées d'agriculteurs – et d'élus, n'oublions pas, qui les ont encouragés – ont rendu la tâche plus difficile aux nouvelles générations d'agriculteurs. Ces générations passées qui ont vécu selon le mythe de la machine et de la chimie, rendent aujourd'hui la vie difficile aux nouvelles générations qui au contraire doivent se passer des machines et de la chimie sous peine de mettre un point final à l'agriculture. La Nature est difficile avec l'Homme et les hommes eux-mêmes se mettent des bâtons dans les roues. Les classes d'âge des années 1980 et plus jeunes doivent abandonner les mythes de leurs parents et de leurs grand-parents. Si nous prolongeons ces mythes, nous allons terriblement souffrir. Nous devons abandonner le mythe, entre autres, de la croissance économique infinie. Nous devons faire un usage *parcimonieux* des machines et de la chimie. L'avenir de l'humanité n'est plus dans l'usine. De même, la sociale-démocratie fut efficace pour élever l'occident à son niveau actuel. Mais pour l'objectif présent, qui est de maintenir notre société à ce niveau d'éducation et de santé, rien ne dit que les leviers et les méthodes de la sociale-démocratie demeurent efficaces.

l'espèce humaine. C'est commode, mais c'est une erreur de pensée. J'y reviendrai plus loin, je proposerai une solution, toute personnelle, à ce classique problème de philosophie de la Nature.

Le mouvement naturel

Toute erronée qu'elle soit, cette conception de la Nature comme étant douée de volonté et de pouvoir de décision m'a quand même amené à formuler ceci : pour la Nature, nous n'existons pas[58]. Que nous soyons dans le jardin, que nous y cultivions avec moult efforts ou que nous n'y fassions rien, *la Nature agit en tout et tout le temps*. Il me semble que toutes les formes que je donne au jardin, les allées, les planches, le paillage, les cultures mises en place, tout ça n'est rien de plus qu'un grillage tendu à la verticale : un grillage ne peut aucunement stopper ni freiner le vent, pareillement *mes actions ne peuvent ni freiner ni stopper le mouvement de la Nature*. Autre analogie : c'est comme une série de petits châteaux de sable sur la plage, malmenés par les vagues, qui sont détruits inexorablement quand bien même on s'acharnerait à les faire à la pelleteuse mécanique. Quoi que nous fassions, la Nature agit sans tenir aucunement compte de nous, de nos actions visant à la transformer pour notre profit. Nous sommes inexistants à ses yeux, inexistants sous ses mains.

Une des motivations initiales de tout projet agroécologique est de parvenir à vivre en symbiose avec la Nature, sinon en

---

58 Que le lecteur comprenne que j'ai pris conscience des émotions déplaisantes au fur et à mesure qu'elles se répétaient, à des intervalles de temps plus ou moins réguliers. Pour chaque émotion, j'en ai eu d'abord une conscience diffuse, informe, faible, que j'ai essayé d'interpréter. Puis je l'ai vécue à nouveau, plus clairement, et encore à nouveau, in fine tout à fait clairement, avec une interprétation aboutie. Voulant partager ce vécu avec le lecteur, j'ai préféré des chapitres dans l'ordre chronologique plutôt que de dédier un chapitre à chaque émotion.

complicité avec elle. Quand on démarre le projet, rapidement on peut ressentir ce que j'ai appelé la « Nature remplissante » et par la suite plus encore avec l'habitude de l'ephexis. Ces émotions sont des réalités. Mais l'émotion d'insignifiance vis-à-vis de la Nature est aussi une réalité. Dans les moments de Nature remplissante, on pense donc atteindre cet objectif de complicité avec la Nature. Dans les moments d'insignifiance vis-à-vis de la Nature, au contraire on se sent aussi éloigné que possible cet objectif. Ces contradictions me laissent penser que cette motivation initiale pour faire de l'agroécologie n'est peut-être pas absolue. Elle est peut-être un idéal qui ne pourra jamais être atteint...

Pour autant, ce n'est pas pour cela que je vais maintenant penser et agir comme les agriculteurs du XXe siècle : je ne vais pas pour autant, comme eux, penser que la Nature est en soi mauvaise et qu'il faut la dominer, la mater, la contraindre, la dénaturer pour en extraire la matière et l'énergie, coûte que coûte. Confronté à l'indifférence de la Nature, la pensée mythique de la machine et de la chimie apparaît comme la solution : attention au piège ! Maintenant que j'ai vécu cette dureté de la Nature, cette présence qui est à la fois une absence, pour qui nous n'existons pas et qui jamais ne nous tend une main secourable pour éviter que nous ne mourrions de faim, cette Nature qui nous laisserait mourir de faim, je comprends pourquoi les anciens ont choisi d'utiliser des techniques pour mater la Nature. Quand on est un citadin, on a tendance à juger de façon rapide et hautaine les agriculteurs qui ont mis en œuvre la révolution verte, avec cette façon dominatrice de penser la Nature et d'agir contre elle. Mais la critique est facile quand on n'a pas soi-même éprouvé cette dureté de la Nature. On pense qu'elle une invention. Angélisme des citadins... Moi je juge en connaissance de cause.

Cette façon moderne de penser la Nature avait le mérite de clarifier la situation : nécessité d'un dominant (l'Homme) et d'un dominé (la Nature). Avec l'agroécologie, on ne peut plus penser ainsi, mais je cherche encore les mots pour exprimer simplement ce nouveau rapport que l'on voudrait instaurer avec la Nature. Nous avons besoin de la Nature, c'est évident. Elle n'a nul besoin de nous, c'est aussi évident. Elle et nous ne pouvons pas être des partenaires, car c'est toujours elle qui décide si notre travail pourra porter des fruits ou non. Nous lui sommes soumis. Tout ce que nous faisons, c'est changer temporairement son apparence – le jardin en lieu et place de la forêt permanente qui est ici en Europe l'écosystème dominant. Serions-nous, nous êtres humains, tels une gale qui modifie uniquement la peau de la Nature en certains endroits de son corps, et nous nourrissant des suintements engendrés par nos actions ? L'analogie de l'humanité avec un organisme pathogène cutané n'est pas si mauvaise, car on ne peut pas dire qu'un champ ou qu'un jardin soit un épanouissement pour la Nature. Au contraire, le champ ou le jardin, même agroécologiques, seront toujours moins diversifiés que les écosystèmes naturels. Nos créations ne surpassent jamais celles de la Nature. Nos créations sont toujours un empêchement, une entrave, une contrainte, pour la Nature. Dans le plus soigné et le plus chéri des jardins, la Nature demande à chaque instant à reprendre son cours. Le projet de « jardin sauvage » de Jorn de Precy est une tentative d'union des contraires, ce que sont les ABA dans une moindre mesure.

J'aime la pensée, totalement hypothétique, que l'être humain aurait sa place dans la Nature s'il permettait à la Nature d'être « plus » qu'elle ne serait sans lui. Notamment que notre intellect serait en quelque sorte un maillon indispensable à la réalisation des processus de la Nature[59]. Il n'en est rien, bien sûr. Notre planète n'a pas besoin de nous pour être

---

[59] En lisant Arnaud Desjardins, *Premiers pas vers la sagesse*, j'ai constaté que je suis arrivé à cette question qu'il se posait aussi, mais par d'autres chemins. Cf. chapitre En quête de repères.

là. La grande trajectoire de la vie, c'est la complexification et la diversification comme l'explique Teilhard de Chardin. Or depuis que notre espèce se répand partout sur le globe avec sa puissante technique, nous agissons à l'encontre de cette grande trajectoire de vie : nous simplifions notre planète. Nous la réduisons à ses constituants les plus élémentaires. Peut-être sommes-nous le sommet de l'évolution naturelle. Notre intellect est peut-être l'émergence ultime de la complexification de la vie, de l'arrangement complexe des atomes sur Terre. Mais il me semble que nous sommes, en même temps que le couronnement de la puissance créatrice de la Nature, l'espèce par laquelle le cataclysme total arrive. Nous amenons la grande remise à zéro[60]. C'est peut-être cela notre destin... Et si c'est cela, alors il ne nous sert à rien de le contester. Après tout, la destruction ne fait-elle pas partie de la Nature au même titre que la construction ? Croissance et déclin, vie et mort, apparition d'espèces et disparition d'espèces. Si notre destin est d'être ainsi dual, nous ne pouvons en rien le changer : car chacun de nous peut constater à quel point l'envie de détruire nous habite. C'est une pulsion naturelle pour la majorité d'entre nous. Notre évolution en tant que société humaine se résume à une suite perpétuelle de guerres pour la gloire et le pouvoir sur les congénères[61]. Nous sommes les guerriers ultimes que la Nature a générés par sa sélection. Et nous sommes donc aussi les destructeurs ultimes. Les chimpanzés sont ce qu'ils sont, ils ne sont pas les paisibles orangs-outans, et nous, nous sommes ce que nous sommes. L'excès d'alimentation carnée nous a

---

60 Arrivée à ce stade de maturation, ma réflexion s'accroche assez simplement à l'œuvre de Teilhard de Chardin, *La place de l'homme dans la Nature*. En quête de repères, j'ai lu cette œuvre après avoir écrit ces lignes du 31 août. Elle m'a conforté quant à la qualité de mon expérience vécue au jardin et elle m'a apporté du grain neuf à moudre. Cf. chapitre En quête de repères.
61 Voir par exemple l'histoire comparée des deux villes Paris et Berlin, par Frédéric Wilner. Luxe et puissance ont guidés l'évolution de nos deux pays. L'agriculture n'a joué aucun rôle moteur dans notre histoire. Le peut-elle aujourd'hui ?

donné notre cerveau, cerveau qui nous confère un avantage évolutif immense. Mais cette alimentation nous donne aussi notre testostérone et notre adrénaline, des hormones responsables de nos envies de combat et de mort.

La question du rapport idéal entre notre espèce et la Nature est notre *fardeau* : la domination de la Nature, ou la symbiose avec la Nature, ou l'humain qui participe de la transcendance de la Nature, sont des questions que l'on ne cessera jamais de se poser. Comment faire en sorte que notre excès de puissance destructrice soit mué en une volonté agissante protectrice envers nous de la part de la Nature ? Ce que nous avons en trop qui est mal, comment le transférer à la Nature en le transformant en quelque chose qui est bien pour nous ? Ce que je puis dire, avec ma modeste expérience de jardinier, c'est que la Nature n'a pas besoin de nous. Je reviens encore et toujours à ce constat, que je n'arrive pas à dépasser. Or la symbiose implique un besoin mutuel, réciproque et nécessaire. Que devrions-nous faire pour que la Nature ait besoin de nous ? Comment devrions-nous la transformer ? Ou comment devrions-nous *nous* transformer ?
Mais avec cette symbiose ne perdrions-nous pas notre libre-arbitre ? Donc notre liberté ? Que de questions éternelles !

Vendredi 2 décembre

La leçon n'a pas été apprise

Le 20 novembre, j'ai fait dans ma serre un semis de pois mange-tout et un semis de petit-pois. C'est un essai : je veux savoir si ces cultures peuvent arriver à terme avant que je ne plante, au même emplacement, en mai, des concombres.
Je fais le semis avec soin (bonne profondeur de semis, juste arrosage, surtout en ces jours froids) et la germination

démarre le 28 novembre. Le plus dur est fait ! Mais, ce vendredi 2 décembre au petit matin, catastrophe : tous les grains ont été déterrés et dévorés. Ne restent que les enveloppes des grains et les germes coupés !

Retour au 15 mars : il s'était passé la même chose avec le semis de fèves. Je n'y avais plus pensé ! D'une part à cause de la différence de date et d'autre part parce que j'ai fait le semis des pois dans la serre et non dans un tunnel. Dans la serre je n'avais jamais eu de pertes causées par les rongeurs. Pour un rongeur, rien n'est impossible, me direz-vous... La leçon est claire et directe : par jours froids, ne sème jamais de pois ! La Nature ne m'a pas pardonné ma naïveté. Elle est impitoyable. C'est le métier qui rentre.

Bien sûr, ce jour même je vais refaire un semis en plaque, que je ferai lever dans la maison. Je planterai les pois mange-tout et les petits pois dans la serre début janvier, au stade 4 feuilles. Ainsi même si la graine doit être dévorée, les plants auront déjà suffisamment de racines pour y survivre.

Ce genre de leçon est à chaque fois un véritable coup de poing au moral. Il n'y a pas d'autre possibilité que d'encaisser, de comprendre et de continuer à avancer ! C'est le métier : il est inacceptable de baisser les bras. Ephexis.

Pour la discréditer, les adversaires de l'agroécologie lui reprochent son manque de fiabilité à cause de la forte pression des ravageurs. Prenons un peu de recul vis-à-vis de ce reproche. *À première vue ce risque est avéré, je le confirme. Mais les risques de ravage n'obligent-ils pas à être plus pugnace ? À multiplier le nombre de cultures différentes pour s'assurer d'avoir toujours une récolte ? À multiplier les dates de semis ? À diversifier les façons de semer ?* Est-ce que l'agriculteur industriel, qui dispose de pesticides et biocides en tous genres, va faire de tels efforts ? Je n'en suis pas certain, et à l'inverse n'est-ce pas justement pour s'éviter ce genre d'effort qu'il utilise des pesticides ? C'est là une caractéristique de la pensée industrielle : il faut réduire la diversité des processus de production (pour faire « économies d'échelle » pour in fine maximiser le rendement horaire). On met tous les œufs dans le même panier, et on va protéger ce panier coûte que coûte, tandis que le jardinier agroécologiste ne met pas tous ses œufs dans le même panier. Les récoltes ne sont pas quantitativement importantes, mais petites et variées. Cela fait-il de lui un agriculteur de second rang ? Bien sûr que non, mais c'est ce que l'idéologie de l'agriculture conventionnelle veut faire croire.

Je me suis souvent demandé si ces ravages sont une fatalité de la Nature vis-à-vis de l'être humain en tant qu'espèce (l'autre conception de la fatalité étant que seuls les agriculteurs qui ne respectent pas la Nature devraient subir la fatalité). Dans le christianisme, on parle du péché originel d'Adam et Eve dont les descendants doivent porter les conséquences comme un fardeau, notamment le devoir de souffrir pour cultiver les champs. La perspective darwinienne de l'évolution des espèces nous enseigne ceci : que notre espèce ne s'est distinguée des autres et n'a su se maintenir que grâce à son intelligence. Notre intelligence a compensé notre faiblesse biologique. Plutôt qu'une fatalité, c'est donc un *destin* (terme plus neutre émotionnellement) : nous perdons systématiquement lors des affrontements directs avec la nature. Par contre en nous protégeant et en nous armant de notre intelligence, nous sortons vainqueurs. Réfléchir pour agir : c'est notre destin, c'est la loi naturelle de notre espèce.

Le ravage des semis est déplaisant ; j'en subirai encore d'autres, provoqués par d'autres ravageurs que je n'aurai pas prévu. Pour autant, je sais maintenant qu'à chaque fois il y aura la promesse, dans l'acceptation et dans l'effort (de réflexion et de créativité) pour passer l'obstacle, de renouer avec le sens profond de la vie humaine. Au jardinier agroécologique les opportunités ne manqueront pas pour prouver qu'il est un architecte intelligent. C'est une bonne nouvelle, n'est-ce pas ? Cela donne beaucoup plus envie de vivre que le sacro-saint objectif industriel de maximiser le rendement horaire, n'est-ce pas ?

À qui faire confiance ?

Le jardinier agroécologique est observateur et créatif, tandis que dans l'agriculture industrielle la réflexion est l'apanage des ingénieurs agronomes et des chimistes producteurs de pesticides[62]. Un nouveau ravageur ? Vite, demandez un nouveau pesticide ! Ou une variété OGM avec un génome amélioré. Ingénieurs et chimistes s'arrogent donc le destin de notre espèce, réclamant pour eux seuls le privilège de manipuler la vie. Seuls les ingénieurs et les chimistes sauraient ce qu'est la vie et pourraient intervenir sur elle : c'est l'ère de la technocratie. Et c'est encore pour la sacro-sainte raison d'efficacité que l'agriculture industrielle est ainsi spécialisée dans ses tâches : les personnes qui exécutent ne doivent pas être les mêmes que celles qui réfléchissent. Chaque fois que l'on soutient cette agriculture industrielle, en achetant ses fruits et ses légumes, que ce soit sur un marché ou en grande surface, on entretient l'aliénation des agriculteurs vis-à-vis du sens de la vie humaine. Les agriculteurs conventionnels n'ont pas la possibilité d'être des architectes intelligents ; croulant sous les dettes, ils doivent maximiser leur rendement horaire, donc se cantonner à être des exécutants. Et l'agriculture biologique, parce que « son marché augmente » et qu'elle doit « satisfaire la demande croissante », tend maintenant à reproduire cette « spécialisation des tâches ». En se structurant de façon industrielle (et en utilisant les expressions de l'économie industrielle), elle pense ainsi se donner une image plus profession-

---

62 C'est ce qu'on appelle le « schéma diffusionniste », cf. cours le théorique d'agroécologie.

nelle, plus rationnelle, plus performante. Sachez qu'il y a maintenant des instituts de recherche en agriculture biologique, instituts dédiés ou intégrés dans l'INRA[63]. À l'origine, l'AB revendiquait l'excellence : qualité des sols, qualité des produits, métier épanouissant. Une fois sa « tête » déléguée à des scientifiques, à des experts, ensuite à qui déléguera-t-elle son cœur ? Comme pour l'agriculture industrielle et la grande distribution : elle déléguera son cœur à des agences de communication. C'est la prochaine étape, j'en suis certain ! In fine l'agriculteur AB ne sera plus qu'un simple exécutant, comme l'est devenu l'agriculteur conventionnel. L'AB aura perdu son âme.

Comprenez bien que la science est nécessaire pour l'agroécologie. Mais elle ne doit jamais devenir le seul espace de réflexion. Dans le cours théorique j'ai explicité comment elle doit participer à l'agroécologie. Mieux vaut un seul scientifique et mille agriculteurs qui réfléchissent et imaginent, plutôt qu'une armée de scientifiques et des agriculteurs au simple rôle d'exécutants. Aujourd'hui en France il n'y a jamais eu autant de scientifiques et aussi peu d'agriculteurs. Et le métier n'a jamais été aussi peu épanouissant sur le plan humain. En 1960, Jacques Billy expliquait que l'agriculture était réfractaire à la

---

[63] Mais qui a initié la création de tels instituts ? Les agriculteurs ou les scientifiques ? Les agriculteurs ont-ils l'argent pour fonder de tels instituts ?
Je ne suis pas contre le travail de coopération entre agriculteurs et scientifiques. Mais je suis vigilant. Les études d'histoire et de sociologie des sciences montrent que si la science en vient souvent à soutenir des pratiques qui ne sont ni éthiques ni morales, c'est parce que la science s'impose toujours en tant que porteuse de la Vérité. Critiquer un scientifique est de nos jours un acte tabou ; eux-mêmes n'acceptent que la critique des pairs. Dans notre société, par définition, le scientifique est celui qui amène la vérité. Face à cette suprématie sociale, l'agriculteur va facilement abdiquer, tacitement, en se laissant guider par le scientifique plutôt qu'en imaginant et en réfléchissant par lui-même. Car le scientifique est payé pour réfléchir, n'est-ce pas ? C'est un cercle vicieux. Ne confondons donc pas la créativité technique du scientifique et la créativité de l'agriculteur (l'imagination et la diversification des pratiques). Dans le complément au cours théorique, en annexe, j'expose précisément les voies de la créativité en agroécologie (qui sont les voies pour résoudre les problèmes de culture).

technocratie. Aujourd'hui elle y est soumise ! Je suis convaincu que le déclin de l'agriculture est causé par les technocrates. Technocrates qui ont d'ailleurs placé l'agriculture dans le secteur primaire et renommé de façon méprisante les paysans en « exploitants agricoles ». Alors que la logique de l'extraction de matière ne s'applique pas aux cultures. Ne nous y trompons pas : ces termes étaient nécessaires pour satisfaire les financiers, qui ont ainsi pu coter en bourse les céréales et autres cultures au même titre que les minerais[64].

Mardi 6 décembre

Une dernière leçon ?

Dans les années à venir je recevrai encore bien des leçons de la Nature. C'est ce qui rend le métier attrayant. Apprendre de la Nature, c'est d'abord échouer, pourrais-je résumer. Par exemple, j'ai fait des semis de mâche début septembre dans l'espoir d'en récolter en décembre. Ce mardi, les pieds de mâche sont encore tout petits, avec seulement six voire quatre feuilles. L'an dernier, pour un semis à la même date j'ai récolté les premiers beaux pieds de mâche, complètement développés, début novembre. La cause ? Cette année août et septembre furent des mois chauds et surtout très secs. L'herbe

---

64 Les technocrates sont maintenant aux ordres des financiers, mais à l'origine il y avait l'espoir qu'ils soient indépendants, afin de servir le seul progrès technique de l'humanité. Le malheur du temps présent, c'est de présenter l'apparence de la technocratie, alors qu'en réalité nous sommes revenus à la finance-reine du XIXe siècle. Les technocrates ont abdiqué leur bon-sens technique tout en continuant à se gargariser d'être des experts neutres, alors qu'ils promeuvent des techniques obsolètes mais financièrement rentables. Surtout en France, car en Allemagne les technocrates n'ont pas abdiqué leur honneur, d'où l'innovation technique bien plus importante et orientée vers le développement durable. En Allemagne, les technocrates jouent mieux leur rôle de quatrième pouvoir, entre possesseurs des capitaux, directeurs et syndicats d'ouvriers. Aucun technocrate allemand ne conteste le développement durable. La situation est-elle différente en France à cause des grandes écoles qui forment les technocrates : se sont-elles fourvoyées ?

de mon champ, la belle herbe normande, a roussi dans certaines zones ! La terre était donc trop chaude pour permettre une bonne levée de la mâche, malgré les arrosages. Elle a levé en cinq semaines au lieu de deux l'an passé. Je sème entre autre de la mâche à grosse graine, réputée précoce. Cette année elle n'a même pas levé ! Plus que la météo, je suppose que le paquet de graines était mauvais. Ça arrive : une graine est vivante. Durant le stockage ou le transport, elle peut avoir eu un « coup de chaud » dans le paquet et mourir. Avec les gelées en octobre et la sécheresse qui s'est prolongée jusqu'en novembre, les pieds de mâche qui ont réussi à lever n'ont pas réussi à grossir. La leçon est claire : le jardinier n'est pas le maître du temps chronologique. Semer à telle date pour récolter à telle date, c'est de la théorie ! Pour les mêmes raisons, les céleris raves n'ont pas grossi. Mâche et céleri seront peut-être bons à récolter en janvier, on verra. Peut-être, car il peut y avoir de bonnes gelées qui stopperont tout à fait la croissance en janvier. Et en février, un coup de chaud est sûr et certain. La mâche commencera alors à monter en graine. Oui, le travail de préparation de la terre, de semis, d'arrosage et surtout les quarante heures de désherbage des planches de mâches ne serviront peut-être à rien. Ce n'est pas moi qui décide, plus précisément ce n'est jamais moi qui décide. Dante a écrit cette phrase au début de son *Inferno* : « Toi qui entre ici, abandonne tout espoir. » L'entrée des enfers... ou d'un jardin, tout simplement ? Presque. Le temps ne se laisse pas maîtriser. Pourtant cette situation ne doit pas se renouveler l'an prochain, car ce serait un pas vers la faillite. La solution est déjà trouvée : ombrer les semis, en tendant par-dessus un voile d'ombrage, soutenu par des arceaux. Et faire non pas un mais quatre semis : un début août, un mi-août, un début septembre et le dernier mi-septembre. *C'est le processus classique, que j'ai maintenant bien compris : espoir du semeur → la Nature décide ; espoir déçu ; coup de poing à l'ego* → *innovation technique et diversification l'année suivante !*

Dans le jardin, l'architecte-jardinier fait toujours des paris. Celui ou celle qui espère trouver dans le jardinage agroécologique une activité de tout repos se trompe bien. Les leçons de la Nature sont impitoyables, mais c'est la vie, tout simplement !

SYNTHÈSE

L'essentiel

Au fil des pages précédentes, j'ai présenté pourquoi, quand et comment le jardin a éveillé en moi des émotions déplaisantes. Ce faisant, j'ai pas à pas déconstruit un tabou moderne du mouvement écologiste : celui de la Nature bienfaitrice, toujours bonne pour l'être humain, source inépuisable de joie, origine de la morale et corne d'abondance. La Nature n'est pas toujours plaisante ; et quand elle est déplaisante elle l'est trois fois, comme le montre le tableau de synthèse.

Comment lire le tableau

L'objectif du tableau est simplement de rassembler l'essentiel. Les relations de cause à effet {aspect déconcertant → émotion déplaisante → habitude de pensée à abandonner} ne sont pas univoques. Les aspects déconcertants engendrent parfois plusieurs émotions déplaisantes, parfois une seule. Les habitudes de pensée inculquées par notre société moderne sont relativisées parfois suite à une seule émotion déplaisante, parfois suite à plusieurs.

Aspects déconcertants de la Nature domestiquée au jardin	Émotions déplaisantes que cela suscite	Habitude de pensée qu'il faut abandonner quand on travaille avec la Nature
Imprévisibilité La Nature est à la fois une présence et une absence Indifférence de la	Solitude Narcissisme Égoïsme Désorientation (perte	Causalité stricte Perfection de l'Homme et perfection de la Nature

Aspects déconcertants de la Nature domestiquée au jardin	Émotions déplaisantes que cela suscite	Habitude de pensée qu'il faut abandonner quand on travaille avec la Nature
Nature envers le jardinier (elle nous ignore) Contact avec la mort, omniprésente Vie et mort au-delà de la morale La destruction c'est la vie (les ravages des cultures indiquent la vigueur des ravageurs) L'inconnu (on ne sait pas tout de la Nature) Elle est incontrôlable Perte de l'effet miroir Elle est impitoyable : ravageurs Paradoxale C'est un mouvement perpétuel	de repères) Petitesse de l'Homme (mise en exergue de la faiblesse de l'Homme alors qu'il se considère comme le sommet de la vie sur Terre Soumission Familiarité avec la mort Impuissance (à contrôler, à prévoir) Éloignement de la société (mise en exergue impitoyable des promesses non tenues de la société) Tentation de l'indifférence et du nihilisme Volonté de « punir » ou de se venger de la Nature Misanthropie Tentation de s'enfermer sur soi (étant donné que la Nature ne nous reconnaît pas)	Contrôle total Penser en termes de dominant/soumis La Vie est ce qui est important par-dessus tout / glorifier la vie Concept de « droit » humain Se réjouir des récoltes et se lamenter des ravages Le temps absolu : le temps chronologique n'est pas linéaire (mesuré à l'aune de la croissance des plantes il n'est pas identique d'une saison à l'autre et d'une année sur l'autre) La vitesse c'est la puissance L'idéal d'équilibre auto-régulateur Le bonheur sur commande

Ce tableau est mon seul vécu : je ne prétends pas en faire une règle générale et je ne prétends pas avoir toujours été très rationnel dans l'interprétation de mes émotions. Néanmoins, je suis toujours passé par quatre phases :

1. Expérience de l'émotion déplaisante ;
2. Cela m'incite à chercher à mieux comprendre la Nature ;

3. Cela m'incite à travailler sur moi-même (à mieux cerner ces émotions nouvelles, à mieux les exprimer) ;
4. Cela m'incite à mettre en lumière le décalage entre la vie dans la société moderne et la vie au contact de la Nature. En particulier cela me fait mieux voir les illusions dont nous berce la société moderne.

Faire l'expérience soi-même des aspects déconcertants de la Nature, ressentir ces émotions déplaisantes qui les suivent, être mis en face de la nécessité de se questionner soi-même (son éducation, ses valeurs, sa culture) et de relativiser la glorification de la société moderne : c'est un bon début. Ensuite, il faut savoir aller au-delà de ces constats. Chaque semaine je constatais l'autre monde du jardin, chaque semaine je continuais à pester et à être amer envers la Nature et envers moi-même. Quand j'ai pris conscience de ces répétitions, j'ai aussi pris conscience de la nécessité d'avancer. Je ne voulais pas en rester là. Je suis donc arrivé à l'ephexis, la suspension du jugement par-delà la distinction entre le bien et le mal. C'est l'étape suivante. L'ephexis s'accompagne de la relativisation de tous les repères, valeurs, devoirs, vertus, habitudes de pensée que la société moderne m'a inculqué via l'école, la culture, les voyages, la famille, le travail dans l'industrie... À partir de ce moment-là j'ai eu un pied de chaque côté de la ligne qui sépare la société humaine de la Nature. J'ai fait des aller-retours nombreux entre pragmatisme cru, romantisme écologique, quête de sens, économie, politique. Je me suis immergé dans mon jardin qui est hors-société et en même temps qui est un formidable belvédère pour observer et analyser la société.

Voici résumées les principales « trouvailles » de cette aventure émotionnelle, étoiles lumineuses qui aident à traverser la nuit :

- **la Nature remplissante ;**
- **l'ephexis ;**
- **la joie simple d'être, d'exister ;**
- **la nature humaine d'architecte intelligent.**

Quand la nuit vient au jardin : tout ce qui nous déconcerte dans la Nature, tout ce qui nous déplaît et nous force à relativiser quasiment tous nos repères, est en fait *une incitation à l'humanité*. Après tout ce que j'ai vécu au jardin, je suis convaincu que notre humanité ne provient pas uniquement de la vie en société. Le contact humain, l'échange avec des personnes qui pensent comme nous et qui ne pensent pas comme nous, qui travaillent comme nous et qui ne travaillent pas comme nous, est enrichissant. Même quand ce contact est désagréable voire dangereux, il est l'occasion d'enrichir et de mettre à l'épreuve notre humanité. Mais il n'est pas *toute* notre humanité.

Étant donné que j'ai grandi entre les cultures occidentales, chinoises et du Pacifique, que j'ai grandi dans une mégapole (Hong Kong) après avoir connu la Nouvelle-Calédonie et ensuite Tahiti, territoires immergés dans la Nature, après avoir travaillé en laboratoire industriel, j'avais besoin de travailler au contact de la Nature. Par ma petite entreprise agroécologique, je renoue avec « l'humanité naturelle » qui est si présente dans les territoires d'Outre-Mer, et si absente en Europe, voire oubliée. Elle disparaît au fur et à mesure que disparaissent les paysans (et les pêcheurs). L'agriculture et la pêche industrielles, totalement soumises à la société, ne peuvent pas maintenir vivante notre humanité naturelle ; elles nous aliènent de la Nature, ce faisant elles nous aliènent de nous-mêmes.

Ce passage de la nuit fût un enrichissement personnel : en restant en ville je n'aurais jamais connu tout ça, je n'aurais jamais évolué ainsi sur les plans émotionnel et intellectuel. Je ne suis plus le même homme.

Jardinier versus citadin

On peut me reprocher de poser là une frontière trop nette : que celui qui vit en ville ne peut pas connaître les épreuves de celui qui vit au quotidien le contact avec la Nature. Que son humanité serait tronquée. Je suis tenté, effectivement, de faire ce jugement. J'ai rencontré bien des personnes qui se disaient être écologistes dans l'âme ; pour autant elles ne voulaient rien d'autre que vivre en ville. C'est comme dire qu'on adore les animaux, qu'on est anti-spéciste, végan, alors qu'on ne veut pas les côtoyer au quotidien : ce n'est pas cohérent. Je crois que certaines de ces personnes disent qu'elles aiment la Nature et les animaux pour la seule raison que ça fait bien, parce que ça leur donne, pensent-elles, un style « écolo-intellectuel » branché, à la mode. Elles ne sont pas honnêtes. L'honnêteté voudrait qu'elles disent que cela les laisse indifférentes. Et d'autres de ces personnes disent cela parce qu'elles sont indécises. Elles savent que la vie en ville n'est pas idéale, mais pour des raisons pratiques elles y restent quand même. Les plus ardents défenseurs des ABA sont des citadins !

On peut différencier le vrai citadin, qui vit en ville dans un petit appartement, du citadin de banlieue, qui habite un pavillon avec jardin. Ce citadin-là, qui appartient à la classe moyenne, qui travaille dans l'industrie, jardine pour son plaisir et pour se reposer de son travail. J'ose une question : est-il vraiment en contact avec la Nature ? Peut-être le pense-t-il sincèrement, ou peut-être sait-il que son jardin n'est qu'un ersatz de Nature. Dans tous les cas, il ne peut pas éprouver pleinement les aspects déconcertants de la Nature, car pour lui il n'y a pas d'enjeux vitaux. Si une récolte est perdue, il n'a pas moins d'argent sur son compte. Dans ces conditions-là, philosophiquement parlant, peut-on vraiment connaître les joies du contact avec la Nature, si on n'est pas contraint d'en connaître aussi les peines ? Je remercie ces citadins défenseurs des

ABA, mais je les invite à la cohérence, c'est-à-dire à quitter le confort de la ville et à mettre les mains dans la terre. Pour qu'ils reconstruisent leur humanité naturelle. Il faut passer de la parole aux actes. Sinon à moyen terme leur discours, seul, sera incohérent, car on leur reprochera de parler de choses qu'ils ne connaissent pas, et on les qualifiera d'idéologues et de moralistes.

Peut-être, cher lecteur, vous reconnaissez-vous dans ces lignes. Si vous quittez la ville pour la campagne, ne le faites pas par idéologie, pour suivre la mode. Votre motivation ne doit pas être non plus uniquement pragmatique. Certes à la campagne le « cadre de vie » est meilleur qu'en ville. Mais les salaires sont plus faibles et il faut donc travailler plus pour maintenir son train de vie. Ou bien il faut accepter de vivre modestement, très modestement. Ce qu'il y a à « gagner », c'est le contact avec la Nature. Il faut que vous puissiez passer du temps au contact de la Nature, sans quoi vous ne pourrez pas vous épanouir plus qu'en ville. Votre humanité naturelle restera un projet jamais construit. Or ce doit être cela votre objectif. Est-ce vraiment cela que vous voulez ? L'humanité naturelle ne se voit pas sur une feuille de salaire !

Il faut quitter la ville simplement parce que vous n'avez plus rien à en apprendre. Parce que vous avez admis que cette vie urbaine vous limite et que vous avez l'intuition que le contact avec la Nature va vous apporter quelque chose de plus – ou vous soulager de quelque chose. Ainsi vous serez aptes à acquérir une nouvelle gamme de repères au contact de la Nature, et vous la ferez fructifier. Cela prendra la forme d'innovations entrepreneuriales dans l'agriculture et dans l'artisanat. Vous vous inscrirez dans la durée, dans la profondeur, dans l'authentique ; vous serez un véritable « néo-rural », qui allie tradition et innovation, et non plus un simple citadin qui apprécie de lire des livres sur les ABA.

Est-il possible, au contraire, avoir envie de quitter la campagne et sa Nature pour aller vivre en ville ? Quand on est jeune certainement. Il faut connaître la ville et l'industrie. Le couple industrie-ville est le centre de la société moderne, c'est une évidence. Il faut s'y confronter, il faut en apprendre autant que possible, il faut savoir ce que c'est. Il faut connaître le « moule » du métro-boulot-dodo, de la vie de bureau ou d'usine, les restaurants, les loisirs urbains, le gris des trottoirs et les odeurs de pisse dans les ruelles. Mais y rester toute une vie ?

Le jardinier n'est pas meilleur que le citadin, le citadin n'est pas meilleur que le jardinier. Je n'ai pas le droit de juger, même si cela me tente. C'est que la Nature ne parle pas à tout le monde. C'est comme les goûts et les couleurs, ça ne se discute pas, je l'admets. Je peux suspendre mon jugement sur les citadins, citadins qui sont les premiers défenseurs de la liberté individuelle, mais l'égalité dans la liberté implique le respect. Or les citadins n'arrêtent pas d'artificialiser les champs, les transformant en parkings, en lotissements, en centres commerciaux, en zones industrielles. Les villes s'étendent sans arrêt. Le pouvoir est aux citadins, c'est un fait. À l'inverse on ne voit jamais de jardiniers détruire des routes ou des parkings pour y recréer des jardins. Essayez, et on vous mettra en prison et on vous jettera des cacahuètes comme à un singe, en moquant votre humanité ratée. Un centre commercial, ce n'est jamais « rien » mon bon monsieur ! Par contre pour beaucoup de citadins, un champ, un étang, un bosquet, c'est « rien ». Exprimez sur la place publique votre idée de transformer une route en jardin et l'on vous traitera d'écologiste punitif, de rétrograde, d'anti-progrès, de sectaire voire de néo-païen fasciste. Aucun journal ne vous permettra plus de vous exprimer dans ses colonnes. Les citadins ont l'argent et les bulldozers pour araser la nature, moi je n'ai que des mots pour défendre l'humus et les bourgeons ! Alors dès que je peux, je monte au front avec mes arguments pour dénoncer cette loi du plus fort et ridiculiser ses apôtres : la loi du plus fort, c'est dans la jungle et pas dans une société qui se dit humaniste ! Baissons les bras et dans cinquante ans toutes les terres appartiendront à des entreprises multinationales avides d'affamer les peuples pour s'enrichir, peuples qui vivront de plus en plus nombreux dans des villes de plus en plus grandes, car ils auront accepté l'idée qu'il n'y a d'humanité qu'en ville. Que la campagne n'est jamais qu'un « trou perdu ».

Je crois que la force des néo-ruraux réside dans leur connaissance des deux mondes, ville et campagne. Et dans leurs métiers, ils allient tradition et innovation. Ils sont donc très bien placés pour acquérir de nouveaux savoirs et pour imaginer de nouveaux idéaux pour la société future. Quand les promoteurs de la ville font reposer leurs visions sur toujours plus de béton, d'industrie, de technique, les néo-ruraux voient qu'il est indispensable d'équilibrer l'urbain et le rural, c'est-à-dire de retrouver notre humanité naturelle et de la mettre au même niveau que notre humanité sociale. Sans cela, ils ne voient pas comment notre civilisation pourrait éviter de sombrer dans le chaos et dans l'aliénation.

L'honnêteté ne fait pas vendre

Aucun grand éditeur n'accepterait la publication de ces lignes. Je te critique bien trop, cher lecteur ! Plus largement, mon appel à la cohérence pourrait faire passer les agriculteurs de la bio et des ABA pour des intégristes verts. Ça pourrait faire fuir les clients tout juste acquis à la cause du bio. Ça pourrait scier la branche de la mode du jardinage bio et de la permaculture. Mais quel est le nerf de la guerre pour ces grands éditeurs côtés en bourse ? C'est de faire du profit et non de répandre la vérité. C'est un choix personnel que de ne pas être publié par de grands éditeurs : ils ne méritent pas mes écrits. Pour la petite histoire, un grand éditeur du jardinage m'avait demandé un ouvrage de découverte de l'agroécologie. D'abord enthousiaste, j'ai tergiversé puis finalement renoncé. Il me proposait de gagner 45 centimes par ouvrage vendu, je précise vendu au prix de 15 euros ! Cet éditeur qui disait vouloir participer à l'émergence d'une nouvelle forme de jardinage, et plus globalement d'agriculture, n'avait aucune honte à reproduire le fléau de l'agriculture conventionnelle, à savoir payer le producteur – dans mon cas l'écrivain – le moins cher possible ! Bel exemple d'hypocrisie ou à tout le moins d'incompréhension totale des objectifs de l'agroécologie.

De la genèse de ce livre

Dès l'année précédente (2015), je commençais à entrevoir que jardiner en respectant la Nature, avec des objectifs de production, allait passer par une relativisation de mes certitudes. Je commençais à éprouver des émotions contradictoires au jardin. C'est de là que m'est venue l'idée de ce livre, qui au printemps de cette année 2016 n'avait encore la forme que d'une seule question : trop côtoyer la Nature peut-il rendre fou ? Cette question, très rarement posée, est pourtant le reflet obscur de la question que tout le monde se pose dès qu'on parle de protection de l'environnement, à savoir « la Nature peut-elle rendre heureux ? » Tout le monde regarde vers la lumière. Moi aussi les années précédentes j'étais tout tournesol. Je n'avais en tête que cette question, et j'y trouvais d'innombrables réponses positives, expliquées dans mes précédents ouvrages. Avec les premières émotions contradictoires, j'ai décidé de me tourner résolument vers l'obscurité. De « prendre le taureau par les cornes » : accepter les émotions déplaisantes, les regarder en face et les explorer, tout en en retirant une expérience utile. D'où la question « comment la Nature peut-elle rendre malheureux ? » Et pour être certain de ne pas occulter d'émotions déplaisantes, j'ai étendu la question en « la Nature peut-elle rendre fou ? » Car la folie, c'est la perte de notre humanité, donc le plus grand des malheurs.

La folie nature-genesis est a priori double : elle résulte conjointement du contact total avec la Nature et de l'absence de contact avec les autres êtres humains. Ne vivant pas comme un ermite, il m'a semblé plus intéressant et plus « productif » de m'orienter vers le seul aspect du contact avec la Nature. *Tout le temps* agir dans, avec et par la Nature peut-il rendre fou ? Car l'absence de prévisibilité dans la Nature, qui me devenait de plus en plus évidente, brouille la causalité, brouille la relation de cause à effet. Une des définitions de la folie est justement la perte, ou la non-acquisition, de la compréhension du lien entre une cause et son effet. Le fou répète toujours le même geste vain, car il a l'espoir qu'une fois au moins se produira l'effet attendu. Le jardinier, ou l'agriculteur, afin d'être certain d'obtenir une récole, doit faire plusieurs semis espacés dans le temps et / ou à divers endroits. Il sait qu'une partie de ce travail sera vaine ; il accepte de travailler pour rien. Voilà une mentalité totalement incompatible avec la société moderne productiviste qui abhorre la perte. Ne sont-ce pas les fous, sinon les déficients mentaux, qui travaillent pour rien, pense le citadin employé de l'industrie ? L'agriculteur doit expliquer à ce citadin qu'envisager la perte de récolte, la prendre en compte, n'est ni insensé ni fataliste : c'est la meilleure stratégie possible pour s'assurer d'une récolte *malgré tout*.

Je pense que cette question de la folie dans la Nature se pose véritablement, car dans le fond on peut faire deux suppositions. La première est que la bonne santé mentale de l'espèce humaine résulte d'une saine confrontation entre ce qui fait sens (ici considérons l'organisation sociale, la technique) et sur quoi nous avons tout pouvoir, avec ce qui ne fait pas de sens (ici considérons la Nature, son imprévisibilité, son absence de besoin, de causalité d'attente vis-à-vis de l'être humain) ? Pascal[65] a posé une ligne en écrivant qu'il y a « deux excès : exclure la raison, n'admettre que la raison ». Dans un processus d'édification personnelle, il est bon, de temps en temps, d'essayer de comprendre le non-sens, ces lieux et ces temps où la raison semble exclue. Le succès populaire des histoires de Guy de Maupassant, où Maupassant élabore le couple eau-folie, prouve que ce n'est pas une démarche malsaine que d'envisager l'étrange et l'irrationnel. C'est ce que l'on enseigne à nos enfants au collège. La seconde supposition n'engage que moi : Nous savons avec certitude que la Nature a œuvré sur nous une sélection biologique. Nos ancêtres ont été sélectionnés sur leurs caractères biologiques. Par exemple, Neandertal a disparu parce que biologiquement il était moins apte qu'*Homo sapiens sapiens* à vivre dans la Nature à une époque donnée. Pareillement, je suppose que la Nature a aussi œuvré une sélection psychologique sur nos ancêtres. La taille du cerveau de nos ancêtres a progressivement augmenté, permettant de plus amples capacités pour penser d'une part, et pour ressentir des émotions d'autre part. Il me semble possible que les individus qui n'arrivaient pas à « gérer » intellectuellement leurs émotions au contact de la Nature omniprésente, soient morts par prostration ou par auto-mutilation ou par suicide. Ils étaient peut-être fous. Bien sûr, je doute que nous disposions d'assez d'informations fossiles pour infirmer ou confirmer cette supposition. Dans la folie, qu'est-ce qui relève de la biologie d'une part, et de l'intellect, l'intellect conscient de lui-même, d'autre part, me demanderez-vous ? N'étant pas psychiatre ou psychologue, je ne peux pas esquisser plus précisément ma supposition. Je la lègue à qui veut.

Les connaissances sur la folie, ou sur les déviances mentales de légitimation de la souffrance, folie et déviances qui seraient engendrées par un contact trop intense avec la Nature,

---

65 Cité par Henri Pena-ruiz dans son article *Le scepticisme, une école de lucidité ?*, FM-Mag N°50, septembre-octobre 2016.

semblent rarissimes (si l'on exclut les cultes liés aux divinités naturelles de la Mort et de la déchéance). Mes recherches, cantonnées à internet il est vrai, ont été vaines. Notre culture semble postuler que la Nature ne peut pas rendre fou. L'ermite qui s'isole dans la Nature est ce qui se rapproche le plus d'une folie qui serait générée par la Nature, et encore. Si l'on concède effectivement aux ermites un brin de folie, on leur concède en même temps une solide et profonde sagesse. Comme si un brin de folie était le prix à payer pour une profonde sagesse.

Néanmoins, le jardin n'est pas la Nature sauvage. La question de la Nature qui rend fou est théoriquement valide dans l'absolu, mais elle est infondée au jardin. Au jardin, on peut poser la question de comment le contact avec la Nature peut rendre heureux. Question évidente, comme je l'ai dit plus haut. On peut aussi poser la question de comment le contact avec la Nature peut aider à recouvrer la santé mentale, ou aider à supporter la folie. Je suppose qu'il existe déjà des projets thérapeutiques en ce sens et je ne m'étendrai pas sur le sujet. Une autre question, très simple, m'est donc venue à l'esprit : sans rester au niveau des généralités, que faire des émotions déplaisantes que l'on éprouve dans un jardin agroécologique ? Ainsi j'allais pouvoir contrebalancer le mythe romantique d'une Nature toute positive non par un mythe opposé (une Nature « sombre » qui déshumanise, qui rend fou) mais par une troisième voie, modérée, d'épanouissement personnel consistant en un travail sur les émotions déplaisantes au jardin.

Demandez la suite !

Depuis le printemps j'ai réalisé des tâches diverses et nombreuses dans le jardin (travail du sol, semis, plantations, paillage, récoltes...). J'ai vécu des émotions variées, des déplaisantes comme des plaisantes, car il y a aussi ne l'oublions pas la joie de cultiver de façon agroécologique, qui est largement présentée dans mes autres ouvrages (la joie de la mise en œuvre des techniques agroécologiques selon la maxime Sagesse – Force – Beauté, cf. le cours technique). En cette fin du mois de septembre, où les actions au jardin deviennent moins nombreuses, il me semble que j'ai fait le tour de mes émotions. Il est donc opportun d'entamer une nouvelle phase : une phase de réflexion sur ce vécu, une phase de pensées sans contraintes, pour aller au bout de mon ressenti et pour le faire fructifier.

Après celle-ci, la dernière phase sera une phase de recherche de repères et de positionnement vis-à-vis de penseurs connus[66].

---

66 La réalité du jardin m'y obligeant, j'ai complété le journal d'un obligé de la terre en décembre, après avoir rédigé les chapitres Pensées sans contrainte et En quête de repères.

PENSÉES SANS CONTRAINTE

Une question de temps

Il y a dans le jardinage un éternel recommencement : année après année je cultive, semaine après semaine je sème, régulièrement j'arrose, à chaque printemps et à chaque automne je fauche, etc. Mes gestes se répètent parce que la Nature se répète. Mais à chaque fois, les gestes que je fais sont uniques, car les conditions naturelles varient (la météo en premier lieu, mais aussi la vie des petits habitants plus ou moins désirés du jardin). Les années se suivent mais ne se ressemblent pas, dit-on. Elles peuvent différer grandement, du tout au tout, et elles peuvent différer subtilement. Les années, les saisons, les jours peuvent se ressembler *presque*. C'est la subtile dualité du temps : un recommencement qui n'est jamais tout à fait identique à lui-même.

Quand je suis absorbé dans quelques pensées, je jardine de façon machinale. Mais quand mon esprit est libre, j'arrive à être réceptif à ces changements les plus subtils dans la continuité. Je perçois les ralentissements et les accélérations du rythme cyclique de la Nature. Quand j'arrête de penser la Nature, quand je vis avec elle, ne serait-ce que quelques instants par jour, cela me procure une grande satisfaction. Je suis content de pouvoir percevoir ces subtiles nuances dans mon environnement, et cela n'est pas anodin. Quand j'étais citadin, coincé entre les routes, les immeubles, les rails et les murs, il m'était physiquement impossible de recevoir ces stimuli fins, car l'environnement urbain n'est pas subtil. Il n'envoie aucun « signal » subtil. Tout y est construit par la main de l'homme, donc tout ce que l'œil perçoit, l'intellect le comprend immédiatement. Aucune construction ne surprend, si ce n'est celle destinée à surprendre. Tout y est aussi construit justement pour durer, pour braver le temps.

Le recommencement naturel qui n'est jamais tout à fait le même est facilement compréhensible intellectuellement. Mais le ressentir, le percevoir, est de l'ordre du subtil. Si les différences d'un jour à l'autre peuvent être grossières et donc facilement perçues, les différences entre les pluies, entre les chaleurs de l'air, entre les vents, entre les chaleurs qui remontent de la terre, entre les odeurs qui émanent du jardin, sont subtiles. Je les perçois de plus en plus finement et sûrement plus je passe d'années dans mon jardin : rien ne peut remplacer ce vécu.

C'est comme la sensibilité à la musique : elle s'accroît plus on écoute de la bonne musique. Et l'effet sur nous est le même : cela nous rend subtils, fins. La mélodie secrète du jardin... uniquement pour le jardinier qui passe de longues heures à ressentir, et non à penser.

Quand on passe beaucoup de temps à cultiver, dans mon cas c'est tous les jours de mai à octobre, on s'habitue à ce recommencement avec de subtiles variations. Et on prend conscience que cette subtilité contraste de plus en plus avec la société de loisirs et de consommation : celle-ci m'apparaît de plus en plus brutale, grossière, peu raffinée. Notre économie repose sur l'invention et la vente incessantes de *nouveautés*. Les voix de la publicité moquent, honnissent, déprécient, dédaignent ce qui n'est pas tout à fait nouveau. « Hou ! La *vieille* voiture ! Le *vieux* canapé ! » Messages débilitants – il faut dire ce qui est. La nouveauté, mot culte, agit comme un appât pour haranguer le client. Ce qui n'est pas nouveau ne vaut rien, veut-on nous faire croire. Et comme on aime s'entourer de choses de valeur, il faut jeter l'ancien et le remplacer par du nouveau.

En comparaison avec la Nature, c'est là *trop* de nouveauté. Il y a déséquilibre quand la nouveauté n'est plus l'épiphénomène du recommencement. Dans notre société la nouveauté est devenue le standard. La nouveauté ne peut donc plus nous surprendre, elle est devenue prévisible. Une nouvelle thérapie : bof ! Un nouveau combustible : bof ! Un nouvel outil : bof ! L'homme moderne est blasé de toutes ces nouveautés. S'il n'en devenait pas blasé, s'il devait s'émerveiller à chaque nouveauté, donc à chaque seconde, et il en deviendrait mentalement malade.

Après avoir écouté des publicités à la radio ou après être allé en centre-ville faire des courses, pour me laver la tête et les oreilles du message subliminal et agressif « achète tout ! » auquel personne ne peut échapper, le jardin me permet de recouvrer ma santé mentale en resituant chaque nouveauté dans le cycle du grand tout et en m'incitant à percevoir les *petits* changements, les *petites* différences. Ainsi le présent retrouve ses justes proportions dans le temps.

C'est presque bête à écrire, mais jardiner avec la volonté de respecter la Nature, c'est devenir une partie intégrante de l'infini du temps. Celui qui n'a d'yeux que pour le présent, qui ne veut que de la nouveauté tout le temps, chaque jour, chaque heure, à chaque programme télévisé qui doit être nouveau, à chaque « buzz » médiatique qui doit provoquer la sensation, il ne vit que pour passer d'une étincelle à une autre. Il croit qu'ainsi il reste en vie, brillant des feux de la nouveauté sans cesse renouvelés. Comprenons donc bien le message bouddhiste de vivre « ici et maintenant », de vivre pleinement dans le temps présent. Ce message nous invite à vivre dans le monde tel qu'il est, pas dans le monde tel que nous le pensons. Il nous invite à voir l'arbre, pas à voir le souvenir que nous avons en mémoire de l'arbre ou sa définition scientifique. Il ne nous invite pas à acheter chaque nouveauté qui sort ou à oublier le passé. Il nous invite à comprendre, et à ressentir, que l'étincelle du présent, chaque fois unique, est en même temps ce grand rythme de la Nature. Une subtile dualité.

Alors finalement, qu'est-ce donc que cette joie qui nous emplit quand on ressent « dans nos tripes » cette subtile dualité {recommencement / légères variations} ? Cette joie est totalement satisfaisante et remplissante, quand la joie que procure l'achat d'une nouveauté – un gadget technologique ou un outil de jardin – n'est qu'éphémère. Cette joie est donc, tout simplement, un des aspects de notre condition humaine. Éprouver cette joie, c'est être en phase avec notre « substance » d'être humain. Vivre de tels instants, c'est faire honneur à notre héritage biologique, qui nous vient de nos lointains ancêtres qui vivaient immergés dans la Nature. Je la situe entre la joie d'exister et la joie de la Nature remplissante, tout en étant plus élaborée que la première et plus abstraite que la seconde (car le temps est plus abstrait que les plantes ou les animaux).

Vous me direz que cette capacité à ressentir les subtilités de la Nature n'est pas utile dans notre société majoritairement urbaine. Tout comme d'avoir un odorat très développé. Tout comme le petit doigt ou le petit orteil. Certes. Je souhaite juste vous dire que nous le pouvons *encore*. Dans mille ans, nos descendants trans-humanisés auront peut-être complètement perdu cette capacité. Mais si nous utilisons sciemment cette capacité, comme nous utilisons sciemment notre nez, alors elle continuera à se transmettre.

Le silence

Mes poules grognent et chouinent pour demander à manger, mes chats miaulent pour obtenir leur pitance. Ils me tapent parfois sur les nerfs : ces bêtes ne semblent avoir aucune patience. Pour autant je les remercie de ces appels bruyants, car sans elles mon jardin serait tout à fait muet. Ces bêtes *exigent* de moi de l'eau, de la nourriture, un abri. Mon jardin lui n'exige rien de moi, absolument rien. Certes je sème, j'arrose, je paille, je tonds, etc. quand cela est nécessaire, afin d'avoir un étalage bien fourni au marché. Mais c'est une relation unidirectionnelle : de moi à mon jardin il y a ma volonté ; de mon jardin à moi il n'y a rien. Il ne me parle pas. C'est le silence du jardin, un silence déconcertant.

Là encore, comme pour toutes les émotions, comprendre est facile, le vivre est irremplaçable. Car c'est un contraste très fort avec la société : dans la société il y a toujours quelqu'un ou quelque administration pour exiger quelque chose de vous (argent, temps, force de travail...) Être en société, c'est par essence agir pour les autres individus, c'est servir, c'est devoir.

Le jardin n'exige rien de nous. Son silence pourrait laisser croire que le jardinier est libre de tout faire ou de ne rien faire. Erreur ! Paradoxalement, le silence du jardin nous soumet mieux encore que le plus tyrannique des patrons. On ne discute pas avec la Nature ! Si je ne fais pas ce qu'il y a à faire, semer, planter, pailler que sais-je encore, personne ne vient me sermonner, me rappeler les dates limites (ASAP[67]...), m'arrêter, me confisquer mes biens, me jeter en prison, ce qui est le sort dévolu au simple citoyen qui refuserait de payer la TVA (violence légitime de l'État). Le silence du jardin n'est pas un prétexte pour ne rien faire. Si je ne fais rien, je perdrais des récoltes, et ça ne gênera que moi. Si je fais ce qu'il y a à faire, alors j'aurai des récoltes ... peut-être. La Nature est un drôle de patron !

Plus sérieusement, en vivant ce silence, donc cette absence / présence de la Nature, je dois me demander où nos ancêtres sont allés chercher l'idée que c'est une (ou plusieurs) divinité qui s'exprime via la Nature ? Ou que la Nature elle-même est divine ? Ces logiques de personnification de la Nature tombent sur un mur : le silence, l'absence, l'indifférence de la Nature

---

67 « As soon as possible » : directive anglophone utilisée en entreprise pour inciter à travailler aussi vite que possible.

vis-à-vis de l'être humain. Peut-être parce que c'était pour nos ancêtres plus facile d'imaginer qu'il y a quelque chose ou quelqu'un qui dirige la Nature, plutôt que rien. Ou parce qu'ils se sentaient seuls ?

En tout cas, l'être humain me semble plutôt être la personnification de ce grand principe dont on peut dire qu'il dirige la Nature : *ordo ab chaos*. L'ordre émerge du chaos. Nous sommes là : pourquoi chercher quelqu'un d'autre ?

Respiration agricole

Lieu commun : on ne peut pas faire autrement que d'inspirer et d'expirer. Inspirer c'est prendre, expirer c'est donner.

Dans le jardin, prendre c'est récolter, donner c'est protéger et nourrir le sol. Respiration agricole.

Explications sur la conscience de soi

J'ai expliqué en début d'ouvrage mon utilisation indifférenciée des termes liés aux émotions (note 2 p. 4). On peut légitimement contester ce manque de précision et justifier les distinctions entre émotion, sentiment, humeur, état d'âme, etc. Personnellement, je ne fais pas ces distinctions tranchées : ce sont toutes des émotions. J'y vois des différences de degré, progressives, et non de nature : différence d'intensité, de durée, de direction. Pour moi, tous les mots prêtent à émotion, c'est-à-dire, étymologiquement, à une « mise en mouvement ». Ma pratique méditative m'a fait percevoir que la conscience la plus fondamentale que j'ai de moi-même, pour ainsi dire « en dessous » de tous les mots, de toutes les émotions, de toutes les actions, est un potentiel d'énergie qui, quand il se manifeste, me met en mouvement. Il n'y a que deux « choses » : un point énergétique et un mouvement. Que ce soit pour vivre une émotion, pour penser, pour agir. Cette conscience de base est presque évidente lors d'une émotion. Elle est moins évidente quand je pense. Quand je fais un geste (sportif ou non), elle n'est pas non plus évidente. Ma conscience de base est une sorte de proto-émotion.

Je ne sais pas si tout le monde a cette conception de soi, mais je ne veux pas ici m'appesantir sur ces considérations. Je veux en venir à cela : que pour moi tous les termes du dictionnaire ne me font sens que lorsque que je les ressens. Par exemple, le terme d'exception est pour moi à la fois un ressenti, une émotion, et un concept intellectuel. Considérons l'exception du jardin. Tout jardin est une exception. Si l'on s'arrête de jardiner, tout le jardin s'arrête lui aussi. Il n'existera même pas une saison sans le jardinier ; « la Nature reprendra ses droits » dès la seconde où le jardinier aura remisé ses outils. Toutes les actions du jardinier commencent à s'effacer dès qu'il les a terminées. Malgré tout l'effort que je mets dans mon jardin, il ne sera jamais qu'une chose fugace, fragile, un instant d'exception.

Petitesse de l'être humain. En même temps grandeur de l'être humain, qui n'hésite pas à agir, à braver le temps infini, même s'il se sait ridiculement temporaire. Là encore, une subtile dualité qu'il faut vivre.

Libre est mieux que soumis

Chaque métier a des avantages et des inconvénients. Celui de jardinier a beaucoup d'inconvénients en comparaison d'un emploi dans une entreprise « classique », mais il ne faut pas en oublier les avantages. Petit rappel :

- Être son propre chef : on peut faire une pause dans la matinée ou dans l'après-midi, pour remplir quelque obligation ou faire quelques courses ;
- Pas de pointage ;

- On ne reçoit aucun ordre. Fini les allusions coercitives, les remarques humiliantes, les ordres secs, les rappels à l'ordre violents, les sous-entendus abaisseurs ;
- On juge soi-même de la qualité du travail, et donc on est seul juge de notre valeur en tant qu'être humain ;
- On fixe son salaire : pour gagner beaucoup, il suffit de travailler beaucoup. Surtout, si l'on estime avoir gagné assez d'argent, on peut réduire le rythme de travail, ce qui est tout à fait impensable dans une entreprise « classique » ;
- On s'habille comme on le souhaite – fini l'uniforme qui réduit l'humain à la fonction ;
- Pas de collègue lent, fainéant, incapable, qui colporte des ragots ou qui appuie sur les tensions entre les employés, et que l'on doive supporter ;
- Ni temps ni frais de transports ;
- Pas de pressions dans le style toujours plus, toujours plus vite, toujours plus de contrôles.

Donc, même si je gagne maintenant environ six fois moins d'argent que lorsque je travaillais dans l'industrie comme employé soumis, je dispose en contrepartie d'une liberté et d'une qualité de vie maximales. On ne peut pas tout avoir !

L'alpha et l'oméga

Qu'est-ce qui incite le jardinier ou l'agriculteur à investir ses efforts, son temps, son argent, dans sa terre et dans ses outils, quand on sait que les récoltes et la vente ne sont jamais certaines ? Dans cette question toute bête, se trouvent l'alpha et l'oméga des métiers de la terre.

Première réponse, simple et fondamentale : pour la fierté que cela procure d'être un pilier indispensable de la société. Les modes passent, les gouvernements passent, les systèmes économiques passent, guerres et paix se succèdent, mais on a toujours besoin de manger. Le ventre vide, l'espèce humaine ne vaut rien. Dès que le travail d'une personne au champ permet d'en nourrir une deuxième, c'est le début de la société.

C'est cette fierté qui est aujourd'hui bafouée de façon grandiloquente, par la course aux prix les plus bas, par la course à la quantité plutôt qu'à la qualité, par la course à la mécanisation plutôt qu'au développement et à la reconnaissance de l'*art agricole nourricier*. Par la sécurité sociale du monde agricole même, qui ne reconnaît pas comme agriculteurs celles et ceux qui, comme moi, cultivent de petites surfaces et vendent de petites quantités !

Quand on achète des pommes de terre à dix centimes le kilo, ou de la farine à cinquante centimes le kilo, on se réjouit de faire une « bonne affaire », mais en même temps on crache au visage d'un agriculteur. On exige de lui des produits qui vont nous coûter aussi peu que possible, comme si l'alimentation n'était pas importante. Oui, on a tous notre part de responsabilité dans la déconsidération générale des métiers de la terre.

Même l'argent ça va, ça vient : je ne pense pas que les agriculteurs aient peur des dettes. Il me semble que c'est surtout quand leur raison d'être est atteinte, c'est-à-dire quand la terre ne plus être cultivée et porter ses fruits, que les agriculteurs sont tentés par le suicide. Avant d'être une personne, un adulte, un enfant, un nourrisson, un embryon, on est une poignée de minéraux éparpillés dans la terre, dans l'eau et dans l'air. On oublie trop souvent cette origine. Vous marchez sur un sentier en terre le long d'un champ, votre pied dérape et arrache de l'herbe. La terre noire qu'elle recouvrait est mise à jour. Pensez-y : il y dans cette terre un être humain en gestation ! Ne marchez pas trop fort sur les générations futures ! Et n'oubliez pas non plus l'importance de ceux qui aiment cultiver la terre avec respect, pour faire passer cette terre noire riche en humus au stade de matière pensante (nous êtres humains).

Et voici une seconde réponse toute personnelle : le jardinier aime investir dans sa terre et dans ses outils, même si son gain est incertain, car il s'agit d'une aventure. Cette aventure, c'est tout ce que je décris de mon activité dans ce livre et les précédents. Il y a plusieurs objectifs à cette aventure. D'une part, à travers toutes les réflexions pour utiliser la science écologique, il s'agit de tendre vers une forme idéale d'agriculture – ou plus modestement de jardinage : durabilité de la fertilité du sol, goût et valeur nutritive maximales des fruits et légumes, faible pénibilité du travail. D'autre part, il s'agit de réaliser une agriculture qui dépende le moins possible des phénomènes séculaires (gadgets techniques, système économique, modes...) Donc de réaliser une agriculture atemporelle (il faut bien utiliser ce mot n'est-ce pas, qui dérive de l'adjectif durable). Enfin, je poursuis aussi un objectif de renaissance. À travers le jardinage agroécologique, qui est un travail dans le respect de la Nature, je cherche à accéder à la réalité débarrassée au maximum des habitudes de penser et d'agir de la société séculaire. Il s'agit de devenir (de redevenir ?) un homme neuf, un nouveau-né. Je suis sur un chemin de renaissance. Non pas physique (quoique ma santé s'est nettement améliorée depuis que j'ai quitté la ville et le rythme de vie citadin) mais intellectuel, émotionnel et spirituel[68].

Auparavant, les supermarchés, internet, l'industrie, le sport collectif, constituaient mon quotidien. C'était les références à l'aune desquelles je mesurais ma vie. Aujourd'hui, ce ne sont plus des références. Je continue à les utiliser de temps en temps, mais je peux m'en détacher. Auparavant, je ne sortais pas du cadre qu'elles formaient. Maintenant elles ne sont que

---

68 Je n'entends ici aucune pratique religieuse en particulier : j'entends simplement le sens de la vie. C'est banal. Devenant adulte, notre sens de la vie, notre sentiment du sens de notre vie, n'est plus celui que nous avions durant l'adolescence. Ou quand on est retraité par rapport à quand on était actif. Je pourrais le dire autrement : le « goût » de la vie change, ou le « poids » de la vie change.

quelques points dans le cadre. Une renaissance finalement assez simple, mais très réjouissante. Je vous la recommande.

Et puis, pour revenir à une raison plus simple du pourquoi cultiver, il ne faut pas oublier ceci : cultiver procure la joie simple et authentique de produire ce que l'on mange, (quasiment) sans passer par la case argent. Cultiver sert à satisfaire un besoin vital, un besoin inscrit dans nos gènes. Quand on cultive, on fait du bien à ses gènes, on acquiert le gène joyeux. Avez-vous le gène joyeux ? Si ce n'est pas le cas, vous êtes mal nourri. Comment savoir si vous êtes mal nourri ? Il suffit de goûter une succulente tomate andine cornue, à la chair pleine, rouge, sucrée et protéinée. Si votre corps en réclame encore, si le souvenir de ce goût persiste en vous, c'est qu'il vous manque quelque chose. Certains fruits ou légumes déclenchent ce sentiment de manque (l'ail, les oignons, les cornichons...) Ne cherchez pas midi à quatorze heures (heure des supermarchés), acceptez que vous êtes ce que vous mangez et que ce que vous n'êtes pas, c'est ce que vous ne mangez pas. Que voulez-vous être ?

Agressions modernes

Être dans son jardin, à faucher, à planter, à semer, à tondre, à récolter : des activités calmes, qui requièrent davantage d'endurance et d'organisation que de force brute. Lenteur – solide – et modestie.

Tout le contraire de la société moderne, règne de la vitesse et de la force brute, de la « power », des mangeurs de viande (sous-entendu que les mangeurs de légumes n'ont pas assez de puissance pour s'affirmer dans la compétition commerciale). Ces gens au caractère sanguin ne remarquent pas leur exhibition permanente : montrer qu'on a le tout dernier téléphone portable, la dernière voiture, la dernière cuisine. Montrer, c'est affirmer sa puissance.

Mon jardin n'est pas isolé du monde ; comme tout le monde je le quitte en empruntant une route. Et à chaque fois que je le quitte, j'ai l'impression d'entrer dans un autre monde. Le monde de la route est agressif. C'est un défouloir, c'est une arène. On veut impressionner, donc on roule aussi vite que possible. Saint Jean de Daye est traversé par des chauffards – ce n'est pas un hasard, dans notre département de la Manche, chaque jour, il y a un tué sur les routes. L'agressivité est manifeste : respectez les limites de vitesse, et le conducteur qui vous suit viendra se coller à votre pare-choc arrière, pour vous faire comprendre que vous êtes une déjection. On double dans les virages, dans les montées, dans les lignes blanches : la mère de famille hystérique qui va chercher ses enfants, le commercial qui téléphone, l'artisan, tous doublent sans vergogne, n'acceptant pas de devoir modérer leur puissance et de devoir rouler derrière quelqu'un. Le derrière, c'est la honte ! L'homme et la femme modernes veulent être devant ; ce n'est pas pour rien qu'ils pratiquent le culte de la vitesse.

Quel contraste face à la sérénité qui règne au jardin. Pour autant visible de la route, mon jardin agresse-t-il les automobilistes comme eux agressent le jardinier ? En le voyant, certains automobilistes doivent se dire que c'est là jardin bien agréable... Même au marché, une fois un autre vendeur – qui ne savait pas se tenir – m'a dit que j'étais trop lent... le culte de la vitesse est dans toutes les têtes. Les maniaques de la vitesse ne comprennent que le langage de ceux qui vont plus vite qu'eux !

C'est-à-dire qu'en devenant jardinier, vous devez accepter de subir l'agressivité des « modernes » sans possibilité de répondre, car votre humilité ne les impressionnera pas ; ils la prennent pour de la faiblesse.

J'écris cela tout en sachant que toute velléité de compétition est caduque ; c'est justement par désir de vivre autrement que je me suis lancé dans le jardinage agroécologique. Je suis hors compétition. Même si c'est facile à comprendre, le comprendre n'est pas la même chose que de le vivre, je le rappelle encore et encore. Même si l'on est convaincu du bien-fondé du changement de vie que l'on opère, du bien-fondé de se rapprocher de la Nature, des folies de la société moderne, sortir du troupeau signifie se marginaliser. Ça fait un pincement au cœur, quoi qu'on en dise[69].

Une anecdote : un jour, une personne âgée me félicite pour la maison que j'ai restaurée et le jardin que j'ai fait revivre. Puis elle me dit, avec le sourire, qu'on ne peut pas en vivre, de vendre ainsi sa petite production sur les marchés. Je n'ai pas su quoi répondre... Aurais-je dû lui répondre « vieux c.. » ? Certaines personnes âgées voient que c'est bien de « revenir à la terre », de quitter le stress de la vie urbaine et industrielle pour renouer avec une vie imprégnée du rythme des saisons. D'autres au contraire n'y voient qu'une perte d'argent, une lubie. Même au seuil de la mort, ce genre de personne reste modelée par le mythe du progrès industriel et du capitalisme, certaine que leur vérité est LA vérité. On aime à penser que notre société est une société de la liberté, mais c'est faux : l'idéologie est partout.

Je ne regrette aucunement d'avoir osé faire le pas et de changer de vie. Ce ne sont pas ces agressions, plus ou moins

---

[69] Quand on est enfant, on nous apprend que lorsqu'on participe à une compétition, l'important n'est pas de gagner mais de participer. De faire preuve de volonté et d'effort ; c'est la noblesse du sport. Il y a là une certaine sagesse, mais le perspicace y voit aussi un endoctrinement : on nous habitue à faire des compétitions et, que l'on gagne ou perde, on nous habitue ainsi à respecter les règles comme tout le monde. La compétition sert à uniformiser les esprits et à les rendre dociles. Notre société voue au sport de compétition un véritable culte, et ce n'est pas par hasard que les dictatures glorifient les sports de compétition. Allez dire que vous n'aimez pas les championnats de football, le Tour de France ou les jeux olympiques, et on vous regardera d'un drôle d'air !

directes, plus ou moins idiotes, qui me feront dévier de ma voie.

Et l'anecdote rapportée me fait penser que ma génération, née fin des années 1970, est la première depuis la fin de la guerre à gagner moins d'argent que la précédente. La place de la France dans l'économie mondiale recule sans arrêt, il y a donc, relativement, de moins en moins de richesse en France. Les générations plus jeunes ont bien compris cela. Mais l'anecdote rapportée montre que ce n'est pas qu'une question d'argent : c'est aussi une question de *confiance*. Les jeunes générations ne peuvent pas faire confiance au modèle socio-économique que les anciennes générations voudraient leur transmettre. C'est un modèle à court terme. Les jeunes générations, si elles parviennent à ne pas devenir esclaves des publicités, des modes, de la poubelle internet, des banquiers, vont repenser la société à long terme, la société « durable ». Certaines méthodes éducatives développent tellement l'intelligence et la fraternité des enfants[70], que la société actuelle de profit à court terme va leur paraître évidemment idiote et simpliste. *Pour eux, l'alpha est la préservation de la biosphère et l'oméga est la conquête spatiale*[71]. Il n'y a pas de mystère : les dirigeants actuels, toujours soumis au mythe du progrès industriel et capitaliste, le savent bien. D'où les innombrables barrières législatives qu'ils dressent pour freiner ces nouvelles pédagogies tout comme pour freiner les agricultures biologiques (car une meilleure alimentation permet de mieux penser) et les énergies renouvelables. D'où aussi les films de science-fiction où les puissances dominantes sont toujours des industriels ou des dictateurs, pour habituer les jeunes à rester sous l'emprise de l'industrie et des commerçants (pour que, même si les héros triomphent de ces méchants industriels ou dictateurs, l'idée de

---

[70] Cf. Céline ALVAREZ, *Les lois naturelles de l'enfant*, les arènes, 2016.
[71] Cf. texte De la ZNIEFF à Kepler 186-f in *NAGESI*.

puissance intellectuelle et technique continue à leur être reste associée ; cf. en autres le film Avatar de James Cameron).

De la contingence

Contingence : caractère de ce qui est contingent. Contingent : 1. Qui peut arriver ou ne pas arriver. 2. Logique : qui peut se produire ou non (par opposition à nécessaire). In Larousse 2012.

La contingence est donc caractéristique de la Nature : il va se produire quelque chose, mais on ne sait pas quoi. C'est inévitable : une année ne fait pas l'autre. La contingence est une sorte de hasard auquel s'ajoute la loi des grands nombres, qui fait que ce qui peut se produire va se produire.

Pour autant, le jardinier (même le néophyte que je suis), arrive toujours à sortir une bonne quantité de légumes de son jardin agroécologique. La contingence naturelle est donc influencée par le jardinier. C'est comme si la contingence naturelle était une *énergie*, qu'on arrive à dévier un peu, à canaliser un peu. Considérez un jardin traditionnel : allées de terre nue, terre nue entre les cultures, binée, sans stratification. Ce jardin est plus simple, moins diversifié, que le jardin agroécologique : terre paillée, allées enherbées, zones tampon intercalées entre les cultures, prairie environnante. Dans chacun de ses endroits *différents*, il y a une vie différente. Les insectes sont très nombreux, au point qu'on ne peut pas y prédire leurs interactions. Au contraire, dans une terre nue, ils sont peu nombreux et leurs interactions se résument à une seule : la course au légume. Aussi, un sol paillé est moins sensible aux variations des températures, des pluies et aux attaques des ravageurs. *Bref, pour canaliser la contingence naturelle, le jardinier agroécologique utilise une contingence semi-naturelle*, à laquelle il donne impulsion initiale et forme (cf. l'architecte intelligent). Le jardin traditionnel subit de plein fouet la contingence naturelle : les ravageurs s'expriment sans retenue, les maladies se développent à leur guise, les caprices de la météo font souffrir les récoltes.

Tout ce que j'écris ici, à propos de l'agroécologie, semble trop subtil pour les tenants du « progrès » et de la modernité technique agricole. Pour eux, tout ce qui est fin (raffiné intellectuellement) ne peut pas être solide, donc ne peut pas être fiable, quand « c'est là que ça se passe »[72]. Voyez la taille des tracteurs, la taille des hangars, des remorques, des garages... On peut lire à droite et à gauche que les agricultures biologiques alternatives sont trop compliquées, qu'elles « finassent » trop. Cette considération sur la contingence, par exemple, est proche d'une perception aconceptuelle 1v3 (cf. en annexe le complément au cours théorique : les différentes voies pour trouver une réponse aux problèmes de culture). Certes, ce que j'écris là n'est pas évident. Si ça vous paraît finassé, superficiel, gardez votre opinion pour vous et je garderai la mienne pour moi ! Si ça vous fait peur, si vous craignez le retour des famines au cas où l'agroécologie se démocratiserait, sachez quand même que les agricultures biologiques alternatives sont scientifiquement fondées. Pour vous en convaincre, lisez mon cours théorique. Comme la méthode éducative de Céline Alvarez (cf. page précédente), eh oui ! Qui est donc le réaliste ? Celui qui préfère détruire la contingence avec des grosses machines ou celui qui ose la braver avec sa propre énergie (comme le judoka qui utilise l'inertie de son adversaire pour le faire chuter) ? Reprenons :

1. Le jardinier, qui est un architecte intelligent, donne l'impulsion et la forme à l'écosystème du jardin (sol paillé, sol mulché, amendement d'humus, allées enherbées, engrais verts, avec tous les arthropodes, annélides, mollusques, oiseaux qui y vivent).

---

[72] Quand « wir kommen zur Sache » comme on dit si bien en allemand.

1. Une complexité semi-naturelle se crée : elle est la « somme » de toutes les relations entre tous les éléments du jardin.
2. Cette complexité semi-naturelle engendre une contingence semi-naturelle. Celle-ci va contre-balancer la contingence naturelle (c'est-à-dire le hasard des variations météorologiques, de la présence et de la puissance des ravageurs).
3. Certes, la compensation n'est pas totale (pertes aux environs de 20 %). Mais le résultat global {fertilité du sol + bilan de matière nul voire positif[73] + propreté chimique du sol + qualité des légumes} est plus élevé qu'en agriculture conventionnelle où il faut des apports de matière minérale (phosphates, nitrates, potasses, calcaire) et chimique (pesticides, hormones de croissance) pour engendrer une récolte.
4. Car en agriculture conventionnelle, au lieu d'engendrer une complexité semi-naturelle au niveau du sol (qui permet la contingence semi-naturelle), on simplifie le sol (en gardant la terre à nu). On oppose donc à la contingence naturelle une simplicité artificielle.
5. Comme conséquence, l'échelle de la contingence naturelle augmente. Ce n'est plus dans chaque jardin, dans chaque champ, qu'il y a un peu de perte de récoltes. C'est désormais à l'échelle d'une vallée, d'une plaine, d'un coteau, voire d'un paysage, que la contingence s'exerce. Toutes les cultures de la plaine seront attaquées par tel ou tel ravageur, ou subiront les dégâts de tel ou tel évènement météorologique. Toutes les cultures de la vallée seront touchées par tel ravageur. Ou bien elles ne le seront pas.
6. En agroécologie, le risque de perte est constant d'une année sur l'autre. Il n'y a donc rien à craindre de la contingence naturelle. En agriculture conventionnelle, on craint la contingence naturelle, car soit on a une bonne récolte, soit

---

73 Cf. *Les cinq pratiques du jardinage agroécologique*.

on n'a pas de récolte du tout si elle se manifeste désavantageusement.

Parfois, ne pas nommer

Les noms, les définitions, les distinctions sont indispensables en agroécologie d'autant plus qu'elle est une agriculture encore très originale. Penser le jardin en tenant compte des principes agroécologiques, puis réaliser le jardin, initialement puis au jour le jour, m'oblige à être rationnel, à ne rien faire au hasard. J'en oublie donc parfois de vivre le jardin, d'arrêter pour un instant de le voir par le filtre de ma pensée. Pourtant, une « pause de langage » est salutaire. Quand j'en fais une, les séparations s'abolissent, le sol, l'air, les troncs, les plantes… disparaissent. « Il y a », tout simplement. Même l'idée d'agriculture a disparu.

S'habituer à faire régulièrement une pause de pensée rend l'ephexis plus facile. C'est presque un savoir ésotérique, un secret : que les mots sont parfois un carcan ; que la carte n'est pas le terrain. Voilà de quoi faire fuir un matérialiste ; voilà une saine frontière de la connaissance pour la personne véritablement intelligente ! Les enfants d'Alvarez n'en auront pas peur. Mais c'est le summum de la finasserie agricole, diraient certains. Pour ne pas risquer une telle moquerie, gardons donc cela pour nous. Et nous aussi fuyons, fuyons le commerçant millionnaire qui veut nous vendre des tomates rouges et brillantes qui n'ont goût de rien, dans ses épiceries qui gardent toutes les entrées des villes… À ce propos, dans le Sud Manche seront bientôt construits trente hectares de serres à tomates. Serres chauffées en hiver, plantes qui pousseront dans de la laine de roche, au goutte à goutte, pour récolter des tomates dès le mois de mars. Le tout construit sur des terres agricoles quand des friches industrielles auraient été adéquates pour ces cultures hors-sol. Il s'agit de produire de la tomate très bon marché, pour que les grandes surfaces du département arrêtent de s'approvisionner en Espagne ou au Maroc. Tomates qui n'auront de tomates que le nom. Voyez comme l'agriculture industrielle ne vit que pour le profit et par la tromperie...

La traversée du désert

La Nature est à la fois présente et absente. Présente parce qu'on la voit, on la touche, on la sent, on sème, on récolte, etc. Elle nous tombe sous le sens, c'est une évidence. En même temps, elle est absente : on ne connaît que certaines de ses lois, elle demeure imprévisible, on ne peut pas la personnifier. Vivre cette présence/absence pousse à la pratique régulière de l'ephexis.

Comme je l'ai précédemment expliqué, bien que la vie foisonne au jardin, le jardinier peut se sentir seul dans le jardin. La présence/absence de la Nature, Nature qui de ce fait ne se laisse jamais saisir franchement, mène à la sensation de solitude. Et cette solitude ressemble à la « traversée du désert » de quasiment toutes les traditions spirituelles : épreuve initiatique d'isolation des hommes et de confrontation avec la Nature. L'impétrant ressort du désert ou de la jungle, de la mer, de la montagne, de la plaine... après quelques jours ou après quelques années, avec les capacités suivantes :

1. une perte de l'ego ;
2. de la discipline ;
3. de la force tranquille ;
4. une confiance inébranlable ;
5. une perception aconceptuelle et une compréhension des grandes lois de la Nature ;
6. une proximité, une capacité à écouter, à comprendre et à dialoguer avec les animaux sauvages voire avec les plantes, les roches, les astres... (d'après les textes).

Tout un programme spirituel est censé s'accomplir durant cette traversée du désert. La solitude est nécessaire pour se confronter à soi-même ; seul dans la Nature, face à ses dangers, face à ses propres peurs, on apprend à se forger une force de conviction. Il s'agit à la fois de comprendre ce que l'on est et de comprendre ce qu'est la Nature.

Pour celui ou celle qui veut faire du jardinage agroécologique un *art*, il faut essayer d'aller au-delà des seules considérations écologiques. Il ne faut surtout pas les abandonner, mais les compléter. Le mot « art » implique un dépassement de la matière. Le dépassement de la matière, c'est tout le travail sur les émotions, avec ses trouvailles, que je présente dans ce livre. C'est la traversée du désert. C'est aussi ce que j'ai nommé la perception aconceptuelle, que j'explique en annexe dans le complément au cours théorique. Si l'agroécologie se résume à des connaissances écologiques et à du travail manuel, dans un jour plus ou moins proche elle sera mécanisée. Si on fait d'elle une aventure humaine, un art, si on la revendique haut et fort comme telle et que l'on dénonce toutes les tentatives de désinformation et de manipulation à son encontre, elle perdurera. C'est parce que ce dépassement de la matière ne se mesure pas en euros ou en dollars que les technocrates des administrations et des industries ne le voient pas ; pour autant il existe bel et bien et il nous confère notre humanité.

Aujourd'hui, je ne sais pas si les Français (et peut-être aussi tous les autres peuples occidentaux) sont prêts à entendre cela. Ils peuvent entendre la justification matérialiste de l'agroécologie : que scientifiquement et écologiquement elle est fondée. Mais qu'elle un art, qu'elle est un épanouissement ? Notre société de loisir et de consommation est régie par des cultes grossiers ; pour que ces cultes n'écrasent pas tout ce qui est différent d'eux, il faut leur opposer, d'abord, l'intelligence. Entre nous, entre personnes convaincues et pratiquantes, nous pouvons discuter des émotions au jardin, de l'art agroécologique et de la spiritualité agroécologique.

Votre corps est de la terre

C'est un dicton bien connu : « on est ce qu'on mange ». Pour que notre corps s'accroisse puis se maintienne en forme, il faut ingérer des protéines, des glucides et des lipides, en quantité et en variété suffisantes. L'enfant mal nourri ne grandit pas, il demeure chétif.

Pourtant, cela n'est pas évident pour tout le monde. Le mythe moderne de la pilule nutritive a fait beaucoup de dégâts dans les esprits. Une grande partie des individus « modernes » pense qu'il suffit d'ingérer ces trois catégories d'aliments sous des formes raffinées et reconstituées (hamburger, pizza, raviolis en boîte, pain...) pour rester en forme. Quand la maladie survient, inexorablement, régulièrement, ces personnes recourent aux médicaments, qu'ils conçoivent comme des rustines ou des substances réparatrices. Ce comportement est anti-biologique, est anti-physiologique ; il résulte du manque d'éducation et de discipline personnelle.

Pourquoi ne prend-on pas automatiquement le plus grand soin de son corps ? Pourquoi cela doit-il être enseigné ? Car le corps est quelque chose de très compliqué, et donc qui peut faire peur. La peur faire fuir. Pour fuir la responsabilité envers leur corps, les gens s'échappent dans la facilité de la malbouffe et de la « malmédecine » (la santé par les médicaments chimiques). Mais avec la maladie, puis l'approche de la mort, cette peur primaire du corps, cette peur typique de l'enfance, revient. Pour retrouver la santé, il faut réapprendre à manger ce qu'il faut et comme il faut, il faut réapprendre à observer son corps. Il faut pour cela se défaire de certaines habitudes et en acquérir de nouvelles. Mais au seuil de la mort, il est trop tard pour avoir ce genre de regret. On ne changera pas en quelques jours un corps dont les difformités se sont construites au fil de nombreuses années. Certes, mieux vaut tard que jamais. Il ne vous reste plus qu'à croire en la réincarnation !

On est donc ce qu'on mange. Nos performances physiques, intellectuelles et émotionnelles dépendent d'abord et avant tout de notre alimentation.

Mais ce n'est pas tout. D'où vient ce que vous mangez ? Les légumes, céréales et fruits viennent de plantes. Pensez alors à l'agriculteur et dites-vous : « Mon foie je le dois à tel agriculteur, mes reins à tel autre, mon cœur à tel autre, mes fesses à tel autre encore, cette dent-ci à celui-ci et cette dent-là à celui-là ». Les agriculteurs, les jardiniers, sont des fournisseurs de corps, quand on y pense. Sans leur travail, point de corps pour l'homme moderne citadin[74].

Remontons encore le chemin de l'origine des corps. Les plantes viennent elles-mêmes de la terre, de la pluie et de l'air. Quand vous verrez une prairie ou un champ labouré, regardez-y précisément une petite surface d'un ou deux mètres carré. Dîtes-vous alors que là, c'est un corps qui est en gestation. S'il pleut, voyez la pluie qui tombe sur votre veste et ruisselle sur le sol. Pensez que là aussi c'est un corps qui est en gestation. Vous respirez, donc vous expirez du CO_2. Ce gaz sera absorbé par les plantes pour faire leur glucose. Une bouffée d'air expiré, c'est donc aussi un corps en gestation. Il n'y a que des corps en gestation, partout. Certes on ne les voit pas, mais accélérons en pensée le temps, et nous verrons tous les atomes se rassembler en molécules, qui elles-mêmes se rassemblent pour former les corps. Dans les plantes que nous mangeons, dans la terre sur laquelle nous marchons, dans l'eau que nous buvons et dans l'air que nous respirons, sont contenus nos

---

[74] Et si vous n'avez pas de corps, alors vous n'avez pas besoin de voiture aux jantes en aluminium, pour aller vite. Donc toute la société s'effondre !

ancêtres et nos descendants. Ainsi, cet atome d'oxygène que vous venez d'inspirer faisait autrefois partie du gros orteil droit d'un de nos ancêtres *Homo erectus* !

Et remontons encore d'un cran. D'où viennent la terre, l'air, l'eau ? Bref notre planète ? Les planètes viennent des étoiles. Comme le dit l'astrophysicien Trinh Xuan Thuan, nous sommes poussières d'étoiles, littéralement. Votre œil fût un jour dans la matière en fusion d'une étoile, une naine jaune peut-être. Votre pancréas fût un jour dans la matière d'une géante rouge, votre cerveau dans une supernova, vos intestins dans un pulsar !

Petitesse de l'Homme, grandeur de l'Homme...

Béton sur la terre, corps en enfer...

EN QUÊTE DE REPÈRES

Voilà donc le récit de mon voyage émotionnel au jardin. La caractéristique la plus déconcertante de ce lieu est à la fois de réunir l'Homme et la Nature tout en les maintenant séparés. En ce lieu, j'ai traversé la nuit des émotions déplaisantes, et un nouveau jour s'est levé. Par la découverte de l'ephexis tout d'abord. Ensuite par la joie, fondamentale, simple, d'exister. Puis par la redécouverte de notre nature humaine d'architecte intelligent. Il me reste encore une lumière de l'aube à vous présenter, patience !

Le présent chapitre est animé par cette question : un autre aboutissement que l'ephexis aurait-il été possible ?

Je ne peux pas défaire ce voyage que j'ai accompli depuis les premiers semis d'engrais verts il y a trois ans, pour créer mon jardin, jusqu'à maintenant en cet automne 2016 : c'est mon expérience de vie. Je n'en ai aucune autre ! L'ephexis est un aboutissement significatif sur le plan émotionnel mais aussi intellectuel. Dans la littérature, on trouve bien sûr d'autres aboutissements intellectuels, auxquels sont arrivés de plus grands penseurs que moi. Je vais essayer de positionner l'ephexis par rapport à certains de ces aboutissements. Pour ce faire, mettons-nous dans le champ philosophique dédié à la question de la place de l'Homme dans la Nature. C'est dans ce champ que je m'attends à trouver les points ou les lignes de références les plus grandes et les plus solides.

Marcel Conche : Présence de la Nature

Ouvrage : *Présence de la nature*, PUF, 2001

Ce livre est un pur livre de philosophie, avec de nombreux mots en grecs et de nombreuses références à des philosophes grecs antésocratiques (antérieurs à 470 av. J.-C.), c'est-à-dire des philosophes généralement peu connus ! L'intérêt de ce livre est donc par lui l'espoir de faire un retour aux sources de la pensée occidentale à propos de la Nature et de la place de l'Homme dans celle-ci.

L'auteur y dispense aussi des fondamentaux de philosophie générale, notamment que la philosophie est un acte de pensée à propos non pas des phénomènes qui apparaissent puis disparaissent, mais à propos des phénomènes qui existent depuis toujours et qui existeront toujours. Il explique ainsi que si les réflexions des antésocratiques nous font sens aujourd'hui encore, c'est parce qu'elles traitent de la nature humaine par-delà toutes les considérations de politique et d'événements liés à une époque particulière. C'est ce qui fait la force de la philosophie selon l'auteur : la philosophie est par définition le désir d'aborder des sujets atemporels. Ainsi la philosophie peut venir en aide aux hommes quelle que soit leur époque.

Marcel Conche poursuit : penser la Nature en tant que philosophe, c'est donc penser non pas tel ou tel phénomène naturel qui apparaît puis décline et disparaît – cela est la tâche des sciences naturelles – mais penser ce qui est, par-delà ces changements incessants, *toujours présent*. Penser la Nature en tant que philosophe, c'est penser la *source* des manifestations naturelles, non les manifestations elles-mêmes.

Je dois donc en déduire, premièrement, que selon Marcel Conche penser la vie quotidienne au contact de la Nature n'intéresse pas le philosophe digne de ce nom. Tant pis pour moi ! Tant pis pour mes réflexions sur la juste compréhension de ce qu'est la Nature quand on la côtoie quotidiennement !

Deuxième déduction : comprenant et adhérant à la conception de ce qu'est la philosophie selon Michel Onfray, la conception de Marcel Conche m'est surprenante. Marcel

Conche est l'exemple type de cette philosophie qui, selon Onfray, proclame un « arrière-monde » hors de notre portée scientifique et technique, mais un arrière-monde qui dirige quand même notre « bas-monde ». Michel Onfray dénonce ce genre d'affirmation facile et inutile, dont la seule fonction est de procurer à son auteur une aura quasi-magique et ainsi d'impressionner le lecteur. Il appelle cela la « pensée magique ». C'est-à-dire : « Il y a quelque chose là-derrière, dont on ne peut rien savoir, mais qui dirige quand même nos vies ». Effectivement, à quoi servent les réflexions sur la Nature que Marcel Conche regroupe dans son ouvrage, si elles ne doivent pas concerner la Nature telle que nous pouvons l'appréhender par nos sens ? Telle que nous pouvons la vivre au quotidien ?

Pour me conformer à méthode de Marcel Conche, je devrais essayer de saisir la Nature non par ses manifestations mais à sa source. À son origine. Dans tous mes ouvrages dédiés à la Nature, au cours de chacune des quatre années passées au jardin, ai-je seulement trouvé la source de la Nature ? Ou une source ? Non, je ne pense pas. Je n'ai trouvé que les manifestations de cette éventuelle source. Par contre j'ai trouvé ce qui me semble êtres des caractéristiques atemporelles de l'être humain. Et même en incorporant ces caractéristiques atemporelles, je ne pense pas être en mesure de voir l'éventuelle source éternelle de la Nature. Bref, Marcel Conche va vite en besogne en posant qu'une origine éternelle de la Nature existe par-delà ses manifestations.

Dans le corps de l'ouvrage, Marcel Conche cite abondamment Heidegger et c'est cela ce qui me gêne le plus dans cet ouvrage. Avec Heidegger, il me semble que Marcel Conche cherche l'essence de la Nature dans l'essence des mots. Avec le même espoir qu'aurait le mathématicien, en cherchant une nouvelle loi mathématique, de mieux comprendre la Nature. Si la méthode se révèle correcte pour le mathématicien, je crois qu'elle est erronée pour le philosophe. Car le philosophe veut utiliser le langage en lieu et place des mathématiques. Or le langage n'est pas « pur et solide » comme les mathématiques le sont[75]. Les mathématiques ne se laissent pas tordre comme les mots d'un langage se laissent tordre avec les différents usages qu'on en fait. Ainsi Conche avec Heidegger essaient de purifier, de distiller, l'essence des mots[76]. Cela tourne hélas aux jeux de mots sur « l'être », « l'étant », la « présence », qui n'aboutissent à rien de plus que la différenciation posée dès le début du livre entre la source toujours présente de la Nature et les manifestations temporaires de la Nature (manifestations qui sont posées comme étant tout ce que nous pouvons percevoir avec nos sens et avec la science, leur source nous étant par définition inaccessible). N'est-ce pas là une pensée déiste camouflée ? demanderait Onfray. Cette source toujours présente de la Nature est-elle autre chose que Dieu ?[77]

Le livre se conclut avec des analyses de poème, *Le fleuve d'Héraclite* de Szymborska et le *Bateau ivre* de Rimbaud. Marcel Conche voit dans ces poèmes des tentatives d'accès à la source de la Nature, mais je ne comprends rien à ses analyses, dois-je avouer. L'auteur joue avec les définitions des mots, je ne parviens pas à voir de rapport avec la réalité, avec la nature

---

[75] Les mathématiques sont notre création ; pour autant les règles mathématiques ne dépendent pas de notre bon-vouloir, de notre fantaisie. Ces règles s'imposent à nous. Étant à la fois en nous et ne dépendant pas de nous, les mathématiques sont donc un pont idéal entre nous et la nature.

[76] Si j'ai bien compris, dans son *Tractatus logico-philosophicus*, Wittgenstein explique qu'il faut taire ce que l'on ne parvient pas à exprimer clairement et, surtout, que les mots n'ont pas d'autre sens que celui que l'usage leur confère. Wittgenstein barrait donc la voie de Conche et de Heidegger pour le sujet qui nous occupe.

[77] Onfray ajoute que ces philosophes essentialistes, qui ne partent pas de la matière mais de l'essence présupposée des choses, ont l'auto-justification facile : ils philosophent dans le seul but de philosopher. Quand Socrates fondait la philosophie avec un objectif pragmatique : faire accoucher les esprits, se connaître soi-même. La philosophie essentialiste devient non plus un moyen mais une chose en soi ; le philosophe n'écrit plus à destination du peuple mais uniquement pour ses pairs, les seuls qui peuvent le comprendre. Donc il devient inutile pour la société.

au quotidien, avec un vécu personnel ou même telle qu'on peut la percevoir de façon aconceptuelle[78].

J'en conclus que ce genre de philosophie est inutile pour aider à mieux vivre au quotidien le rapport avec la Nature. L'idée à la base de cet ouvrage – qu'on puisse penser l'essence de la Nature sans recourir ni à l'expérience personnelle du contact avec les plantes, les animaux, les pierres ni à l'exploration scientifique – est certes une idée possible, une idée pensable. Mais si on se donne pour objectif de penser la Nature sans recourir aux règles de logique éprouvées par le bon sens de la vie quotidienne et par la science, alors on ne fait rien d'autre qu'*imaginer* la Nature. Et ce de façon arbitraire. On en a le droit ; mais c'est malhonnête que de présenter ces imaginations comme étant des pensées philosophiques. « Exercices imaginaires » conviendrait mieux à cet ouvrage, mais ça fait moins noble et moins respectable que *philosophie*... Et voilà, je vais encore me faire des ennemis en écrivant ces lignes ! Un écrivaillon comme moi qui se permets de critiquer un grand homme. Tant pis.

Je crois que ce genre de « philosophie » qui se revendique être une porte d'accès à un au-delà de la vie quotidienne, et qui revendique que la vérité n'est pas accessible aux personnes qui se contentent de la vie quotidienne et des résultats de la science, aura certainement dégoûté bon nombre d'étudiants de réfléchir sainement à la place de l'Homme dans la Nature.

En entamant cette lecture, je cherchais un repère : cette philosophie est un écueil désormais identifié comme tel, et donc qui balise ma voie. Je le contourne avec succès. Je suis maintenant certain que ma façon globale d'aborder la Nature, à la fois en travaillant avec elle au quotidien, en laissant toutes mes émotions s'exprimer (les positives comme les négatives) et

---

[78] Cf. annexe Complément au cours théorique.

en la pensant (scientifiquement, socialement, spirituellement), ne me conduit pas dans des culs de sacs imaginatifs, dans des spéculations. La voie est bonne.

Je dois faire encore quelques critiques à propos d'une telle philosophie essentialiste. Nous avons vu qu'elle consiste en une tentative d'accéder à une réalité supérieure, via un niveau de langage supérieur constitué de mots philosophiquement purifiés. Cette tentative de « montée » dans le sens, vers une essence de la Nature qui serait suprême et ultime (la « source »), arrête la marche en avant de la pensée. La focalisation sur certains mots, pour en « purifier » l'essence, stoppe la marche de la pensée. On part à la verticale. La pensée perd toute puissance, c'est-à-dire toute capacité imaginative, toute force de conception d'hypothèses, tout pouvoir explicatif de la réalité, toute utilité concrète. Car, rappelons-le, il n'existe pour nous êtres humains rien d'autre que la réalité quotidienne. Cette verticalité bloque l'horizontalité du jardinier architecte intelligent.

Pour autant, reconnaissons que la tentative de chercher l'essence de la Nature est légitime. Les réflexions matérialistes de Michel Onfray et des autres philosophes réalistes, pragmatiques, rationnels, sont-elles « meilleures » que celles de Conche et des autres philosophes essentialistes ? Il ne faut pas buter sur cette dichotomie. Quand on apprécie la philosophie matérialiste, c'est qu'on a envie d'agir dans le quotidien, qu'on veut prendre en main le quotidien. Quand on apprécie la philosophie essentialiste, c'est qu'on veut prendre de la distance avec la réalité, qu'on veut se retirer du factuel, de l'immédiat, de la nécessité. On peut tout à fait passer de l'une à l'autre et vice-versa, mais en connaissance de cause !

La pratique de l'ephexis a ceci d'original qu'on est à la fois dans la recherche de factuel, de contact avec la matière, de pragmatisme *et* dans la recherche de la subtilité, de l'essence, de l'ultime. De même pour la pratique de la perception aconceptuelle.

Le jardinage agroécologique réunit donc des conceptions philosophiques opposées, sans les discréditer, tout en allant au-delà.

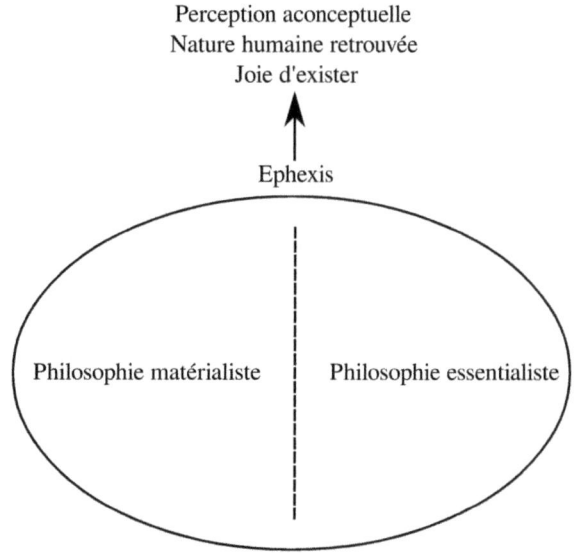

L'agroécologie au-delà d'une ancienne dichotomie philosophique

Teilhard de Chardin : La place de l'Homme dans la Nature

Ouvrage : *La place de l'Homme dans la Nature*, Albin Michel 1996.

Teilhard de Chardin s'attelle ni plus ni moins à ces deux gigantesques questions : En tant qu'espèce, pourquoi sommes-nous apparus ? Et qu'allons-nous devenir ? L'auteur est connu pour l'originalité – non dénuée de fondements – de ses vues, conciliant de façon unique science et religion. Il répond à ces questions en proposant un schéma évolutif global de la vie, donc de notre espèce : la complexification / diversification / homogénéisation du vivant. Complexification biologique cumulative des êtres vivants, qui culmine dans la complexification du système nerveux d'un groupe de primates en particulier. Ce groupe acquière un cerveau volumineux, qui va lui permettre de se socialiser au-delà de ses limitations biologiques. C'est l'anthropogenèse. Diversification : nos ancêtres se dispersent sur le globe, depuis le point de départ de la corne de l'Afrique. Homogénéisation : la socialisation s'établit progressivement entre les groupes humains répartis sur le globe, de proche en proche. Des liens ténus, qui se renforcent au fur et à mesure que les routes s'établissent. In fine il y a réunification des individus par-delà leurs différences culturelles héritées de la géographie : marchandises et connaissances circulent d'un bout à l'autre du globe. C'est la noogenèse : l'émergence d'une culture à l'échelle du globe.

Nous sommes un « masse vivante *réfléchie* » : selon Teilhard, après une diversification maximale de l'espèce humaine, les forces évolutives ne sont pas épuisées. Certes, la pression de la sélection naturelle est moins forte sur nous, depuis que nous avons accompli des progrès considérables en médecine. Mais le groupe humain continue à évoluer quand même, par les forces qu'il se crée sur lui-même (d'où l'adjectif *réfléchie*). Pour Teilhard de Chardin, Dieu est le point ultime d'évolution de la vie, l'aboutissement inévitable de l'évolution de la vie. Il est notre futur. À la différence des créationnistes, qui placent Dieu à l'origine de toute vie, ou des tenants de l' « intelligent design » qui voient dans les mécanismes de sélection du vivant la main de Dieu. Trois visions différentes donc : Dieu-source (créationnistes), Dieu-énergie/mécanisme (intelligent design), Dieu-cible (Teilhard de Chardin).

Reprenons. Selon Teilhard, la vie converge et se concentre par étapes successives :

Anthropogenèse	• diversification des êtres vivants
	• sélection de ceux avec de plus en plus de neurones
	• répartition de ces êtres intelligents sur une aire de plus en plus grande
	• augmentation de leur nombre
Noogenèse	• renforcement de leur socialisation par un réseau de communication de plus en plus dense
	• réunification des individus par-delà leurs différences culturelles et géographiques
	• *je rajoute : matérialisation de la culture (livres) puis apparition de la culture en elle-même et pour elle-même (« objets » du monde virtuel : e-mails, « appli », « tweets »...)*

Schéma évolutif édifiant, vision gigantesque, certes. Mais quel lien avec mon petit jardin, me demanderez-vous ? Teilhard explicite sa vision et un passage de son exposé correspond à ce qu'on peut observer dans l'évolution actuelle de l'agriculture : l'augmentation de l'organisation. Page 213 de l'ouvrage :

> Comprimez de la matière inanimée : pour échapper ou répondre à l'action, vous la verrez réagir en changeant de structure ou d'état. Soumettez au même traitement la matière vitalisée : vous la verrez s'organiser. Pas de loi plus générale que celle-là pour expliquer la genèse de la bio- et de la noosphère plus encore.

C'est une évidence de la modernité : notre vie est devenue de plus en plus raffinée, donc nécessairement de plus en plus organisée. Par exemple, auparavant le forgeron du village réalisait toutes les pièces métalliques nécessaires aux habitants, les clous même, un à un. Aujourd'hui toutes les pièces sont conçues sur ordinateur et réalisées par d'innombrables machines, souvent dans différents pays successivement, puis vendues sur tout le globe. Le même schéma de complexification / organisation s'est produit pour l'agriculture. Voyez comme le jardinage agroécologique requiert d'organisation pour gérer les différents espaces (planches, allées, zones tampon, prairie, haies et fossés...) et pour gérer la biodiversité dans chacun de ces espaces. Que de connaissances théoriques sont nécessaires ! En comparaison, un jardin traditionnel est plus simple, est composé d'une plus faible diversité d'éléments (allées en terre nue, terre sarclée entre les cultures, fumier incorporé au printemps). L'agroécologie n'est pas non plus uniquement française : c'est au contraire un mouvement à l'échelle du globe, dans les pays industrialisés comme dans ceux en passe de le devenir. Vue ainsi, l'agroécologie s'inscrit donc plutôt bien dans le grand schéma évolutif de Teilhard de Chardin. Elle fait partie de la noosphère.

Toutefois, l'agroécologie ne cadre plus si bien avec une autre implication de ce grand schéma : la fin du travail manuel, selon Teilhard. Le passage suivant pousse à réfléchir sur le fond. Page 223 :

> Sans les multiples automatismes qui se chargent de faire travailler tout seuls les divers organes de notre corps, aucun de nous n'aurait le « loisir » de créer, d'aimer, de penser – les soins de notre métabolisme nous absorbant tout entiers.
>
> Semblablement, comment ne pas voir que l'industrialisation toujours plus complète de la Terre n'est rien autre chose que la forme humano-collective d'un processus universel de vitalisation qui, dans ce cas comme dans tous les autres, ne tend, si nous savons nous y orienter convenablement, qu'à intérioriser et à libérer ?

[...] il faut canaliser les flots de puissance humaine alors rendue disponible, pour ce seul objectif : la recherche.

On reconnaît là le mythe du progrès mécanique total, très XIXe siècle : les machines prenant en charge toutes les tâches de production, il ne resterait plus à l'Homme qu'à jouir de la vie – mais de façon noble selon Teilhard, c'est-à-dire en explorant toujours plus l'univers, en faisant encore et toujours plus de recherche scientifique. Les métiers manuels deviendraient rétrogrades, futiles, inutiles... Je ne suis pas d'accord avec ces affirmations et surtout celle que l'industrialisation est la fine fleur de la vie sur Terre. Je crois que l'industrialisation seule serait la fin de notre humanité, et perdant notre humanité nous détruirions la Terre. À côté de l'industrie doit perdurer un artisanat authentique et épanouissant, dans l'agriculture et dans les métiers de la construction. Il faut nécessairement ces deux voies, pour que nous ayons encore l'usage de notre liberté d'une part (sans choix il n'est nul besoin de liberté), et d'autre part pour que notre humanité naturelle ne soit pas perdue.

Je pense que l'agroécologie, avec d'abord la joie première de renouer avec la terre et la Nature, puis avec ses obstacles déconcertants mais finalement épanouissants, me procure tout de même un sentiment de complétude, de sens (re)trouvé de la vie. Ce travail manuel avec la Nature me semble important, me semble *essentiel*, me semble constitutif de mon être. Est-ce une mauvaise chose ? Je ne peux pas le croire. Certes, aujourd'hui nous ne pouvons plus nous passer des machines. Je n'écris pas ce livre à la plume, par exemple, mais avec un ordinateur. En agriculture aujourd'hui, les tâches manuelles qui demeurent en dépit de la mécanisation croissante sont toujours associées à une certaine pénibilité : récolter et planter. Ce sont de nombreux gestes répétitifs (et douloureux quand règne le froid, la pluie ou la canicule) à effectuer toujours le plus vite et plus précisément possible, comme une ... machine. Nous en sommes arrivés au point où nous comparons le travail fait par une personne aux mouvements d'une machine, et non plus l'inverse... Mais ces gestes sont tout à fait supportables quand ils sont épisodiques ou quand ils sont effectués durant un nombre d'heure réduit. La diversité des tâches de travail est essentielle : c'est ce qui rend le travail manuel possible sans user les corps. Pour trouver grâce aux yeux des « modernistes » menés par Teilhard de Chardin, l'agroécologie devrait donc soit faire preuve d'excellence scientifique, soit prendre une forme industrielle (même la voie artistique ne trouve pas grâce à ses yeux). Faisons un petit retour en arrière : au XIXe siècle les maraîchers de Paris obtenaient une reconnaissance sociale non pour la qualité de leur production, mais pour la technicité de leur travail[79], pour leur maîtrise technique. Cela a conduit tout droit aux hybrides, aux OGM, aux pesticides, aux labours profonds, aux serres chauffées, toutes méthodes dont on sait maintenant qu'elles ne sont possibles qu'un temps... Ce que je souhaite, c'est qu'agroécologie et agriculture industrialisée puissent *coexister*. Aujourd'hui ce n'est pas le cas, la législation penchant toujours en faveur de l'agriculture industrielle via le parti pris des élus (le droit d'entreprendre et les aides publiques sont allouées de préférence à l'agriculture industrielle). Obtenir cette cohabitation est déjà tout un combat !

Est-il si honteux que ça de faire un travail manuel pour satisfaire nos besoins vitaux (dans ce cas-ci pour nous nourrir) ? Nous sommes certes les créateurs de la noosphère, mais nous demeurons des animaux, avec nos muscles, nos poils, nos parasites et nos cinq sens. Prendre soin de son alimentation pour être en bonne santé, c'est-à-dire manger des fruits et légumes aussi proches des fruits et légumes sauvages que possible, connaître son corps à l'exemple des connaissances transmises par Giulia Enders avec son livre *Le charme secret des*

---

[79] MOREAU, DAVERNE, *Manuel pratique de la culture maraîchère de Paris*, Bouchard-Huzard, 1845

intestins (Actes Sud, 2015), savoir comment le cerveau de l'enfant se construit avec l'ouvrage de Céline Alvarez *Les lois de l'éducation naturelle* (les arènes, 2016) ou encore réaliser des maisons avec des matériaux naturels sans produits chimiques xénobiotiques, ne me semblent pas être des pratiques rétrogrades ou accessoires. Ce mouvement social de rapprochement de la Nature (de notre environnement et de notre corps), auquel je crois, que les modernistes raillent et ridiculisent sans cesse, est quand même la preuve que s'intéresser à notre corps et à la Nature, chercher à les comprendre et à les respecter, n'est pas une entreprise intellectuelle simpliste. Nos « besoins de base » ne sont pas aussi simples qu'ils en ont l'air. Le mythe de la modernité auquel a succombé Teilhard de Chardin implique un certain déni du corps, de la main travailleuse. L'intellect est exacerbé. C'est un mythe moderne sur une assise chrétienne paulinienne, dirait Michel Onfray. Et je crois que ce mythe est erroné : pour vivre il faut *à la fois* le corps et l'esprit. « Un esprit sain dans un corps sain » disaient les bénédictins. Je ne crois pas que l'humanité puisse s'élever en dénigrant sa constitution biologique et les impératifs biologiques d'alimentation et d'habitation que cela nous impose pour être en bonne santé physique et mentale. La honte du corps, enracinée dans notre culture occidentale, sert les intérêts de la mécanisation.

La santé mentale, selon moi, profite grandement de la pratique d'un travail manuel. Pourquoi ? Au fond, c'est très simple : notre corps a une masse musculaire et un cerveau. Quand on utilise soit l'un soit l'autre, on n'est pas entier. Cela équivaut par exemple à refuser d'écouter certains sons, de voir certaines couleurs ou de goûter certains mets. Les aveugles ne sont pas heureux de leur condition : s'il leur était possible de voir à nouveau, ils ne s'en priveraient pas. Pourquoi refuser une fonction biologique qui nous procure de la liberté ? Avec la spécialisation des tâches ordonnée par notre société moderne, nous vivons dans un monde de prisonniers. Travaillez manuellement : votre santé mentale, donc votre intellect, n'en seront que plus raffinés. Les intellectuels qui vivent en permanence dans leurs pensées, dans leurs livres, ont une production intellectuelle médiocre : ils ne vivent pas ces moments où la pensée naît d'autre chose que d'elle-même, ni ces moments où la pensée s'arrête soi d'elle-même, soit au contact de la réalité. Savoir ce qu'est une bonne pensée implique de savoir ce qu'est la non-pensée.

Je suis convaincu que la société humaniste à venir doit reposer sur un équilibre entre travail manuel / artisanal / traditionnel et production mécanisée. Il faut déconstruire le faux mythe du « tout machine ». C'est là un projet de société, et aujourd'hui aucun gouvernement n'a cette volonté. Patience...

L'ouvrage de Teilhard de Chardin constitue donc une très grande ligne de repères plutôt qu'un repère ponctuel. L'agroécologie de mon petit jardin s'inscrit globalement avec cohérence dans la grande évolution de la vie que trace Teilhard (complexité et noosphère). Mais si l'on se positionne aujourd'hui, en 2016, dans cette grande fresque évolutive, personne ne devrait plus faire l'expérience de l'ephexis. Car l'ephexis procède nécessairement du contact quotidien, personnel, global, via les cinq sens, avec la Nature au jardin. Toutes formes de contact qui par essence sont trop peu efficaces pour l'industrie, qui choisit la spécialisation maximale et la machine comme interface entre l'Homme et son environnement. Pour Teilhard, l'ephexis était peut-être légitime avant la révolution verte, mais plus après.

N'est-ce pas dommage, pour quelqu'un d'une si grande érudition, de préférer la voie unique (industrielle) à la coexistence de voies diverses ? Et de ne pas relater, dans cet ouvrage qui est central pour sa pensée, son propre vécu au contact de la Nature ? Mais on sait qu'il a eu des difficultés à faire connaître sa vision ; relater son vécu, nécessairement subjectif, aurait pu rendre cette entreprise encore plus difficile.

Enfin, remarquons que la philosophie de Teilhard de Chardin est le contraire celle de Marcel Conche. De Chardin pose comme vraisemblable l'existence d'un objectif ultime à l'évolution de la Nature. Conche lui pose comme vraisemblable l'existence d'un point d'origine à la Nature.

De l'utilité de la philosophie

J'ai apprécié de lire ces deux ouvrages de philosophie de la place de l'Homme dans la Nature. Ils contiennent des théories cohérentes. Cependant, l'interprétation que je fais de mon vécu au jardin coïncide de façon très imparfaite avec ces théories. Je m'attendais à trouver plus de correspondances entre le vécu et les grandes théories philosophiques, car ces auteurs affichent clairement leur intention d'universalité : ils veulent proposer des définitions universelles de la Nature, donc censées êtres valables en tout lieu et en toute époque, pour tout individu, pour toute société.

Où me suis-je trompé ?

Conche et de Chardin sont des spécialistes de la réflexion : ils se positionnent sur le seul plan des idées. Ces œuvres ne contiennent nul référence à un vécu personnel ou à toute autre forme de vie quotidienne au contact de la Nature. Elles se veulent tout à fait objectives. Quand moi j'essaie d'exprimer et d'interpréter mon vécu. Je suis subjectif, et je tente des généralisations à partir de mon vécu. Par définition, les penseurs rattachés au monde académique, à l'université, font tout pour se tenir éloigné de ce genre de cogitation. Ils recherchent l'objectivité à tout prix.

Je me suis donc doublement trompé en me tournant vers les auteurs qui *pensent* la place de l'Homme dans la Nature. Je me suis trompé d'étage : leurs théories se situent un niveau au-dessus, voire deux, au-dessus du niveau de mes interprétations du vécu. Leurs théories ont pour ainsi dire le même rapport à la réalité que les mathématiques. Et je me suis trompé de bâtiment : leurs théories excluent la Nature telle qu'elle est vécue. Elles concernent uniquement la structure de la Nature.

Marcel Conche : Essence de la Nature par-delà ses manifestations

Teilhard de Chardin : loi d'organisation de la Nature

> Erreur ! Erreur ! Pas de correspondance ni ascendante ni descendante ! ☹

Interprétations des émotions

Mes émotions au jardin

Hicham-Stéphane Afeissa : Éthique de l'environnement

Je me suis alors tourné vers les penseurs à l'origine de la protection moderne de la Nature, par la publication de textes-clé, textes de l'éthique de l'environnement réunis par Hicham-Stéphane Afeissa dans un livre éponyme. L'éthique de l'environnement inclut nécessairement un certain respect de la Nature, donc un vécu au contact de la Nature qui nous fait concevoir que certaines actions envers la Nature sont positives et d'autres négatives. L'éthique de l'environnement ne peut pas être abstraite, objective.

Là encore, je me suis trompé. Ces textes sont sur le seul plan des idées. Ils visent l'universalité objective. Pour la vie quotidienne au contact de la Nature, ils ne servent à rien. Même les textes fondateurs de Paul Taylor et Arne Naess, dont les titres sont pourtant, respectivement, *L'éthique du respect de la nature* et *Le mouvement d'écologie superficielle et le mouvement d'écologie profonde de longue portée,* sont abstraits.

Les textes-clé réunis par Afeissa sont à l'origine du « verdissement » de notre société. Ils sont bien écrits, avec des arguments nombreux et précis, dans des enchaînements logiques raffinés. Ils sont utilisés par les législateurs pour rédiger les lois de protection de la Nature et de l'environnement. Parmi tous ces textes où leurs auteurs tentent de gérer le rapport entre l'Homme et la Nature, je n'en ai trouvé que deux où le vécu humain est évoqué. Nous avons donc aujourd'hui des lois qui gèrent notre rapport avec la Nature sans prendre en compte nos émotions vis-à-vis de la Nature. Comprenez-moi bien : ces lois sont utiles. Mieux vaut ces lois que pas de loi ; leur existence est une évolution tout à fait positive. Mais leur contenu n'est pas encore abouti. Comme ces lois proviennent de textes qui objectivisent la Nature, qui présentent la Nature telle qu'elle est dans son essence et dans ses manifestations, *qu'elle que soit la façon dont un individu peut percevoir la Nature et y réagir,* elles ne peuvent pas être abouties. Il y a des avantages à considérer la Nature de façon tout à fait objective : il faut prendre en compte ce que la science nous apprend de la Nature pour ne pas la détruire ou trop la modifier. On serait fou d'ignorer cela. Mais au lieu de parler au nom de la Nature, revenons à nous-même ! Car la tension de l'Homme envers la Nature, que ce soit au niveau de notre espèce comme au niveau de chaque individu, se joue dans nos émotions vis-à-vis de la Nature. On peut marcher sur un chemin bordant une réserve naturelle, lire les panneaux avec moult jolis dessins naturalistes et explications scientifiques vantant une nature intacte et pourtant ne pas être satisfait. Ni de ce chemin, ni de ces panneaux, ni de cette nature. Tout le monde sait que ces réserves naturelles qui excluent l'être humain ne sont que temporaires. On n'a aucun droit de s'interdire de circuler dans cette Nature qui nous a créé. Ces réserves ont juste pour fonction d'éviter le pire, en cette époque qui voit l'Homme disposer d'une puissance technique énorme qui lui permet d'éradiquer totalement la nature s'il le veut – ou par inadvertance. Mais à moyen terme ces réserves deviendront inutiles, soit parce que partout les gens agiront respectueusement envers la Nature, soit parce que tout autour l'environnement sera devenu nocif à la vie. Nous savons que ces réserves sont trop petites pour permettre à toutes les plantes et à tous les animaux de faire la totalité de leur cycle de vie et elles sont trop petites pour n'être affectées qu'à leur enceinte par la pollution environnante. La législation actuelle de protection de la Nature n'est que temporaire. *À son objectivité, il appartient aux générations futures d'ajouter de la subjectivité.* Vaste combat...

Je ne sais pas s'il est correct d'invoquer la « psychologie des peuples »[80], mais voici ce que je pense : la situation actuelle ne peut pas se prolonger longtemps, car la seule promotion objective de la Nature, répétée jour après jour, année après année, décennie après décennie, en direction des peuples dans un souci louable d'éducation populaire, laisse croire que l'être humain ne peut avoir qu'un rapport objectif avec la Nature. Un rapport dénué d'émotions. Voyez : aujourd'hui on se plaint de l'individualisme de notre société, qui se manifeste par la réduction de la durée et du raffinement des rapports sociaux entre les individus. Mais vis-à-vis de la Nature je vois qu'il se passe la même chose. Prenons garde ! C'est notre humanité qui se rétrécit ! Nous devons vivre autant dans l'objectivité que dans la subjectivité[81].

---

80 Ou « psycho-histoire » comme l'appelait Isaac Asimov dans son œuvre *Fondation*.
81 « Notre humanité qui se rétrécit » : dit autrement, c'est l'aliénation de l'homme par l'homme. Ceci a été remarquablement porté à l'extrême, pour bien nous le faire comprendre en plus de la réalité des dictatures, dans des œuvres de science-fiction telles que 1984 et Brasil. Aujourd'hui, ce début du XXIe siècle, avec son prodigieux essor technique, s'accompagne de films de science-fiction angoissants, où la Nature se rebelle contre l'Homme ou bien a été entièrement détruite par lui. Nous avons, à nouveau, peur de nous-mêmes et cela influence notre imaginaire. La série de science-fiction Star Trek The Next Generation, tournée au début des années 1990, était au contraire résolument optimiste quant à la nature humaine, dans le contexte mondial détendu post guerre froide.

Arnaud Desjardins : Premiers pas vers la sagesse

Ouvrage : *Premier pas vers la sagesse*, Librio, 2004.

Redescendre sur terre

La recherche d'un équilibre entre objectivité et subjectivité est-elle autre chose que la recherche de la sagesse ? Me voilà revenu – ou arrivé – à la philosophie dans sa conception littérale d'amour de la sagesse. Je laisse donc derrière moi cette conception de la philosophie qui se restreint au seul plan des idées, après y avoir prélevé ce que je pouvais.

Par hasard, on m'a offert récemment un ouvrage d'Arnaud Desjardins à propos de la sagesse. Il tombe à point ! Cet écrivain a participé à démocratiser les pratiques méditatives en France. Il propose un cheminement spirituel en trois étapes :

1. découvrir la dignité humaine inconditionnelle ;
2. découvrir la nécessité d'accomplir ce dont on sent être fait pour ;
3. découvrir l'émotion inconditionnelle de la joie de vivre.

L'ephexis résonne tout à fait avec les interprétations de nos heurs et malheurs, avec les explications et les issues que proposent Desjardins pour évoluer dans notre vie, pour nous épanouir. Même si Desjardins part de situations émotionnelles où la Nature n'est pas présente, cette démonstration d'un cheminement vers la sagesse m'incite à faire le point sur ma propre aventure émotionnelle au jardin. Plus précisément sur mes motivations.

À motivations claires, pèlerin retrouve la lumière

Pour certains, pour moi, un cheminement spirituel est sous-entendu lorsqu'on se lance dans un projet d'agriculture agroécologique. Pour moi l'agroécologie est un projet qui avance sur trois fronts en même temps : scientifique (comprendre et utiliser les lois de la nature dans le respect de la vie), commercial (vendre ma production, avoir des clients) et sensible (devenir plus sensible envers la nature, envers moi-même, envers tous les autres individus). Comme je l'ai souvent écrit, ce triple cheminement est optionnel. On peut être jardinier agroécologiste sans accorder d'importance à l'idée de sens de la vie, donc sans accorder d'importance aux émotions[82].

Certes, cela prête le flanc aux velléités de mécanisation et d'industrialisation des principes agroécologiques. Mais pourquoi ce cheminement *doit*-il être optionnel ? Parce que nous ne sommes pas tous égaux lorsqu'il s'agit de prendre conscience de nos émotions. Parce que nous avons tous des personnalités différentes et, c'est un pléonasme, des vies émotionnelles différentes. Avoir beaucoup d'émotions, fortes, grandes ou fines, raffinées, subtiles, avoir une grande sensibilité émotionnelle, est considéré dans notre société moderne comme une attitude de faiblesse. Pour le dire crûment, c'est considéré comme une caractéristique féminine. La plupart des hommes ne parlent pas « à cœur ouvert ». Les hommes parlent des machines, de la force, de la technique, de l'organisation. Je suis d'accord avec ce trait culturel de la modernité, mais pourquoi s'y limiter ?

L'agroécologie se veut être une forme raffinée d'agriculture, et la permaculture plus encore. Ainsi elle n'est pas faite pour tout le monde : certains y préféreront le travail avec tracteur et autres grosses machines. Les machines incarnent l'idée de puissance, de rendement, de force de production. Ces cultivateurs mécanisés vont « sortir du légume » selon un calendrier établi. Le jardinier agroécologiste vendra ce qu'il y aura de

---

[82] Celui ou celle qui se refuserait à explorer cette partie de son être ne pourrait véritablement être à la recherche du sens de la vie, qui implique de développer son intellect (la tête), ses actions concrètes (le corps) et sa vie émotionnelle (le cœur) à égale mesure.

mûr dans le jardin, au moment où il y en aura. Ça ne fait pas très « puissant », car on est en position de dépendance vis-à-vis de la Nature. Or l'homme moderne se doit d'avoir les deux pieds sur terre, d'être efficace et productif, d'être fiable. L'homme moderne, ce n'est pas « monsieur peut-être ». Tant pis, je passe mon chemin...

Je ne peux pas écrire que pour se lancer dans un projet agroécologique, il faille être spiritualiste. Qu'il faille se poser des questions sur le sens de la vie. Moi-même j'ai découvert l'agroécologie d'abord par ses aspects scientifiques et techniques. Poser que la spiritualité est une option en agroécologie, qu'elle en est un des aspects parmi d'autres, c'est une stratégie de communication. La valeur de l'agroécologie réside dans la pluralité de ses aspects ; ainsi un grand nombre de personnes est susceptible de s'y intéresser. Contrairement à l'agriculture industrielle dont la cotation en bourse est l'unique finalité.

Revenons à la subtilité de penser et d'action inhérente à l'agroécologie. Dans notre société hautement commerciale, celui qui paraît doux et raffiné, celui qui vend peu de choses sur un petit étal, qui ne veut pas impressionner, cet individu-là ne correspond pas à la majorité, c'est-à-dire à la norme de la modernité. Le « small is beautiful », la sobriété, le « lentement mais sûrement », le « pas à pas » ne sont pas des valeurs reconnues dans notre société. Autre aspect qui fait de l'agroécologie (et des autres ABA) une agriculture androgyne : l'absence de compétition. L'idée même de faire la course à qui produit le plus entre jardiniers agroécologistes n'a pas de sens.

Ne tombons pas pour autant dans le piège du jugement de valeur. On ne peut pas dire que l'agroécologie privilégie la sagesse, quand les autres agricultures plus conventionnelles privilégieraient la force. Cela reviendrait à se moquer des haltérophiles quand on pratique le tir à l'arc japonais traditionnel.

Il faut que chacun puisse exprimer sa personnalité et son potentiel correspondant sans nuire aux autres personnes – donc sans dégrader notre environnement dans lequel nous vivons tous et dont nous dépendons tous. Il faut un respect mutuel strict. Culturellement, le « small is beautiful » doit être mieux reconnu et il faut une législation qui arrête de favoriser les « gros » au détriment des « petits ». Je ne suis pas pour l'interdiction des cotations en bourse. Mais aujourd'hui force est à la force, et la société est anarchique[83] parce que régie par les entreprises les plus grandes. Nous devons faire évoluer cette situation. Et avant de dire, un jour, que force est à la loi, tout en sachant que les lobbies industriels influencent le législateur, nous devons dire que force est à la raison. À l'intelligence. À la subtilité.

« Liberté et subtilité » : telle pourrait être la devise de l'agroécologie. Tel est le chemin pour traverser la nuit tombée au jardin et pour en ressortir à la lumière. Lumière qu'il faut ensuite répandre dans notre société à la tendance obscurantiste.

---

83 Jean-Christophe Grangé transmet à ce titre, indirectement, une anecdote intéressante dans son livre *Congo requiem*. Une expédition est préparée pour traverser le pays, des porteurs et des gardiens armés vont être recrutés. Les hommes les plus forts, qui logiquement devraient être les porteurs, prennent en premier les armes, pour avoir la fonction de gardien. Les hommes les plus chétifs se trouvent alors être les porteurs. Voilà la nature humaine, si on ne l'encadre pas de lois égalitaires...

Et le chamanisme des peuples premiers ?

Le chamanisme pourrait servir de point de repère à celui qui, comme moi, veut vivre sainement le contact quotidien avec la Nature. J'ai lu à ce sujet les écrits de Sabine Rabourdin, Clarissa Pinkola Estes et Jean-Patrick Costa. Le chamanisme est un ensemble de méthodes censées permettre un accès direct à la Nature, aux forces qui la régentent. Pour cela il faut pratiquer certains rituels initiatiques et utiliser des plantes plus ou moins magiques.

L'ephexis est-elle compatible avec le chamanisme ? Je pense que oui, mais je ne peux pas m'avancer plus loin : je n'ai jamais pratiqué ou même été témoin de cérémonies chamaniques. Je n'ai jamais rencontré de chaman. Peut-être que si j'étais né dans une société où le chamanisme se pratique encore, m'aurait-on incité à passer les épreuves initiatiques pour savoir si mon intérêt pour la Nature est inébranlable. Mais je ne me sens pas attiré par le chamanisme. Ce n'est pas ma voie. Au mieux, je me *représente* mentalement les lois de la nature comme des forces subtiles, qui s'unissent pour former un grand « courant », courant que j'ai appelé romantiquement le « dragon vert » dans le cours théorique. Je n'ai rien de plus à écrire à ce sujet.

CONCLUSION

Une aventure moderne : si, c'est possible !

L'agriculture est une aventure. Qui dit aventure dit épreuves : se confronter à l'imprévisible, à l'inconnu, au doute, à l'incompréhension, à l'échec. Il n'y a pas d'aventure sans moments désagréables. Pourquoi aujourd'hui, dans notre société moderne, la vie ressemble-t-elle si peu à une aventure ? Est-ce parce que la mécanisation a remplacé le savoir-faire ? Est-ce parce que la science a exploré tous les règnes et tous les continents ? Le monde est-il plus dangereux qu'il y a cinq-cents ans ? Vous voyez où je veux en venir : on ne peut pas vivre une aventure en désirant par-dessus tout rester dans son canapé, assuré contre le moindre risque possible et parfois même contre nos propres erreurs ! Ce n'est pas parce que l'on a tous les moyens dans notre salon pour connaître le monde en deux mouvements de main (en utilisant Google Earth © par exemple) que l'aventure n'est plus possible. Notre société glorifie le loisir sans effort et la certitude de la machine, quand l'aventure c'est au contraire renoncer à son confort et prendre des risques. C'est oser.

Est-ce que faire carrière constitue une aventure ? La perspective de monter dans la hiérarchie de votre entreprise vous donne-t-elle l'âme d'un Indiana Jones ? J'en doute sincèrement, car vous savez ce qui vous attend au niveau supérieur et même quand vous serez tout là-haut. Si effectivement c'est cela que vous appelez une aventure... Une aventure, c'est renoncer sciemment à ce que l'on sait, ou à ce que l'on peut deviner facilement, pour préférer soi-même défricher un chemin. Même jouer au loto constitue une plus grande aventure que de planifier sa carrière dans une entreprise aux nombreux étages hiérarchiques.

Et il y a dans l'aventure une absence de répétition. Une nouveauté permanente. Est-ce un hasard si, dans notre société où l'on croule sous les nouveautés, la vie de la majorité est une morne répétition ? Je crois que si chacun d'entre nous menait une vie plus aventureuse, nous n'aurions pas la même somme technologique que nous avons actuellement. Vivre une aventure, c'est revendiquer sa personnalité. Le conformisme écrasant de notre société, surtout en France, fût peut-être nécessaire et salutaire par le passé, après la guerre. Aujourd'hui, s'y attacher c'est dévitaliser notre société.

Après l'ephexis, la joie d'être et la joie de créer

Le temps est beau, la récolte est bonne. Ou bien il pleut et les ravageurs ont dévoré la moitié de la récolte. Maintenant aucune de ces deux situations ne me fait ni chaud ni froid : je suspends mon jugement. Je ne juge plus ni la Nature, ni moi-même. Ce qui est fait a été fait, et ce qui devait se produire s'est produit. Ephexis.

Je me suis débarassé d'une dépendance : je n'ai plus besoin d'une bonne récolte pour être heureux ! La vie n'a pas besoin d'être parfaite pour que je puisse m'en réjouir. Maintenant je comprends mieux ce qu'est la joie d'être, tout simplement. Je la ressens mieux : c'est une joie simple d'acceptation de ce qui est. C'est une joie qui ne requiert pas de justification.

À elle s'ajoute encore une joie, celle de savoir que la Nature m'a doté d'un gros cerveau pour pouvoir répondre à toutes sortes d'imprévus. Pour me comporter en architecte intelligent à chaque difficulté. C'est la simple célébration de notre potentiel humain. Et comme la Nature se répète selon une subtile dualité (cf. Une question de temps p. 169), même si je dois souffrir une fois de mon erreur, la Nature me donnera une seconde chance.

Éprouvons ces joies qui ne dépendent pas de la Nature mais uniquement de nous-mêmes. Qu'avons-nous donc trouvé là ? Une partie de notre humanité est ce que nous avons trouvé. Comme le chat qui vit son état de félin en chassant une souris, comme le campagnol qui vit son état de rongeur en creusant une galerie, comme le merle qui vit son état de volatil en faisant des acrobaties au ras du sol. Je me suis trouvé non pas en tant que consommateur, non pas en tant que producteur, non pas en tant que commerçant, non pas en tant que citoyen ou quelque autre qualificatif restreint, mais en tant qu'être humain au contact de la Nature. Je sais pourquoi nous sommes sur Terre, comme le chat, le campagnol et le merle savent ce qu'ils ont à faire : j'ai le devoir d'être heureux, indépendamment de ce que la Nature, ou la société, peuvent me faire subir comme difficultés. L'être humain que je suis prend sa place sur Terre.

Une gnose

Si comme moi vous avez parcouru un chemin de joies initiales, puis de difficultés et d'émotions déplaisantes, et que vous êtes parvenus à une joie supérieure après vous être remis en cause, alors vous avez parcouru un *chemin gnostique*. La gnose est définie comme la connaissance menant à Dieu, plus précisément la connaissance qui ne se borne à aucun rituel, à aucune pratique religieuse commune. La gnose, selon moi, est à la fois une somme de savoirs (de choses que l'on a comprises) et de réalisations concrètes. C'est un chemin global. Elle mène non pas à Dieu – je ne crois pas en un tel concept – mais à une humanité qui n'est pas évidente, à une humanité qui ne nous est pas donnée mais que nous devons construire. Nous devons construire notre véritable humanité, tandis que pour les animaux ces efforts n'ont pas lieu d'être. Ils sont déjà parfaits, ils sont déjà eux-mêmes si je puis dire. Tout ce que j'ai expliqué dans ce livre et les précédents n'est pas évident : cela requiert d'aller au-delà des habitudes de pensée et des qu'en dira-t-on. Je résumerai ce qui n'est pas évident par ces couples d'opposés :

- ne tomber ni dans la pensée productiviste ni dans le laisser-faire total de la Nature ;
- ne privilégier ni nos aspirations sociales ni les lois de la Nature ;

L'agriculture industrielle détruit la Nature à force de trop vouloir plaire à l'Homme, et une agriculture qui se réclamerait trop de la « deep ecology » nuirait à l'Homme à force de ne pas vouloir toucher à la Nature. Le jardinage agroécologique est la réunion des contraires et leur fructification durable. C'est la troisième voie : ni totalement naturelle, ni totalement anthropique, respectant la Nature comme notre humanité.

Voilà, c'est la fin, tout a été dit, et rien n'a été dit. Je sauvegarde le manuscrit, j'éteins l'ordinateur, j'ouvre la porte de la maison, je vais dans le jardin, et tout recommence dans le flot de la vie. Les mots, quelle que soit leur quantité, et les réflexions, quelle que soit leur qualité, n'épuiseront jamais notre vécu au contact de la Nature. Ils ne le remplaceront jamais : l'aventure se vit au jardin, entrecoupée de réflexions en fin de journée.

Merci à mes lecteurs de m'avoir suivi

Cet ouvrage est a priori mon dernier sur le thème de l'agroécologie. Je n'ai plus de vécu ou de réflexions à partager ! J'ai certes un stock inutilisé de réflexions économiques et sociales sur l'accueil réservé à l'agroécologie par nos concitoyens, par les politiciens et par les administrations, mais elles sont trop loin de la pratique. Je sais que les lecteurs français m'apprécient justement parce que je ne fais pas de théorie sans la pratique. Un grand merci à eux de me lire !

Libéré de mes pensées, je peux maintenant me consacrer pleinement au travail manuel durant les mois de mai à octobre des années à venir. Je maintiendrais autant que possible mon mode de vie de jardinier-écrivain : les mois d'hiver resteront des mois dévolus au travail intellectuel. Le prochain projet est d'ailleurs déjà démarré.

La fin de ce livre est aussi pour moi la fin d'un cycle. Ce cycle avait commencé avec la fin de mes études et mes premières années consécutives de chômage. Chômer, quitter la France, travailler dans un autre domaine, revenir dans la science biologique, quitter la science biologique, revenir à la Terre et m'exprimer, au travers de mes huit livres. J'ai fait ma place dans la société, j'ai beaucoup appris grâce à elle et à propos d'elle : c'est ma revanche contre elle, contre cette société moderne française qui n'aime pas ses jeunes et qui n'encourage pas l'originalité et la curiosité, tout au contraire. Grâce à toutes ces années incertaines, j'ai aussi beaucoup appris sur moi-même. Et en me retournant, je vois que j'ai toujours réussi à faire ce que je voulais faire. Le plus dur était de savoir ce qui m'intéressait.

Merci aux courageux et aux courageuses qui ont fait la relecture de mes manuscrits. Merci à ma famille de m'avoir fait confiance. Merci au hasard qui a bien fait les choses : pour ce terrain que j'ai acheté et pour l'absence d'agriculteurs dans ma famille. Paradoxalement, cela m'a permis de mettre en pratique un ensemble de techniques spécifiquement agroécologiques, qui ne sont pas éprouvées par la tradition et que celle-ci aurait peut-être réprouvé. Maintenant, je n'ai plus besoin de vivre chaque jour selon un programme d'objectifs professionnels et existentiels. Je vais laisser mon bateau voguer un peu hasard pour un temps. Je vais profiter de la vie comme elle vient.

ANNEXES

Les voies de l'innovation pour remédier à un problème de culture

Une culture échoue : le semis lève puis végète, la récolte est maigre, est moche, les plantes meurent trop rapidement... Que faire ? Où trouver la solution ? Je distingue trois voies majeures pour innover :

1. On peut chercher la solution dans la *technique* : passer les graines au réfrigérateur pour lever la dormance, changer les apports de compost et de purin avant culture, changer la date et la profondeur des semis, rallonger la durée entre deux cultures (resemer au même endroit non après pas deux mais trois ou quatre années voire plus) utiliser d'autres plaques à semis, modifier la chambre à semis, changer la fréquence des arrosages, changer l'épaisseur du paillage, utiliser des outils qui ne vont pas blesser les plantes...
2. On peut chercher la solution dans la *biologie* de la plante : opter pour une variété mieux adaptée au sol et au climat, changer la méthode de taille pour respecter la forme naturelle de la plante, mieux satisfaire aux besoins de la plante en eau, température, ensoleillement, ventilation...
3. On peut chercher la solution dans la *Nature*, c'est-à-dire en considérant la biologie de la plante sauvage à partir de laquelle fût créée la plante domestiquée, ainsi que son écologie : plantes compagnes et plantes antagonistes, mycorhizes (phytosociologie), ravageurs et prédateurs naturels des ravageurs... On part donc à la recherche de connaissances scientifiques pointues.

La voie 1 est la plus évidente et la plus facile. La voie 2 nécessite de faire un tour dans les livres : c'est pour les courageux. La voie 3 nécessite d'avoir l'esprit très ouvert et d'avoir l'habitude de faire des recherches : c'est pour les marginaux, pour les docteurs en écologie et pour ceux qui n'ont rien à perdre.

Si les changements techniques n'apportent aucune amélioration, il faut entamer la voie 2. Si celle-ci est également infructueuse, si on le peut il faut entamer la voie 3. Et si même celle-ci est infructueuse, il reste... d'autres voies à tester. Ce sont des voies mineures, dérivées des trois voies majeures. Deux voies mineures dérivent de la voie 1, une de la voie 2, et quatre dérivent, de façon ésotérique, de la voie 3.

- 1v1 : Chercher dans la *tradition technique* : questionner les anciens sur le matériel et les techniques, ouvrir des livres d'histoire agricole, aller dans les musées agricoles, retrouver du vieux matériel...
- 2v1 : Aller voir *ailleurs* : glaner des conseils chez les voisins, contacter des associations d'autres départements, régions et pays. Ne pas hésiter à sortir de son domaine : aller voir cher les horticulteurs, chez les arboriculteurs, chez les terrassiers...
- 1v2 : Chercher dans la *tradition biologique :* questionner les anciens et les livres sur les variétés d'antan, sur les caractéristiques du fumier d'antan...

Bien sûr, on prendra garde à bien identifier comme telles les techniques et les variétés qui nous feraient sortir de l'agriculture biologique. Quant aux voies ésotériques que voici, je n'ai confiance qu'en la première.

- 1v3. La voie 3 majeure est rationnelle : elle consiste à aborder la Nature de façon scientifique. Pour aborder la Nature, on peut aussi recourir à une méthode diamétralement opposée, à savoir : la *perception aconceptuelle*. Votre patience est enfin récompensée : c'est elle la cinquième et dernière étoile qui brille dans la nuit et aide à la traverser. Masanobu Fukuoka, fondateur de l'agriculture naturelle et de la permaculture, percevait la Nature de façon aconceptuelle. Qu'est-ce que la perception aconceptuelle, c'est-à-dire une perception sans recourir aux mots, au vocabulaire, aux concepts ? Il s'agit d'une *contemplation de style méditatif, qui fait prendre conscience, de façon originale et personnelle, de la relation Homme – Nature débarrassée de tous les préjugés, de tous les savoirs personnels et culturels.*

Il y a prise de conscience de la place de l'Homme dans la Nature, ou de ce qu'est la Nature pour

> **LA PERCEPTION ACONCEPTUELLE**
> **C'est ressentir la relation originelle entre nous et la Nature, débarrassée de toute forme de savoir et de croyance.**

l'Homme, selon l'élément de la Nature que l'on contemple. Cette prise de conscience est une expérience mystique et simple à la fois. De cette prise de conscience naît ensuite une compréhension conceptuelle de la Nature, avec des mots. On met en mots ce qu'on a « ressenti, perçu ». Avec ces mots on élabore une théorie sur le fonctionnement de cet aspect des relations Homme – Nature qu'on a perçu. À partir de là on peut imaginer une nouvelle technique agricole censée respecter à la fois l'Homme et la Nature. C'est donc un processus en quatre temps : contemplation / ressenti – prise de conscience – compréhension théorique – inspiration technique. Quel mal peut-il y avoir à contempler la Nature en mettant de côté tout ce que l'on sait sur elle, en essayant de la voir telle qu'elle est, sans les filtres et les biais culturels que l'on nous a inculqués dès notre enfance ? Je ne vois là aucun mal, aucune « bêtise » New-age. C'est une forme de recherche d'objectivité, comme l'est, avec d'autres moyens, la science. Notons bien que la science tend à exclure l'Homme du monde qu'elle observe ; Fukuoka au contraire reconnaît pleinement la relation Homme – Nature. Il perçoit à la fois l'Homme et la Nature.

- 2v3. Rudolf Steiner a créé une « science spirituelle » : une science qui a pour objet non les caractéristiques matérielles de la Nature (Nature comprise au sens des êtres vivants comme des atomes) mais les caractéristiques spirituelles de la Nature. Steiner pose que tout élément de la Nature possède deux facettes, une matérielle, une spirituelle. Les minéraux, les planètes, les plantes et les animaux ont des caractéristiques spirituelles qui font que leurs interrelations ne sont pas dues au hasard, tout comme les interrelations entre leur matière n'est pas due au hasard. Aux conditions matérielles s'ajoutent les conditions spirituelles. Pour cultiver dans le respect la Nature, il faut tenir compte à la fois des lois matérielles et des lois spirituelles. C'est la théorie dite « biodynamique ». Selon Steiner, la connaissance de cette science spirituelle aurait été léguée par les divinités créatrices aux premiers humains. Depuis, elle aurait été transmise de génération en génération par de « grands initiés »... Rudolf Steiner a fait un cours aux agriculteurs en 1923 (toujours réédité), dans lequel il présente les techniques agricoles prenant en compte cette science spirituelle. Chacun est libre d'y croire ou pas. Sachez qu'on y distingue un fond culturel ésotérique issu de l'astrologie et de l'alchimie. La biodynamie a le mérite d'exister, a le mérite d'avoir initié les pratiques de compostage. Avant d'y croire par conviction et pour prendre connaissance de tout ce qu'on reproche à la biodynamie, je vous recommande de lire Onfray[84].

---

84 *Le fumier spirituel* in *Cosmos*, Flammarion, 2015.

- 3v3. Similairement, on pourrait se questionner sur l'importance de la science quantique pour les cultures. Ce sont là les théories psycho-physiques d'Emmanuel Ransford par exemple : atomes doués de volonté, qui peuvent communiquer à travers l'espace, « holomatière », la matière possède un libre arbitre au niveau quantique... On pourrait extrapoler de ces théories une conception « holomatérielle » de l'agriculture... Avis aux amateurs. Pour ma part, je ne me risque pas dans cette voie qui a tout d'une pseudo-science.
- 4v3. Ou encore, si toutes ces voies échouent, lancez-vous dans la géobiologie. Préparez votre pendule et partez à la recherche des lignes et des « nœuds » du réseau tellurique Hartmann et Curry qui délimitent des zones avec plus ou moins d'énergie vitale... Vous vous en doutiez, je n'y crois pas non plus.

Recadrons toutes ces considérations. La particularité de la voie 1 est d'être totalement anthropique : on ne considère que les techniques que l'on est en mesure d'appliquer. La voie 2 et la voie 3 sont totalement objectives, logiques, intellectuelles. Elles excluent la subjectivité : on considère la plante, cultivée et sauvage, comme un matériau scientifique. On cherche les lois naturelles, les faits. On cherche à comprendre la plante telle qu'elle est. Entre d'un côté l'être humain en action (voie 1) et de l'autre côté (voies 2 et 3) la compréhension objective de la Nature, s'insère la voie 1v3 de Masanobu Fukuoka : on considère la relation {Homme – Nature} dans ce qu'elle peut avoir de plus essentiel, de plus pur, débarrassée de tous préjugés. Cela afin de parvenir, en même temps, à des techniques culturales qui respectent la Nature et à une manière plus essentielle d'être humain. La voie de Fukuoka est simplement la voie de la *non-séparation*. Le jardinier n'est plus seulement un primate cultivant avec des outils de fer, c'est un être épanoui conscient de sa place et de sa fonction dans l'univers, qui s'épanouit en même temps qu'il fait s'épanouir la Nature.

Comprendre de quoi il retourne dans cette voie n'est pas évident, surtout si l'on n'a jamais pratiqué la méditation. C'est une croyance, me direz-vous. Ça ne vaut pas mieux que la biodynamie. C'est une pratique occulte. Mais je suis convaincu que ce n'est pas le cas. En général, je ne crois en rien. Par exemple, je ne crois pas en dieu parce que je ne crois pas disposer des moyens pour prouver son existence. Mais je crois en cette forme de perception : je crois que c'est possible. Cette perception, et ce qu'elle permet, tend à ce que je consens appeler « symbiose avec la Nature ». Mais une symbiose facultative, non nécessaire pour la Nature, notez. Je continue à croire que la Nature n'a pas besoin de nous êtres humains. L'occulte implique le caché, l'indicible, l'inextricable, in fine le secret-qui-confère-un-pouvoir. Par cet ouvrage, je vous ai communiqué mon vécu, qui n'a donc rien d'occulte parce qu'il est justement formulable, explicable. Mon vécu peut à la rigueur être considéré comme ésotérique au sens de non évident. Il n'y a dans mon vécu, et donc dans l'agroécologie, rien qui ne soit caché : tout y est à explorer, à découvrir, à créer, à construire. Il n'y a dans l'agroécologie, et dans l'agriculture naturelle de Masanobu Fukuoka, nul trou noir occulte, tout s'explique. Au contraire des autres voies ésotériques : la science spirituelle, le libre-arbitre de la matière et le réseau d'énergie vitale sont des trous noirs occultes.

Fukuoka, avec sa formation de scientifique (en physiopathologie du riz), savait aussi faire la part des choses entre l'objectivité scientifique et l'objectivité de la perception méditative... Je sais que tout le monde n'est pas fait pour la méditation. Mais si vous m'avez lu jusqu'ici, vous pouvez comprendre les deux exemples de la voie de Fukuoka que je vais vous relater. Avant, sachez que quand on cultive en agroécologie, permaculture ou agriculture naturelle, il ne faut pas se fixer pour objectif d'atteindre de telles réalisations. Ce ne doit pas être une astreinte quotidienne : cela doit venir sans forcer. Il faut soit avoir beaucoup pratiqué la méditation auparavant, soit être dans une période de pratique régulière.

Je crois que par cette voie-là, plus que dans la voie scientifique et bien plus que dans la voie technique, on peut avoir accès à « l'Homme sans définition » et à la « Nature sans définition ». Quand les deux autres voies impliquent de poser des limites, donc des définitions, cette voie est toujours une porte ouverte sur l'infini. Si vous êtes agnostique, il serait dommage de refuser cette voie... Ces deux exemples peuvent au moins vous montrer le début de la voie. À vous ensuite de progresser si et comme vous voulez.

Premier exemple, lorsque Masanobu Fukuoka était sur son lit d'hôpital, souffrant d'une pneumonie. Il aperçut un jour par la fenêtre de sa chambre un héron. L'oiseau volait au-dessus d'une baie. Masanobu perçoit alors cette réalité de façon aconceptuelle, l'oiseau se mouvant dans le ciel, la mer en dessous de lui, la mer elle-même embrassée entre deux langues de terre, et il la comprend avec ces mots : « je ne sais rien ». De cette compréhension il décline le principe agricole qui sera central pour l'agriculture naturelle, la permaculture, l'agroécologie : *le principe du non-agir*. Laisser faire la Nature, profiter de ce qu'elle fait par elle-même, plutôt que de vouloir la contrôler sans cesse comme le fait l'agriculture conventionnelle (nous sommes dans les années 1970) [85].

Second exemple, Fukuoka nous dit :

> Si magnifiques et imposantes que soient les fleurs que les gens cultivent dans leur jardin, elles ne m'attirent pas. L'homme s'est égaré en essayant de comparer les fleurs obtenues par l'intelligence humaine avec les herbes sauvages. Les herbes qui

---

[85] Expérience relatée dans son livre phare *La révolution d'un seuil brin de paille*.

poussent au bord des chemins ont une valeur et une signification en tant que telles. C'est là quelque chose que les fleurs cultivées ne peuvent violer, ni accaparer. Laissons les herbes sauvages être sauvages. Le trèfle appartient aux près. Le trèfle a de la valeur en tant que tel. La violette qui pousse le long d'un sentier de montagne ne fleurit pour personne en particulier, mais elle ne passe pas inaperçue et on ne l'oublie pas. Au moment même où on la voit, on sait. Si les gens ne changeaient pas, le monde ne changerait pas ; les méthodes de culture ne changeraient pas.

J'ai de la chance d'avoir fait pousser du riz et de l'orge. À celui seul qui se tient là où l'orge pousse et écoute attentivement, il sera dit, pour son salut, ce qu'est l'homme[86].

Expliquons. Premier paragraphe : l'être humain ne peut pas « faire » de plantes qui seraient aussi belles que les plantes naturelles. Plus encore, les plantes cultivées ne sauraient « nourrir l'âme et le cœur » d'un être humain comme le peuvent les plantes sauvages. Pourquoi ? Car les plantes cultivées sont de facto soumises à l'Homme, pensées par lui, contrôlées par lui. D'elles ne peuvent venir ni surprise ni étonnement : nous avons tout prévu. Les plantes sauvages par contre, lorsqu'elles expriment quelque caractéristique que l'Homme peut remarquer, peuvent le surprendre. Et cette surprise, ou cette beauté, qu'elles « donnent » à l'Homme, est rien de moins qu'une partie de l'univers infini. Le message à comprendre est celui-ci : l'Homme s'échine à cultiver avec peine, alors que les plantes sauvages lui rappellent que l'Univers a quelque chose pour lui, *si* l'Homme apprend à le voir et à s'en suffire. D'où la question fondamentale – mais impertinente : quelle utilité pour l'agriculture ? ... Second paragraphe : les plantes cultivées nous rappellent leurs consœurs, les plantes sauvages. Dans toute plante cultivée il y a le souve-

---

[86] In Masanobu FUKUOKA, *L'agriculture naturelle : théorie et pratique pour une philosophie verte*, Trédaniel, 1989.

nir de la liberté, de la vie sauvage. Voici la question qu'il faut tirer de ces écrits : qu'est l'Homme s'il ne comprend pas *qu'il doit exister dans les deux mondes à la fois*, le monde des plantes cultivées et le monde des plantes sauvages ? S'il perd même le souvenir du monde sauvage ? D'où le principe d'arpenter soi-même sa terre, d'être aussi sensible que possible à son jardin, principe de bon sens paysan mais principe tombé en désuétude depuis que les agriculteurs ne touchent plus la terre (assis dans un tracteur à deux mètres du sol) et se fient aux seules analyses chimiques pour « connaître » leur sol et leur récolte. Les agricultures biologiques alternatives, par définition, contiennent ce principe que *l'agriculteur doit connaître sa terre et ses plantes par ses cinq sens* – tandis qu'en conventionnel c'est l'analyse chimique qui indique si un sol est bon ou mort, si une récolte est comestible ou invendable. Quand une personne mange un légume ou un fruit qui provient d'une ABA, elle sait que le jardinier a jugé de la qualité de sa terre et de ses plantes par son être même, et non seulement par une analyse chimique. Les ABA ne peuvent pas renoncer à ce principe sans se renier elles-mêmes. Elles contiennent aussi le principe que *la Nature sauvage doit être immédiatement proche*. En permaculture, la Nature sauvage fait partie intégrante du jardin (une zone lui est réservée). En agroécologie (telle que je la pratique), zones tampon dans le jardin et haies tout autour la représentent.

   Je vous ai relaté là des principes généraux. Dans ses livres, Fukuoka présente les mises en pratique correspondantes. Même si on ne peut pas refaire ces découvertes, il est intéressant de chercher à vivre soi-même de telles perceptions aconceptuelles. C'est marcher dans les pas du maître. Cela dit, moi je ne suis pas parvenu à de telles prises de conscience. Un jour, qui sait...

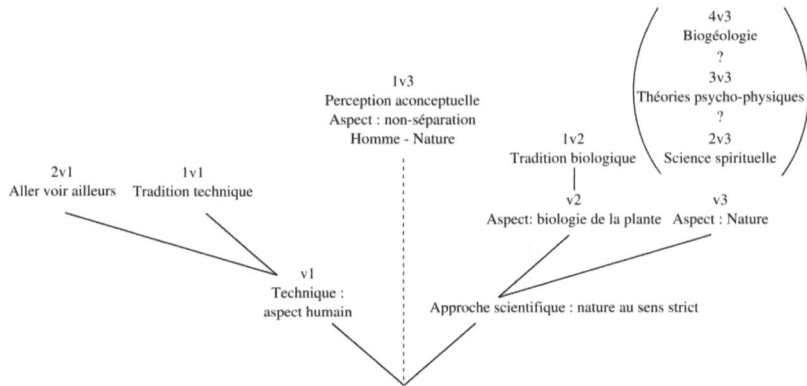

Organigramme des voies pour chercher une solution à un problème de culture

La question du sens de la vie

J'ai longtemps tergiversé : est-il bien nécessaire d'aborder cette question dans un ouvrage dédié au jardinage agroécologique ? C'est une vaste question, à laquelle il est impossible d'apporter une seule réponse. On peut en disserter sur des milliers de pages en considérant un simple caillou. Écrire des banalités ou des platitudes à ce sujet est une perte de temps pour le lecteur comme pour l'écrivain.

Toutefois, je pense que les personnes qui s'intéressent sincèrement aux agricultures biologiques alternatives s'intéressent aussi à cette question. Le corps de cet ouvrage est tout entier un essai de réponse, un exemple de voie. Je veux donc leur proposer ici un autre essai de réponse, succinct, inspiré très simplement de l'anatomie des plantes.

L'art de poser la bonne question

La question du sens de la vie est très vaste : sens de la vie en général, sens de la vie d'un individu, sens de l'humanité. Depuis mon année de terminale, je ne me lasse pas de cette question. Elle sous-tend toutes mes activités, professionnelles comme de loisir. C'est une question sans réponse définitive, donc elle est parfois lourde à porter. Elle rend parfois mélancolique. Elle m'oblige à réfléchir, parfois elle me fait peut-être hésiter un peu trop, mais elle est toujours ma ligne de base. Je sais toujours quand je m'en éloigne trop, alors je peux me réaligner sur elle et je retrouve le chemin qui me convient le mieux. Jusqu'à présent je ne regrette aucun des choix de vie que j'ai fait, dont le dernier en date qui a été de démissionner de mon travail en laboratoire industriel afin de créer un grand jardin agroécologique. Et me voilà aujourd'hui, jardinant et écrivant ! La question du sens de la vie est vaste et lourde ; pour autant je vous invite à vous en saisir dès qu'une opportunité se présente. Il ne s'agit pas de chercher une réponse en philosophant, du moins pas seulement. C'est une question totale, qui concerne tous les aspects de notre vie. En fait, cette dernière phrase constitue déjà un début de réponse...

Je souhaite aborder ici avec vous la question du sens de la vie d'un individu, inspirée du contact avec les plantes.

Le sens de la vie d'un individu est une question qui, en général, invite à chercher l'origine et la finalité de l'individu, le pourquoi de sa présence au monde et le pourquoi de sa fin, de sa mort. L'origine et la fin, l'alpha et l'oméga. D'où venons-nous ? Où allons-nous ?

Ce qui me turlupine, ce ne sont pas les propositions innombrables de réponses à ces deux sous-questions de l'origine et de la fin. Les religions et les philosophies sont prolixes à ce sujet. Ce qui me turlupine est la validité de la question : la question est-elle simplement valide ? Cette question serait-elle non-valide, en ce sens qu'elle ne correspondrait à aucune réalité ? Par exemple, si de nos jours un scientifique se pose la question de la transmutation du plomb en or par la médiation d'une « substance vitale », on peut légitimement s'interroger sur la validité de cette question. On sait aujourd'hui que le plomb n'« évolue » pas naturellement vers un état meilleur, qui serait celui de l'argent puis de l'or, comme le croyaient, par ignorance et par foi, les alchimistes. On sait que cette question qu'ils se posaient – comment capturer la substance vitale pour transformer à volonté le plomb en or – n'est pas valide, car il n'existe ni substance vitale ni évolution naturelle des métaux d'un état « vil » vers un état « noble ». La question ne correspond pas à la réalité[87].

Ce n'est pas parce que l'on peut penser une chose, même avec une certaine logique, que cette chose existe véritablement. Trop de personnes font cette erreur de pensée ! Démontrer la non-réalité de certaines idées fait justement partie de la science. Tout l'art de la science consiste à poser les bonnes questions, à identifier les questions valides parmi toutes celles – la majorité – qui ne le sont pas. Cet art de la science peut être utilisé à profit dans tous les autres domaines de la vie.

L'Homme-plante

Revenons à notre question. Pourquoi *un* sens ? Pourquoi pas deux, trois ou quatre sens ? Transposons la question au domaine des plantes. La question serait alors : « Quelle est *la* racine de la plante ? Comment est *la* graine qu'elle produit ? » Ces questions ne sont pas valides, car les plantes ont de très nombreuses racines et elles produisent en général de très nom-

---

[87] Ce qui n'empêche pas, aujourd'hui encore, d'utiliser cette théorie alchimique comme une métaphore de l'évolution de la conscience : du premier et de l'impur, aller vers la noblesse et la pureté.

breuses graines. L'alpha et l'oméga d'une plante sont multiples : une plante, pour croître, ne consomme pas qu'un seul nutriment, l'azote par exemple. Et les graines qu'elle produit auront des trajectoires diverses : emportées par le vent, par des animaux, consommées par des animaux, des moisissures, dessiccation, putréfaction dans une flaque d'eau, germination... Transposons ce constat à l'être humain : pourquoi ne serions-nous pas comme les plantes, nous abreuvant à de multiples sources et produisant des fruits divers et nombreux ?

À la question du sens de la vie pour un individu, on attend en général, on cherche en général, une réponse *linéaire*. Linéarité horizontale (naissance biologique de l'individu – épanouissement dans la société) ou linéarité verticale (naissance terrestre – accession à un niveau d'existence supérieur, illumination, ciel, paradis, aréopage...) Une réponse tout aussi adéquate est la réponse en forme de disque :

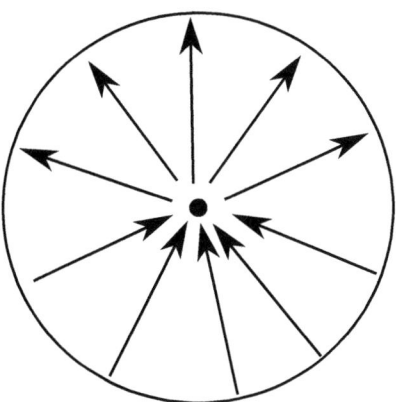

Multiples sources, multiples créations – le point et le cercle plutôt que la ligne

La question du sens de la vie est en général considérée comme une grande question, à réserver aux philosophes ou à des moments particuliers de notre existence. Je crois au contraire qu'elle est indissociable de la vie quotidienne. Il faut passer de l'attente d'une réponse linéaire à une réponse circulaire. En contemplant la géométrie du schéma ci-dessus, la question du sens de la vie d'un individu est reformulée ainsi : « quel est le *centre* de l'individu ? » La question du sens, dans ce schéma, n'est plus valide. Les sources et les fruits sont multiples.

Plus précisément : qu'y a-t-il au centre de l'individu, qui fait qu'il absorbe telles ou telles choses et qu'il en ressort de lui telles ou telles autres choses ? Plus concrètement : comment un individu *transforme*-t-il les choses ?

Le centre de l'individu est un *centre transformateur*. Chacun de nous transforme le monde, à sa manière, plus ou moins. Au sens abstrait (idées produites) comme au sens concret (constructions matérielles). On peut même transformer les autres individus. Notre capacité à recevoir le monde en nous et à le transformer est notre identité. Notre identité quotidienne, à chaque instant de la vie : elle ne se dévoile pas que dans les « grands moments ». À chaque instant de notre vie quotidienne, au travail, en vacances, entre amis, dans la communauté, avec nos ennemis, sur la route, en subissant une publicité, en attendant à la caisse dans un hypermarché, la façon dont nous transformons les choses nous montre qui nous sommes. Si dans votre vie, en général mais surtout ici et maintenant, vous doutez que vous transformiez quoi que ce soit, ou que vous en êtes certains, alors vous devez changer vos sources ou questionner votre énergie transformatrice ou questionner les moyens que vous vous donnez pour que vos transformations parviennent dans le monde. Pourquoi ai-je autant de sources, ou si peu de sources ? Pourquoi ai-je tant de fruits, ou si peu de fruits ? Pourquoi ne fais-je que reproduire ce qui existe déjà, ou pourquoi suis-je innovant ? Quelles sont vos racines et votre terre ? Avez-vous des feuilles en bonne santé pour transformer minéraux et rayons du soleil en nouvelles molécules ? Comment vos graines seront-elles transportées pour arriver dans le monde et pouvoir y germer ?

Notre nature n'est pas figée

Le nombre de sources, le nombre de fruits, la reproduction ou l'innovation : en soi ces faits ne sont ni positifs ni négatifs. L'intérêt d'en prendre conscience est qu'ils permettent de poser une nouvelle question : dans quelle *phase de vie* suis-je ? Suis-je dans une phase avec un grand pouvoir transformateur, ou avec un faible pouvoir transformateur ? Cela aussi n'est ni mal ni bien en soi, qu'elle que soit la phase. Il me semble que l'essentiel, in fine, est de sentir quand le moment est venu de changer de phase. Nous ne sommes pas des machines, qui feraient sans cesse et toujours au même rythme toujours la même chose : notre humanité, qui procède de la Nature, est intrinsèquement variante. « Toujours performant, toujours plus, toujours plus vite, toujours plus grand, toujours moins cher » : voilà des slogans de notre société moderne hyper-commerciale qui ont profondément pollué notre bien-être et nos façons de penser les plus profondes, en nous masquant à nous-même notre nature fluctuante.

Une pulsation transformatrice, parfois douce, parfois stridente, parfois profonde, parfois légère, parfois qui se repose, parfois ciblée, parfois vaste : voilà ce qu'il y a en nous.

Sources – pulsation transformatrice – fruits : voilà une prise de conscience de ce que nous sommes, ici et maintenant. Une trinité qui est notre identité. Certes, cette prise de conscience de notre identité ne permet pas de prédire, de révéler tel un astrologue, de quoi sera faite notre vie demain ou dans dix ans. La question du sens de la vie nous faisait miroiter cette promesse. Mais qu'est-ce qui est préférable ? Connaître avec certitude notre identité, ici et maintenant, ou connaître, avec des doutes dont on ne pourra pas se défaire, notre destin ? Personnellement, je préfère la modestie de l'identité aux grandes promesses du destin. « La ligne du destin » ! Plus utile que de vouloir connaître cette ligne du destin, plus humble et aussi plus réaliste est de prendre conscience de notre identité et de prendre conscience de la phase de la vie dans laquelle nous nous trouvons. Il faut toujours parier sur le présent et pas sur l'avenir.

Écrire à propos du sens de la vie fait enfler les chevilles. Cela donne le sentiment d'écrire des valeurs universelles, alors que rien n'est plus faux. Ne prenez surtout pas cette réflexion sur le sens de la vie pour une vérité : ce n'est que ma façon de considérer la chose ! Retenez juste que cette question n'est pas inutile, quand bien même notre société mercantile éprise de vitesse et de superficialité essaie en permanence de nous la masquer. Oui, il est possible de faire sa vie en mettant cette question dans notre for intérieur, comme un combustible inépuisable ! Et ça tombe bien, car n'est-ce pas une société durable que nous voulons construire à présent ? La question du sens de la vie est tel un souffle qui fait tourner notre éolienne interne, qui produit une énergie interne renouvelable !

Protéger la Nature, ça veut dire quoi ?

L'agroécologie, et l'agriculture en général, aussi respectueuses puissent-elles être de la Nature, n'ont pas vocation à protéger les espaces naturels, les espèces en voie de disparition, la biodiversité de la faune et de la flore sauvages. Il existe tout de même un lien de parenté fort entre la protection de la Nature au sens strict et le respect de la Nature dans un contexte agricole, qu'il me semble pertinent de mettre en lumière[88].

Au vu des différences qui existent entre d'un côté les naturalistes des associations, et de l'autre le grand public, dans la façon de concevoir la nature, au vu des réponses souvent simplistes apportées à la question du pourquoi protéger la Nature, il est nécessaire d'apporter à ladite question une réponse globale et pratique, en fuyant les définitions vagues ou trop idéalistes.

Cette entreprise de définition univoque est tout à fait possible, car le contexte actuel, mou, ambivalent, de développement durable que l'on évoque pudiquement du bout des lèvres, ne résulte pas de connaissances prétendument incertaines sur l'état de la biodiversité mondiale (telle espèce est-elle vraiment en danger d'extinction, telle espèce est-elle vraiment influencée par telle molécule de synthèse, le changement climatique modifie-t-il vraiment la répartition géographique de telle espèce... ?). Ce contexte mou ne résulte pas d'une impossibilité à définir la nature que l'on veut protéger : c'est au contraire à cette impossibilité que l'on veut faire croire. Il s'agit d'une stratégie de communication, entretenue à dessein par les partis politiques de tout bord, pour maintenir aussi longtemps que possible les gens dans leurs habitudes de travail et de pensée. L'objectif de cette stratégie est de rendre, pour le citoyen, aussi difficile que possible la prise de décision. Est-ce que je dois moins utiliser ma voiture ? Est-ce que je dois

---

[88] J'ai écrit ce texte écrit en 2014, alors que j'étais adhérent à une association de protection de la Nature. Je ne sais s'il l'est encore, mais il fût utilisé cette année-là à l'université de Rouen, avec d'autres textes, en introduction au droit de l'environnement.

acheter bio ? Est-ce que je dois éviter les vacances avec l'avion ? À quoi bon ces efforts, si l'on n'est pas certain que cela aide à préserver la Nature ?

Il faut sortir de ce piège de mollesse, car le respect de la Nature est une étape rien moins importante pour l'évolution de notre espèce *Homo sapiens* que l'abolition de l'esclavage, la rédaction des Droits de l'Homme, l'éducation pour tous, la Paix entre les peuples et la fraternité.

Protéger la Nature, ça veut dire quoi ? est une question à laquelle il est à la fois très simple et très compliqué de répondre. Qu'entend-on par protéger, qu'entend-on par Nature ? C'est une question un peu « fourre-tout », que l'on imagine suivie d'un long exposé ennuyeux sur le nécessaire respect de la nature, qui doit déboucher sur la notion de développement durable, donc le tri des déchets, le recyclage, éteindre les lumières... Le genre d'exposé moralisateur qui ennuie tant les collégiens, car on leur rabat trop les oreilles avec. Faut-il donc encore ressasser cette notion, après deux décennies d'éducation populaire en ce sens ? Aujourd'hui presque tout le monde a compris le bien-fondé de la protection du recyclage et de la protection de la nature. C'est non plus au niveau des idées et des mots, mais au niveau des actes, que la dissension règne encore. C'est au niveau des actes que remuer le couteau dans la plaie fait encore mal. Les mesures concrètes à voter sont sources non pas d'ennui, mais de débats houleux, de vie locale agitée et, hélas, de mort[89]. À ce niveau, la question est donc toujours d'actualité.

Pour l'aborder, en essayant de ne pas verser dans la prose larmoyante, ni dans l'exposé trop politiquement correct, nous allons nous centrer sur un pays, la France. Nous allons démarrer notre réflexion en considérant deux méthodes actuelles de protection de la Nature. Puis nous présenterons notre vision de

---

[89] Un jeune militant écologiste est mort lors d'affrontements avec les forces de l'ordre qui défendaient le chantier de construction d'un barrage sur la commune de Sivens.

ce que recouvre le concept de Nature. Enfin, nous répondrons à notre question, en expliquant comment les succès et les limites de la protection de la Nature sont conditionnés par la subtilité même du concept de Nature.

Deux méthodes actuelles, en France, de protection de la Nature

Par protéger la Nature, on comprend en général prendre *soin* d'elle : éviter la souffrance animale et permettre aux plantes comme aux animaux de « vivre leur vie ». Les mesures de soin peuvent aller jusqu'à nécessiter de créer une barrière physique entre l'être humain et la Nature, dans les cas où celle-ci est particulièrement remarquable, ou dans les cas où l'être humain est particulièrement destructeur. Dans ce dernier cas, s'agit-il alors de délimiter un espace, de déclarer que nul être humain ne doit y pénétrer, et de défendre cet espace corps et âme contre les individus égoïstes, contre les ignorants, contre les destructeurs ? Cela fait effectivement partie des méthodes actuelles de protection de la Nature. Certaines associations ou structures gèrent des espaces protégés, comme le font par exemple le conservatoire du littoral ou les centre permanents d'initiative à l'environnement (CPIE). Des réserves sont délimitées, et leur accès est strictement interdit, sauf aux gardes et aux gestionnaires. Les contrevenants sont punis par une amende voire une peine de prison. Nous appelons cette méthode la méthode d'enclosure.

Certaines associations choisissent une autre méthode de protection :la protection par l'action en justice. Ces associations constatent les actions et les constructions illégales au regard du droit de l'environnement, et portent leurs auteurs devant les tribunaux. Plus précisément, que font les juristes, bénévoles ou employés, de telles associations ? Ils font, hélas, plus que porter devant la justice les actes de destruction, avérée ou planifiée : ils contraignent à faire respecter la loi. Indiquons tout d'abord que ce ne sont pas que des particuliers qui enfreignent les lois de protection de la Nature : ce sont avant tout des mairies, des collectivités, des administrations. Le premier problème auquel les juristes font face, du Nord au Sud de la France, est la connivence entre les administrations et les personnes ne respectant pas la loi : permis de construire accordés dans des espaces protégés, constructions réalisées sans permis en toute illégalité mais régularisées par les mairies par la suite. Pour les entreprises, les études d'impacts incomplètes sont bien souvent acceptées par les administrations... Le second problème est celui-ci : les constructions jugées illégales ne sont jamais détruites, malgré les décisions de justice ordonnant leur destruction. Ainsi un nombre considérable de routes sont illégales, mais qui irait les détruire et restaurer les champs, les marais ou les forêts qui ont été arasés ? C'est la stratégie du fait accompli. Troisième problème : la stratégie juridique des mairies conniventes. Ces mairies accordent à répétition des permis de construire temporaires, pour régulariser des permis illégaux ou inexistants. C'est une « méthode » tout à fait légale, qui bloque efficacement le déroulement des procédures judiciaires. Quatrième problème : Les associations rappellent aussi à l'ordre certains préfets, qui daignent faire appliquer la loi ! Un comble. Elles sont aussi amenées à faire constater les infractions par un huissier, car parfois les polices de l'environnement « ignorent » leurs dépositions.

De telles associations, quand elles sont reconnues d'utilité publique, siègent aussi dans les commissions départementales d'aménagement du territoire. Elles sont presque toujours la seule voix qui s'oppose à des projets d'urbanisation très consommateurs d'espace. Elles mènent donc un véritable combat du pot de terre contre le pot de fer, même quand elles ont la chance d'avoir un juriste bénévole voire salarié.

Pour conclure sur la difficulté de remettre dans le droit chemin les « vandales » de la Nature, il faut savoir que dans notre pays, il est interdit de porter plainte contre un maire qui décide de ne pas respecter une loi de protection de la Nature, ou contre aucune administration d'ailleurs. Seul le permis de construire peut-être contesté, pas les décisions de l'élu ou du fonctionnaire. Car ils représentent le peuple, et porter plainte contre le peuple est sans fondement.

Alors, est-ce donc cela, protéger la nature ? Passer son temps à rappeler à nos élus et à notre administration l'existence des lois qui ont été votées pour la protéger ? Passer son temps à contrer les projets d'urbanisation qui prétendent respecter la Nature tout en l'arasant ? Par exemple des écoquartiers qui n'ont de vert que le nom, des usines de méthanisation dont le bilan énergétique est négatif, des centres commerciaux écoresponsables... Faire respecter la législation est une démarche juste et utile, ne serait-ce que pour garantir l'égalité des citoyens face à la loi. Mais les associations de protection juridique de la Nature en retirent-elles seulement de la reconnaissance sociale ?

Au contraire, les associations qui agissent juridiquement pour faire respecter la Nature se voient refuser toute forme de subventions publiques, tandis que celles qui se cantonnent à faire de l'éducation à l'environnement, à gérer une réserve, sont subventionnées avec bienveillance. De plus, elles s'attirent les foudres d'une bonne partie de la population, pour qui elles représentent l'« aiguillon » des écolos. Ces écolos qui énervent tant les agriculteurs et les aménageurs, qui voudraient faire, selon ces derniers, interdire toute construction, qui inonderaient le peuple de normes, qui voudraient faire interdire la chasse, pourtant une activité traditionnelle de notre beau pays. L'écologie « punitive » disent certains. Et la haine de certaines personnes envers les associations de protection juridique de la

Nature est bien réelle : insultes, dégâts aux locaux, intimidations physiques et menaces de mort même.

Si nous considérons les deux dernières décennies, nous pouvons voir que la société européenne se tourne lentement vers le respect de la Nature. En France certainement plus lentement qu'ailleurs, mais bon, les gaulois peuvent évoluer, n'en doutons pas ! La tendance de fond vers plus de respect de la Nature existe. Faut-il donc s'inquiéter des oppositions les plus virulentes à la protection de la Nature ? Ou bien ces oppositions virulentes indiquent-elles que les associations de protection de la Nature ne feraient pas bien leur travail ? Ces associations seraient-elles trop idéalistes, voulant tout de suite une société tout à fait respectueuse de la Nature, alors que durant deux millénaires l'homme occidental n'a eu cure de respecter la Nature (l'Europe fut massivement déboisée, rappelons-le) ? Ou bien sont-elles intolérantes et extrémistes, ce qui leur est reproché le plus souvent ? Et si les torts étaient partagés ? Des associations trop idéalistes d'un côté, et des individus et des administrations trop réfractaires au progrès de l'autre côté ? Il y a de ça, et nous voulons rajouter qu'il y a aussi un problème de vocabulaire. La Nature protégée par les associations semble ne pas toujours être la même que celle à laquelle se réfère leurs opposants. Nous allons tenter d'y voir plus clair.

Les subtilités du concept de nature

Naturalité et dimensions populaires du concept de nature

Après six années passées chez nos voisins allemands adeptes de la Nature, nous revenons en France en 2012, et là nous découvrons le concept de « naturalité ». Ce concept repose sur la pensée qu'il n'y a pas une Nature, mais plusieurs natures : il y a la nature du jardin autour du pavillon, la nature des champs, la nature des parkings de supermarchés, la nature urbaine, la nature des parcs urbains, la nature des parcs naturels régionaux, qui n'est pas la même que celle des parcs nationaux, puis enfin la nature des réserves. Ajoutons à cela la nature des ZNIEFF, des espaces remarquables, des espaces classés...

L'avantage du concept de naturalité est d'intégrer la différenciation des natures selon leur degré d'artificialisation par l'Homme. C'est très pratique, car cela permet de définir des mesures précises pour la gestion de ces espaces, afin de maintenir leur biodiversité spécifique. Cependant, parmi toutes ces natures, on peut se demander laquelle est la « vraie » Nature ? Attelons-nous donc maintenant aux différentes dimensions du concept de nature.

Il est évident que, pour la majorité d'entre nous, la nature est cet ensemble de plantes et d'oiseaux que l'on peut voir dans un jardin. La nature est représentée par ce gazon que l'on tond régulièrement, ces arbres que l'on taille, ces parterres de fleurs et ces arbustes que l'on agence à souhait. Dans les parcs, la nature est plus impressionnante, car les jardiniers professionnels sont plus talentueux que l'amateur. Nous connaissons aussi tous la nature des forêts de l'ONF (Office National des Forêts), où l'on apprécie se promener en été et à l'automne. Le littoral est-il associé à l'idée de nature ? Un petit peu seulement, car la plage est d'abord synonyme de soleil, de repos, de vacances. Uniquement lors des tempêtes d'hiver aimons-nous aller au bord des falaises, pour contempler le combat des vagues et des rochers. Nous sommes donc beaucoup à privilégier la dimension esthétique de la nature, la dimension romantique (et loin de nous l'idée de dénigrer cela).

La dimension utilitariste de la nature est toutefois celle qui prévaut sur la majorité du territoire français. Les belles forêts de l'ONF, avec leurs grands arbres, ne sont pas naturelles. Elles sont entretenues et formées par la main de l'Homme, depuis des siècles. Idem pour les parcs, qui sont plantés d'arbres taillés. En fait, dans la nature soumise à la main de l'Homme, il est même difficile de voir un arbre qui n'a pas été taillé, un arbre aux formes bizarres, rabougri, chétif... On voit dans ces espaces des plantes et des animaux certes, mais il faut concéder que c'est une nature domestiquée : l'Homme l'entretient, pour qu'elle lui donne quelque chose en retour (nourriture, bois, gibier...).

La nature romantique comme la nature utilitariste possède une certaine biodiversité, selon que l'Homme la simplifie plus ou moins, selon qu'il respecte plus ou moins les processus naturels. C'est à une de ces deux définitions de la nature que se réfèrent les contrevenants au droit de l'environnement : pour eux dans les espaces où la nature n'a une dimension ni esthétique ni utilitariste, il n'y a ... rien. Des dunes ? Un gros tas de sable. Des falaises ? Pourquoi n'y fait-on pas une carrière ? Une zone humide. De l'eau stagnante, c'est malsain, faut assainir. Une prairie arrière littorale ? De l'herbe, quoi de mieux pour un camping[90] ? Donc ils ne conçoivent pas qu'en modifiant ou détruisant ces espaces, ils détruisent la nature. Dans ces espaces, ils ne reconnaissent pas la nature tout simplement. Les associations de protection de la nature, elles, se réfère plutôt à la nature où l'Homme intervient le moins possible : la nature sauvage. La nature à vocation esthétique ou utilitariste n'a à leurs yeux que peu de valeurs (pas assez de biodiversité, pas assez d'écosystèmes, pas assez de comportements naturels de la faune et de la flore).

Si le problème de vocabulaire se résumait seulement à ce malentendu, alors nous devrions nous réjouir : un peu d'éducation populaire, et bientôt tout le monde aura compris que la Nature « vraie » est celle qu'on observe dans les réserves, et que toutes les autres formes de nature sont contrôlées par l'Homme. Tout le monde comprendrait que la nature a le droit

---

90 Et rajoutons que pour certains élus et aménageurs, une pâture ou un champ, pourtant des espaces à usage agricole, c'est aussi « rien ».

d'exister par elle-même, sans que quiconque soit toujours en train de l'influencer par ci ou par là. Et tout le monde comprendrait qu'il faut respecter les mesures de gestion correspondant à chaque niveau de naturalité, sinon la nature perd de son romantisme et de son utilité, ce qui est dommageable pour toute la société.

Dimensions subtiles du concept de nature

Voici une histoire qui vient de Creuse. Là-bas des bonnes gens se plaignent qu'une île, au milieu d'un grand lac, est désormais interdite aux chasseurs. Toute intervention humaine y est interdite. On stigmatise les écolos, car maintenant l'île est d'une grande pauvreté ornithologique : en effet les coupes régulières dans la végétation que les chasseurs faisaient, assuraient le gîte et le couvert pour de nombreuses espèces. Maintenant l'île est une friche vide de vie.

Cette façon de penser est pleine de bon sens, et elle est, concrètement, correcte. Mais elle comporte une erreur : elle méconnaît l'échelle de temps de la vraie Nature. C'est assez subtil : la biodiversité va se réinstaller sur l'île, mais au cours d'un processus qui durera au moins trois cents ans, le temps que les jeunes chênes actuels arrivent à maturité, puis se décomposent, et que se différencient les écosystèmes du pourtour et du centre de l'île. L'éducation populaire, par définition, ne peut pas transmettre des subtilités, des détails : elle a pour objectif d'atteindre un maximum de personnes, pour transmettre les connaissances les plus évidentes. Et l'éducation populaire ne peut pas non plus aller contre les fondations de la société pour laquelle elle enseigne. Expliquons-nous. La *maîtrise du temps* est une fondation essentielle de notre société. Nous vivons dans une société où le temps doit être maîtrisé. Et nous en sommes très avares. Tout doit aller vite : les légumes doivent pousser vite, les porcs et les poulets doivent engraisser vite, les voitures doivent aller vite, le passage à la caisse doit se faire vite... Pour accéder à la vraie Nature, telle que nous l'entendons, il faut lâcher prise sur le temps. La vraie Nature n'a pas la même échelle de temps que l'être humain, qui vivra en moyenne 70 ans. *La porte du temps est donc le premier accès à la vraie Nature. Il faut l'ouvrir (en prendre conscience) et aller au-delà.*

Le concept de naturalité induit subtilement la pensée que la nature s'inscrit dans l'échelle de temps humain, car la nature doit être gérée par l'Homme. Nous comprenons donc maintenant que ce concept de naturalité, si global soit-il, a une limite : la vraie Nature, la Nature tout à fait sauvage, la Nature qui a vu naître l'espèce humaine, possède sa propre échelle de temps et elle ne saurait se restreindre au temps de la naturalité. Insistons bien sur cela : cette échelle de temps de la vraie Nature, qui est indépendante de l'être humain, fixe une limite à la puissance humaine. Rappeler l'existence de cette limite, c'est détruire d'un coup le dogme du progrès tel qu'il s'est instauré après la seconde guerre mondiale : que l'Homme peut domestiquer la nature à volonté, car il est plus rapide qu'elle. Tout au plus ce dogme admet-il la sylviculture : on accepte que la sylviculture puisse s'effectuer à l'échelle de plusieurs générations d'Hommes. Et encore, on plante à tour de bras du résineux, qui « pousse plus vite »... Dogme, quand tu nous tiens !

L'échelle de temps de la nature est un premier niveau de subtilité, que peu de gens atteignent, et c'est très bien pour ceux qui l'ont atteint. Mais il y a un deuxième niveau de subtilité du concept de Nature, qui est aussi omis par la naturalité. Si l'on pense en termes de naturalité, la vraie nature est celle des réserves : dans ces espaces à l'accès réglementé, la Nature vit sa vie, et le gestionnaire s'assure que la société la dérange le moins possible. Et en traversant une réserve ou un parc national, en restant bien sur les sentiers balisés, on s'émerveille devant cette nature intacte, que l'on imagine secrètement vierge. Or en Allemagne comme en France, il faut savoir que la vraie nature, telle que nous l'entendons, n'existe pas. Pas du tout. On me rétorquera que la vraie nature existe bel et bien encore dans ces réserves et parcs justement, ces rares endroits où l'Homme de par les méandres de l'histoire n'est quasiment jamais intervenu. Un tel espace sauvage, intouché depuis des siècles : que peut-on vouloir de mieux en termes de qualité de nature, me demanderez-vous ?

Eh bien, considérons la nature d'Europe, telle que nous pouvons la voir dans ces espaces les mieux protégés, et celle de Nouvelle-Calédonie, ou des îles de Polynésie (deux endroits où nous avons vécu). Quelle différence essentielle voyez-vous entre la nature des contrées d'Europe et des contrées d'Outre-Mer ? Pour ceux qui n'ont pas eu la chance d'y vivre ou de visiter ces pays d'outre-mer, et pour ceux qui n'auraient pas remarqué, c'est que dans ces pays, la Nature, qui est la vraie Nature telle que nous l'entendons, n'est pas entourée de barbelés ni de textes de loi. Elle est partout, elle est tout, elle est une immensité non délimitée, dans laquelle l'Homme n'est qu'un invité, qui n'occupe qu'un espace ponctuel et limité. Dans ces contrées peu peuplées et éloignées du cœur de la civilisation occidentale, la Nature est l'environnement de l'Homme, tandis qu'en Europe, la Nature n'est qu'une (très) petite partie de l'environnement. Plus que les barbelés, c'est le quadrillage de routes, de villages et de villes, qui fait que la Nature est toujours un espace délimité. Allons faire une randonnée dans n'importe quel pays d'Europe, et nous ne pourrons pas nous empêcher de penser : « De l'autre côté de la montagne il y a telle ville. Au milieu de la forêt il y a telle route. De l'autre côté de la dune il y a telle piste cyclable. À tel endroit autour du lac il y a telle auberge ». La Nature européenne, on en fait le tour, on grimpe à son sommet, on en a un point de vue. Dans d'autres contrées, ce n'est pas cela la Nature : on ne peut pas en faire le tour, on ne peut pas la gravir, on ne peut pas la voir dans son ensemble. L'éducation populaire, encore une fois, ne peut pas enseigner cette deuxième subtilité. Cette non-délimitation est en fait *la deuxième porte d'accès à la vraie Nature, la porte de l'espace*. Il faut ouvrir cette porte, et aller au-delà, pour faire la rencontre avec la vraie Nature.

Là encore, admettre que la Nature est ce qui n'est pas délimité, c'est abattre le dogme du progrès évoqué précédemment. C'est même abattre la culture occidentale, qui repose sur la *maîtrise de l'espace*. Qui veut d'une telle Nature omniprésente, si le prix à payer pour cela est de remettre en question les fondements de notre société ? Qui ose même penser à cela ? C'est une subtilité qui est en fait quelque chose de très simple, de très basique, de très évident. Mais de cette évidence, nous Européens sommes quasiment tous très très éloignés.

Jamais deux sans trois, dit le dicton. Concevoir la Nature non comme une naturalité, mais comme une Nature sauvage, qui est au-delà de tout contrôle humain, implique un troisième niveau de subtilité, lui aussi omis par le concept de naturalité. Dans les contrées peu urbanisées, en dehors de l'espace de vie que l'Homme se délimite pour lui-même, on dit qu'il y a un danger de devenir fou pour l'individu qui se perdrait dans la Nature. Isolé dans la Nature, l'Homme en tant qu'être social se déconstruit. Sans les repères psychologiques donnés par la vie sociale, seul dans la Nature infinie, l'être humain est... qu'est-il, au juste ? C'est une question profonde. La vraie Nature a le pouvoir de faire douter l'être humain de son ... humanité[91]. Envisageons un instant les choses en nous mettant du côté de la Nature. La Nature n'a aucun besoin de l'être humain pour exister, pour se maintenir, pour évoluer. Il faut contempler au

---

91 Ce n'est pas un hasard si, dans les sociétés premières, de nombreux rituels d'initiation à l'origine sacrée du peuple des Hommes et du monde, comportent une phase d'isolement dans la Nature. Durant cette phase, le candidat à l'initiation vit nu, mange des plantes sauvages et doit demeurer invisible à tout être humain. Le lecteur trouvera d'amples explications dans les ouvrages de Mircea Eliade.

moins une fois dans sa vie des îles, des rivages, des baies, des forêts où l'on ne trouve nul chemin, nul abri, nulle trace de présence humaine. Et alors on saisit la dualité de l'existence humaine, entre Nature et Société.

Que fait l'Homme dans la société ? Eh bien tout simplement, tout d'abord il aménage son espace de vie : il coupe des arbres, il fait un abri, il fait un chemin, il fait un foyer... Et en artificialisant la nature, même au plus faible degré, la nature influence d'une façon étrange l'être humain : elle lui renvoie une certaine image de lui-même, une certaine image d'architecte pourrait-on dire. La Nature vraie, intouchée, ne renvoie à l'Homme aucune image. Elle déçoit et elle trouble inévitablement, car elle n'est pas le miroir auquel on s'habitue en tant qu'être humain actif dans la société. Au contraire d'un parc urbain, ou d'un jardin, qui inévitablement nous renvoient une image de nous-même et de la société. La maîtrise de la nature, les possibilités techniques de percer en elle des chemins (conquête des terres, puis des mers et de l'espace maintenant), n'est-elle pas une preuve que nous aimons brandir fièrement lorsque nous parlons de société « évoluée » ? Le troisième niveau de subtilité du concept de Nature est donc celui de la réflexion ; *la troisième porte pour accéder à la vraie Nature est en fait un miroir, le miroir de notre propre image*. Après avoir passé les portes du temps et de l'espace, il faut oser aller au-delà de ce miroir, pour rencontrer pleinement la vraie Nature.

La protection de la Nature entre matérialisme et épanouissement humain

Revenons à notre question originelle. En écrivant ces pensées sur la vraie Nature, qui n'existe pas en Europe, loin de nous l'idée de minimiser l'importance du travail fourni par les associations de protection juridique de la nature. Certes leur travail ne pourra jamais mettre à portée des Européens la vraie

Nature, qui est le berceau de notre espèce. Mais les espaces naturels intacts conservent au moins le *souvenir* de cette vraie Nature, et ils rappellent à celui qui veut bien l'entendre que la vraie Nature ne doit pas disparaître sous peine d'oublier nos origines.

Si on lit les journaux locaux, on peut constater que les attaques contre les associations de protection de la nature sont régulières. Ces attaques, et les ripostes par communiqué de presse des associations, de par leur régularité, laissent penser que la protection de la nature se résume à un lutte législative, plutôt très matérialiste et éloignée de la vraie Nature. Effectivement : d'une part sur le terrain, lorsque les décisions doivent être prises, par exemple sur un projet de comblement de zone humide pour construire une route, il faut être rationnel, il faut « coller » à la réalité. Quand la Nature est détruite par bétonnage, c'est irrémédiable. D'autre part, la protection par enclosure et la protection juridique ne font de sens que par rapport au concept de naturalité, c'est-à-dire par rapport aux moyens possibles de gestion de la nature. Revenons donc à notre question initiale : « À quoi ça sert de protéger la Nature ? ». Les méthodes actuelles de protection de la nature servent à :

- Garantir sa dimension romantique ;
- Garantir sa dimension utilitariste ;
- Garantir, dans les réserves où quasiment personne ne voit la nature ni ne l'utilise, l'existence d'une certaine biodiversité non influencée par l'Homme (et nous rajoutons, sans que cela figure dans les documents officiels, un certain souvenir de la vraie Nature).

Si ces objectifs sont atteints par la déclaration de certains espaces comme espaces remarquables, comme ZNIEFF, comme zone Natura 2000... ou par l'action en justice, c'est très bien. Mais cela n'est pas tout. Ces méthodes de protection, de par les émotions souvent vives qu'elles suscitent, de par les morts parfois qu'elles engendrent, tendent à faire occulter la subtilité du concept de Nature. À elles seules, nous pensons que ces mesures ne suffisent pas pour permettre à la population d'accéder à la vraie Nature.

Les subtilités des niveaux du concept de Nature, et les termes que nous avons choisis (des portes et un miroir) peut sembler bien ésotérique. Donc, la protection de la Nature est-elle in fine une démarche ésotérique ? Nul doute que certaines personnes vivent cela ainsi : l'accès à la vraie Nature est un accès à l'essence primordiale de l'être humain. Sans aller aussi « loin », il suffit de rappeler qu'étudier et respecter la Nature ne sont pas seulement des démarches à visée économique (connaître la nature pour l'utiliser dans le cadre d'une entreprise), scientifique (découvrir de nouvelles lois de la nature) ou politique (créer une société totalement durable). Il y a deux aspects, très pragmatiques, à considérer :

1. Un aspect individuel, c'est-à-dire que chacun construit son être par rapport à la complexité et au mystère que représente la Nature. C'est si banal, mais un enfant peut-il construire sa personne s'il ne se confronte pas aux animaux, aux étendues apparemment sans limite de l'océan, du désert ou de l'espace ? S'il ne se confronte pas aux grottes, aux profondeurs des lacs, à l'obscurité des forêts, au mode de vie bien particulier des animaux nocturnes (pour ne citer que ces exemples) ? Nous avons du mal à imaginer comment notre société pourrait perdurer si la vraie Nature venait à disparaître totalement : cette disparition ne pourrait qu'induire un déséquilibre psychologique généralisé[92].

---

92 Faisons une parenthèse pour élargir un peu le propos. Le mystère de nos origines et le mystère qui est en nous (l'inlassable question du sens de la vie qui nous taraude) sont certes des doutes, des curiosités, des vides, mais curieusement ce sont de solides piliers sur lesquels chacun de nous construit quand même sa personnalité (que ce soit pour devenir spirituel comme pour, au contraire, devenir scientiste). Peut-on imaginer qu'un enfant qui naîtrait d'un utérus artificiel et qui serait élevé sans jamais prendre contact avec ces archétypes de la nature, puisse être équilibré psycho-

2. Et un aspect social : la nature a une fonction de miroir de l'humanité. En observant comment une société interagit avec la Nature, on voit si la société est ouverte sur l'inconnu ou au contraire si elle est fermée sur elle-même (c'est-à-dire fixée sur ses idées). Dans le premier cas, la société est apte à évoluer, à résoudre ses incohérences, à se construire un futur. Dans le second cas, elle ne l'est pas, elle se justifie en répétant sans cesse qu'il ne saurait y avoir d'autre nouveauté que de refaire ce que l'on faisait avant. Force est de constater qu'aujourd'hui notre société semble fixée sur la technocratie et sur les intérêts financiers : la même chanson depuis 1950...[93]

Il ne faut donc pas occulter les dimensions subtiles du concept de Nature, car ce sont elles qui *sur le long terme*

---

logiquement sinon heureux ? Et constatons aujourd'hui le nombre important de films de science-fiction, qui tous sont négatifs : tous posent la fin de l'équilibre écologique de notre planète, tous posent un être humain qui a perdu une fondation de son identité. Pensez à Star Trek, plus précisément à la série *The Next Generation*, au milieu des années 1990. Cette série était tout à fait optimiste : elle illustrait un être humain qui développe tout son potentiel humaniste et technique, dans le respect de la Nature et de lui-même. À notre connaissance depuis cette date, il n'y a plus de science-fiction positive sur les écrans. On a du mal à l'imaginer, nous semble-t-il. L'actuelle science-fiction négative (*Alien, Avatar, Hunger Games, Riddick* et même les films *Star Trek*...) traduit vraisemblablement notre peur de perdre cette fondation de nous-même, et ainsi de nous aliéner, peur dont les causes sont bien réelles et actuelles (effondrement de la biodiversité, artificialisation galopante des campagnes, émissions de CO_2 en hausse...)

93 Par exemple on continue à urbaniser sans aucun scrupule, tout en faisant de grands discours sur le développement durable. Ainsi, dans le journal local La Manche Libre du 1er août 2015, on peut lire que sur le territoire de l'ancienne communauté de communes de Sainte-Mère-Église, 111,5 hectares de terres agricoles seront artificialisés. Or cet espace compte environ seulement 6000 habitants ! Le journaliste précise que « le total de la consommation d'espace reste élevé au regard de l'enjeu de modération de consommation des espaces agricoles ». À peine un regret pour cet enjeu jugé négligeable par les élus : seuls 3 élus sur 30 ont voté contre. De toute façon, le lait normand ne vaut plus rien, il n'y a presque plus d'agriculteurs, autant bétonner les terres. Or ces prairies créaient de l'emploi dans les années 1950, alors pourquoi ne le pourraient-elles pas à nouveau ? « Je ne vois que ce que je connais, et je ne connais que ce que je vois », ou comment une bille qui tourne au fond d'un seau a l'impression d'avancer...

donnent un sens et une direction à la protection de la Nature. C'est la vraie Nature que défendent indirectement les associations de protection de la nature. Cette vraie Nature est riche de promesses pour le futur, car elle invite l'être humain à arrêter de se regarder dans le miroir, bref à être moins nombriliste, et à être plus imaginatif. Une humanité fermée sur elle-même, malgré tous les talents qu'elle pourrait comporter, serait vouée à l'extinction, car elle aurait oublié de par son isolement, ce que signifie s'adapter.

Conclusion

Nous avons découvert deux méthodes de protection de la nature, par l'enclosure et par l'action juridique. Nous avons découvert le concept de naturalité. Nous avons exploré les dimensions subtiles du concept de Nature. Nous en avons déduit que la protection de la Nature ne doit pas faire occulter ces dimensions subtiles, sous peine de perdre le cap, ce qui serait dommageable pour toute la société. Quand l'Homme prend soin de la nature, il prend soin de lui-même, dans toutes les dimensions de son être.

Il est regrettable que pour cette conception de la vie, en France, un martyr[94] dut être offert. Rappelons-nous aussi qu'en Amérique du Sud, aujourd'hui, des peuples aborigènes qui prônent l'harmonie avec la Nature se font tuer par des mercenaires à la solde de l'industrie du bois, afin de récupérer leurs terres, afin qu'un Européen puisse acheter en supermarché une table de jardin en bois exotique, à un prix bas obtenu grâce à

---

94 C'est ainsi que fût désigné, par les associations écologistes, le jeune militant mort à Sivens. On pourrait critiquer l'usage superlatif de « martyr » par ces associations, qui s'inscrirait dans une stratégie de communication envers le peuple et surtout envers les médias de masse. Mais pour nombre d'écologistes, véritablement, c'est à une guerre contre la Nature que se livre la société moderne, et donc le terme en question leur paraît pleinement justifié.

une lutte mémorable (la grande distribution ne dit-elle pas elle-même mener une « guerre » contre les prix élevés ?)

La protection de la Nature doit donc servir à permettre une certaine harmonie entre l'Homme et la Nature ainsi qu'une certaine harmonie entre les Hommes eux-mêmes.

SOURCES

Hicham-Stéphane AFEISSA, *Éthique de l'environnement*, Vrin, 2007

Jacques BILLY, *Les techniciens et le pouvoir*, PUF, 1960

ALAIN, *Propos sur le bonheur*, Folio, 2006

Céline ALVAREZ, *Les lois naturelles de l'enfant*, Les arènes, 2016

Aymeric CAMERON, *Antispéciste*, Don Quichotte, 2016

Teilhard de CHARDIN, *La place de l'Homme dans la Nature*, Albin Michel, 1996

Jean-Patrick COSTA, *L'Homme-Nature ou l'alliance avec l'univers*, Alphée, 2011

Jean-Claude BARREAU, *Y a-t-il un dieu ?*, Le club, 2006

Marcel CONCHE, *Présence de la nature*, PUF, 2001

Eliot COLEMAN, *Des légumes en hiver*, Actes Sud, 2013

Jean-Pierre DARRÉ, *L'invention des pratiques dans l'agriculture*, Karthala, 1996

J.G. MOREAU, J.J. DAVERNE, *Manuel pratique de la culture maraîchère de Paris*, Bouchard-Huzard, 1845

Marie-Madeleine DAVY, *Traversée en solitaire*, Albin Michel, 2004

Arnaud DESJARDINS, *Premiers pas vers la sagesse*, Librio, 2004

Clarissa Pinkola ESTES, *Femmes qui courent avec les loups*, Grasset, 1996

Laurent GOUNELLE, *Le philosophe qui n'était pas sage*, Pocket, 2014

Jean-Christophe GRANGÉ, *Congo requiem*,
Albin Michel, 2016

J. KRISHNAMURTI, *De la liberté*, Éditions du Rocher, 1996

Rémi MAUGER, *Paul dans sa vie*, France 3, 2006
(documentaire télévisé)

Friedrisch NIETZSCHE, *Ainsi parlait Zarathoustra*,
Flammarion, 2006

Friedrisch NIETZSCHE, *Ecce homo*, 10-18, 1999

Michel ONFRAY, *Cosmos*, Flammarion, 2014

Michel ONFRAY, *Le magnétisme des solstices*, Flammarion, 2013

Jorn de PRECY, *Le jardin perdu*, Actes Sud, 2011
(édition originale 1912)

Sabine RABOURDIN, *Les sociétés traditionnelles au secours des sociétés modernes*, Delachaux-Niestlé, 2005

Matthieu RICARD, Trinh XUAN THUAN, *L'infini dans la paume de la main*, Pocket, 2002

Gaston ROUPNEL, *Histoire de la campagne française*,
Plon, 1974

Georges ROUQUIER, *Farrebique*, 1946
(documentaire télévisé)

Jean-Paul SARTRE, *Les mots*, Gallimard, 1977

Rudolf STEINER, *Cours aux agriculteurs*, Novalis, 2009

Iain PEARS, *Le cercle de la croix*, Belfond, 1998

Frédéric WILNER, *Paris-Berlin, destins croisés*, Arte France, 2015
(documentaire télévisé)

Couverture : © Benoît R. Sorel